2022 年 主 题 出 版 重 点 出 版 物

人 类 文 明 新 形 态 研 究 丛 书

编 委 会 主 任 / 赵　奇
编 委 会 副 主 任 / 王 利 民

颜晓峰　杨 群 ◎ 主编

人民当家作主的
政治文明

颜晓峰 ◎ 主编

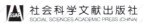

社会科学文献出版社
SOCIAL SCIENCES ACADEMIC PRESS (CHINA)

总　序

习近平总书记在庆祝中国共产党成立 100 周年大会上的重要讲话中指出："我们坚持和发展中国特色社会主义，推动物质文明、政治文明、精神文明、社会文明、生态文明协调发展，创造了中国式现代化新道路，创造了人类文明新形态。"党的十九届六中全会指出："党领导人民成功走出中国式现代化道路，创造了人类文明新形态。"创造人类文明新形态，不仅从人类发展道路新开拓和人类文明新创造的高度，对中国特色社会主义理论成就和实践意义做出了最新概括，拓展了研究中国共产党、中国特色社会主义与人类文明新形态的理论空间，而且为中国特色社会主义进一步发展指明了前进方向，是中国共产党的重大理论创新。

创造人类文明新形态是马克思主义中国化的重大课题。习近平总书记在庆祝中国共产党成立 100 周年大会上的重要讲话中指出："中国共产党为什么能，中国特色社会主义为什么好，归根到底是因为马克思主义行！"马克思主义之所以行，就在于党不断推进马克思主义中国化、时代化并用以指导实践。党的百年是不断推进马克思主义中国化的百年，也是成功开辟中华民族伟大复兴正确道路，实现中华文明从传统到现代、从封闭到开放、从蒙尘到复兴伟大转变的百年。党在百年奋斗中的每一个伟大成就、每一次伟大飞跃，都是实现和推进中华民族伟大复兴的重大进步，也都是创造人类文明新形态的重大进展。

创造人类文明新形态是马克思主义中国化在新时代实现新飞跃的重大成果。以习近平同志为主要代表的中国共产党人，坚持把马克思主义基本原理同中国具体实际相结合、同中华优秀传统文化相结合，发展出当代中国马克思主义、21 世纪马克思主义，孕育出中华文化和中国精神的时代精华，创立了习近平新时代中国特色社会主义思想，实现了马克思主义中国化新的飞跃。创造人类文明新形态，正是继续深入探索这一思想并取得新的重大成果的时代课题，已经成为实现马克思主义中国化新的飞跃的重要内容。这表现在中国式现代化道路是人类文明新形态的基石，"人民至上"反映了人类文明新形态的根本性质，"四个自信"表征了人类文明新形态的显著优势，物质文明、政治文明、精神文明、社会文明、生态文明共同支撑起人类文明新形态的内在结构，人类命运共同体彰显了人类文明新形态的天下胸怀等方面。

创造人类文明新形态为发展 21 世纪马克思主义、复兴科学社会主义做出了重大贡献。中国共产党领导人民创造的人类文明新形态，不仅是中国的文明新形态，更是人类的文明新形态，具有深刻的世界历史意义。具体来看，人类文明新形态摒弃了西方的现代化老路，从时代坐标上保证了人类文明形态之新，其制度优势和制度密码从制度基础上保证了人类文明形态之新，其整体推进从全面性上保证了人类文明形态之新；中国创造人类文明新形态的成效和经验，以其参与建设和享用文明的人口最多、文明实践覆盖面最广、国际影响力最大，在当今世界社会主义国家的文明实践中站在高处、走在前列、成为示范；中国式现代化所创造的现代化文明，对人类现代化文明做出了重大贡献；创造人类文明新形态有利于增强社会主义意识形态的世界感召力，有利于扩大社会主义制度的国际影响力，有利于推动人类发展进步。

对人类文明新形态做出准确深刻的理论阐释，是马克思主义理论学科的重大课题。社会科学文献出版社策划出版的这套丛书旨在深入剖析和探讨中国共产党带领人民在不同文明领域创造的人类文明新形态，分为《创造人类文明新形态》《全体人民共同富裕的物质文明》《人民当家作主的政治文明》《守正创新的精神文明》《共建共治共享的社会文明》《人与自然和谐共生的生态文明》《构建命运共同体的人类文明》，共七本，力求全方位鲜活呈现人类文明新形态的理论和实践样态，并试图在以下几个方面寻求创新与突破。

一是从历史高度、思想深度和实践广度上把握人类文明新形态。七本著作以大历史观认识人类文明新形态的地位和作用，将人类文明新形态置于中国共产党百年奋斗和中国道路的独特历史境遇中展开分析与探讨，把马克思主义的思想精髓、人类文明的优秀成果和中华文明的精神特质融会贯通起来，将人类文明新形态同中国式现代化道路紧密联系起来，并围绕新时代中国特色社会主义现代化背景下不同领域文明建设与中国共产党治国理政的关系谋篇布局，阐明了中国共产党带领中国人民走中国道路、创造中国奇迹的文明史意蕴，彰显了中国共产党创造人类文明新形态的世界历史贡献。

二是基于文明协调发展的视角建构人类文明新形态。丛书的各本专著立足中国特色社会主义道路、理论、制度、文化，精辟阐述了社会主义现代化与社会主义文明之间内在统一、相互促进的关系，系统论述了人类文明新形态是物质文明、政治文明、精神文明、社会文明、生态文明协调发展的文明新形态，是人的全面发展与社会全面进步共同推进的文明新形态，是新时代中国文明与世界各国文明相互促进的文明新形态，进而深刻揭示了在新征程中全面建设、协调发展、统筹推进人类文明新形态的时代价值和实践要求，为新时代坚持和发展中国特色社会主义、全面建设社会主义现代化国家指明了正确方向。

三是从中国话语创新的意义上研究人类文明新形态。习近平总书记在哲学社会科学工作座谈会上的讲话中指出："这是一个需要理论而且一定能够产生理论的时代，这是一个需要思想而且一定能够产生思想的时代。"人类文明新形态是中国共产党领导中国人民顽强奋斗中产生的伟大创造和最新成果，是在中国原创性实践中创造出的原创性新话语。丛书坚持以学术的方式关注人类文明新形态，以高度的时代使命感研究人类文明新形态，力图通过贯通历史与现实、理论与实践，围绕这一原创性新话语积极展开创新阐释和系统论证，从而深刻揭示人类文明新形态背后的道理、学理、哲理，科学回答中国之问、世界之问、人民之问、时代之问，努力为构建中国特色哲学社会科学话语体系做出应有贡献。

"文章合为时而著，歌诗合为事而作。"即将召开的党的二十大，是在进入全面建设社会主义现代化国家新征程的关键时刻召开的一次十分重要的大会，将科学谋划未来五年乃至更长时期党和国家事业发展的目标任务和大政方针。这是在新征程中继续推动人类文明新形态取得新进展的"指南针"，更是当前加强人类文明新形态研究的"动员令"。作为马克思主义理论研究者，我们应当以高度的理论自觉、积极的历史主动、鲜明的创新意识，准确把握、正确阐述、全面分析、科学论证人类文明新形态。

　　社会科学文献出版社策划出版的这套丛书入选了中宣部"2022年主题出版重点出版物",也是中国社会科学院为党的二十大献礼的重点出版项目之一。中国社会科学院党组高度重视,相关部门也做了大量工作给予支持。期望这套丛书能为学界进入人类文明新形态研究的新征程,攀登人类文明新形态研究的新高地,增强人类文明新形态的说服力、感召力和引领力贡献微薄之力。

中国社会科学院秘书长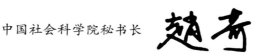

2022 年 9 月

主编简介

颜晓峰　天津大学马克思主义学院院长、教授、博士生导师，哲学博士；马克思主义理论研究和建设工程咨询委员会委员，教育部高等学校思想政治理论课教学指导委员会总教指委副主任委员、"习近平新时代中国特色社会主义思想概论"分教指委主任委员；中国历史唯物主义学会副会长，社会主义现代化研究专业委员会理事长，中国辩证唯物主义研究会常务理事，全国党建研究会特邀研究员，中国高等教育学会思想政治教育分会学术委员会委员，国家社会科学基金学科规划评审组专家，国家出版基金评审专家，马克思主义理论研究和建设工程重大项目、国家社会科学基金重大项目"新时代我国社会主要矛盾及对党和国家工作的新要求研究"首席专家。获国务院政府特殊津贴、军队杰出专业技术人才奖。出版专著和文集《创新研究》（人民出版社）、《认识自己构成自己的道路》（中国社会科学出版社）、《科学态度和真理精神》（学习出版社）、《在历史交汇点上》（中共中央党校出版社）、《重大时代课题与科学理论体系》（中国人民大学出版社）、《知与胜：基于军事认识论方法论价值论视角》（国防大学出版社）等，主编著作《发展观的历史进程》（人民出版社）、《建设法治中国》（社会科学文献出版社）、《坚持中国特色社会主义文化》（重庆出版社）等。

目　录

第一章　稽古开新的政治文明新形态 　001

一　马克思主义政党领导人民创造的政治文明 　002

二　有效保障最广大人民当家作主的政治文明 　005

三　具有完备制度体系和创新能力的政治文明 　008

四　植根于中华文化沃土和立足中国国情的政治文明 　012

五　和合共生兼容并包的政治文明 　016

第二章　马克思主义政党缔造和领导的国家 　022

一　马克思主义政党领导的国家 　023

二　人民民主专政 　030

三　人民共和国 　037

四　开创人类政治文明新形态 　045

第三章　广泛真实管用的全过程人民民主 　056

一　人民民主的实践结晶和创新成果 　057

二　全过程人民民主的鲜明特征 　061

三　全过程人民民主的显著优势 　066

四　为人类政治文明进步贡献中国智慧 　078

第四章　植根于中国土壤的新型政党制度　　083

　　一　一项伟大的政治创造　　083

　　二　新型政党制度的独特优势　　095

　　三　新型政党制度的显著国家治理效能　　100

　　四　为世界政党政治和政治文明发展贡献中国智慧　　107

第五章　民主集中高效协同的国家治理体系　　116

　　一　国家治理体系现代化的中国道路　　117

　　二　中国国家治理体系的鲜明特征和优势　　128

　　三　推进国家治理体系深刻变革与组织重塑　　133

　　四　创新国家治理，塑造中国政治文明新形态　　141

第六章　彰显自我革命伟力的党和国家监督体系　　147

　　一　党的自我革命的实践创造　　147

　　二　新时代党和国家监督体系的创新发展　　157

　　三　党和国家监督体系的中国特色　　168

　　四　跳出"历史周期率"的政治文明新形态　　176

第七章　平等团结互助和谐的社会主义民族关系　　183

　　一　社会主义民族关系具有坚实的历史文化基础　　184

　　二　社会主义民族关系的鲜明特征　　190

　　三　社会主义民族关系的多维历史构建　　199

　　四　社会主义民族关系的政治文明构建　　204

第八章　为人类政治文明贡献中国智慧　　　　　　　209

　一　深刻认识中国政治文明新形态的丰富内涵　　　210

　二　社会主义政治发展的实践结晶与必然结果　　　218

　三　为人类政治文明贡献新智慧　　　　　　　　　224

　四　为当代政治发展增添新内涵　　　　　　　　　227

　五　构建丰富多彩的世界政治文明新生态　　　　　236

注　释　　　　　　　　　　　　　　　　　　　　241

参考文献　　　　　　　　　　　　　　　　　　　265

后　记　　　　　　　　　　　　　　　　　　　　271

出版后记　　　　　　　　　　　　　　　　　　　273

第一章　稽古开新的政治文明新形态

每个民族都有其独特的历史文化传承，在长期历史实践中形成了具有本民族特点的政治发展传统。政治文明是一个国家观念领域的政治上层建筑，集中反映了一个国家政治传统和制度文明的核心特征，体现一国人民对多样化政治发展道路的探索追求与实践创新。

中国共产党带领中国人民经过百年不懈奋斗，创造了中国式现代化道路和人类文明新形态。百年来，中国共产党依靠和带领中国人民，始终坚持以马克思主义为指导，立足中华优秀传统文化和中国具体历史国情，吸收借鉴人类政治文明的优秀成果，不断探索中国的社会主义政治发展之路，建立了维护人民根本利益的广泛、真实、管用的社会主义民主体系，探索形成了以人民当家作主为核心的人民民主的政治发展道路和人类政治文明新形态。

中国社会主义政治文明的本质和核心是人民当家作主，这是中国共产党领导中国人民在人民民主旗帜下，沿着中国特色社会主义政治发展道路创造的政治文明新形态。这一政治文明新形态，归根结底是马克思主义政党的伟大政治创造，是中国人民运用自身政治智慧开展长期政治实践的结晶，是马克思主义基本原理同中国具体实际、中华优秀传统文化相结合的历史产物。

一 马克思主义政党领导人民创造的政治文明

当代中国政治文明的核心是人民当家作主，是在探索和实践中国社会主义民主道路中形成的制度结晶和文明成果。马克思主义国家观将民主理解为服务于特定阶级的政治上层建筑，归根结底它是由经济基础决定的。现代西方资本主义国家所宣扬的民主，无论如何粉饰，其本质都是资产阶级构建并服务于自身利益的统治工具。西方资产阶级所宣称的"民主"，实质上同"人民的统治"风马牛不相及。马克思和恩格斯曾经指出，"无产阶级革命将建立民主的国家制度，从而直接或间接地建立无产阶级的政治统治"[1]，共和国在马克思主义意义上是"无产阶级将来进行统治的现成的政治形式"[2]。

中国的社会主义民主本质是马克思主义执政党创造的一种国家形式。中国共产党是中国最高政治领导力量，也是中国民主发展的领导力量。近代以来，中国人民追求民主的道路曲折艰辛又波澜壮阔，最终中国共产党团结带领中国人民实现了国家独立、民族解放和人民自由，正是有了中国共产党的领导，国家和民族才彻底走出了百年屈辱的阴霾。中国共产党带领人民创造了新民主主义革命、社会主义革命和建设、改革开放和社会主义现代化建设以及新时代中国特色社会主义的伟大成就，中国人民不仅能够决定自己的命运，而且可以根据时代发展积极规划自己的发展，追求和实现自己的民主。

中国共产党对国家政治生活的领导，最本质的内容就是组织和支持人民当家作主。党领导人民推翻剥削阶级的统治，建立人民民主专政的国家政权和人民代表大会这一根本政治制度，就是要组织和支持人民当家作主，实现人民群众的根本利益。中国共产党拥有足够的政治威望和组织能力，充分发挥中国特色社会主义民主优势，依靠遍布各行各业的基层组织和党员，最大限度地凝聚全社会的共识和力量，带领全国各族人民为共同目标不懈奋斗。正是因为始终坚持党的领导，我们党才得以能够广泛动员、领导和组织人民掌握好国家权力，管理好国家事务、社会事务和各项事业。

百年来，中国共产党坚持把马克思主义基本原理同中国具体实际相结合，同中华优秀传统文化相结合，吸收借鉴人类政治文明的优秀成果，在人民民主思想旗帜下不断探索中国社会主义民主政治之路，建立了维护人民根本利益的广泛、真实、管用的民主，在中华大地上探索建立了独树一帜的社会主义民主政治新形态。

新时代中国共产党在推进中国社会主义民主政治建设过程中，深刻认识"没有民主就没有社会主义，就没有社会主义的现代化，就没有中华民族伟大复兴"[3]这个基本结论，立足新的历史方位，深刻把握我国社会主要矛盾的新变化，积极回应人民对民主的新要求新期盼，深刻吸取古今中外治乱兴衰的经验教训，全面总结中国民主发展取得的显著成就，不断发展完善人民民主。党坚持一切为了群众、一切依靠群众和从群众中来、到群众中去的群众路线，健全群众工作机制，持续解决人民最关心最直接最现实的利益问题，最大限度地凝聚起人民的智慧和力量。

中国的社会主义民主，归根结底是中国共产党领导中国人民创造的民主。中国共产党的领导是中国民主政治发展的灵魂，中国共产党的旗帜和路线，是中国社会主义民主持续健康发展的活水源头，为中国社会主义民主发展提供了最坚实的政治保障。

中国共产党始终致力于实现国家和人民的全局性、长远性和根本性利益，这是由中国共产党的本质政治属性决定的。习近平在庆祝中国共产党成立 100 周年大会上的讲话中指出："中国共产党根基在人民、血脉在人民、力量在人民。中国共产党……没有任何自己特殊的利益，从来不代表任何利益集团、任何权势团体、任何特权阶层的利益。"[4]习近平的重要论述，既深刻指出了中国特色社会主义民主的本质特征，又揭示出中国政治制度和民主制度成功背后的关键因素。实现社会主义民主政治的本质要求，必须坚持在中国共产党的领导下有序进行。

中国共产党领导中国人民建立和追求社会主义民主的政治实践，具有全新的政治文明内涵和意义，彰显了中国社会主义民主的鲜明特征和显著优势。中国共产党用自己百年来的政治实践证明：作为世界上最大的马克思主义政党，不仅有能力在世界上最大的发展中国家推动经济社会发展持续繁荣、实现更加充分更高质量的工业化，而且有能力带领占世界人口 1/5 的国家的人民追求和探索自己的民主及实现更加广泛、真实、更高质量的民主。

中国发展社会主义民主政治的最大经验和启示在于，中国的国情决定了发展民主必须有一个坚强的政治领导力量，必须依靠马克思主义执政党构建坚实的人民共和国的国家制度和社会主义民主体系。在党的领导下，依靠法治和健全的制度保障有序发展社会主义民主，本身就体现了中国共产党的意志同人民意志相统一，有利于更好地体现和保障人民的总体意志和国家的整体意志。在中国共产党的领导下，中国的社会主义民主实现了人民的政治参与、国家的政治稳定、社会的政治信任相互结合、相互促进、相得益彰。

二 有效保障最广大人民当家作主的政治文明

天地之大，黎元为本。人民是历史的创造者，是真正的英雄，是决定一个国家前途命运的根本力量。中华文明向来将人民置于中心地位，《尚书》云"德惟善政，政在养民"，而要实现这个目标离不开"正德、利用、厚生、惟和"。中国特色社会主义民主最广泛、最深厚的基础是人民。坚持以人民为中心的理念，支持和保证人民当家作主，是中国特色社会主义民主最深厚的底色，也是中国致力探索开创政治文明新形态的根本特征。

习近平强调："人民是历史的创造者。一切成就都归功于人民，一切荣耀都归属于人民。"[5]人民书写着中国的一切历史。2013 年，习近平在纪念毛泽东同志诞辰 120 周年座谈会上的重要讲话中指出："不论发生过什么波折和曲折，不论出现过什么苦难和困难，中华民族 5000 多年的文明史，中国人民近代以来 170 多年的斗争史，中国共产党 90 多年的奋斗史，中华人民共和国 60 多年的发展史，都是人民书写的历史。"[6]人民不仅在物质层面书写着中国的历史，也在精神层面书写着中国的历史，"波澜壮阔的中华民族发展史是中国人民书写的！博大精深的中华文明是中国人民创造的！历久弥新的中华民族精神是中国人民培育的！中华民族迎来了从站起来、富起来到强起来的伟大飞跃是中国人民奋斗出来的！"[7]

习近平在庆祝中国共产党成立 100 周年大会上的讲话中提出了"江山就是人民、人民就是江山"的重要论述，他进一步指出："打江山、守江山，守的是人民的心。中国共产党根基在人民、血脉在人民、力量在人民。中国共产党始终代表最广大人民根本利益，与人民休戚与共、生死相依，没有任何自己特殊的利益，从来不代表任何利益集团、任何权势团体、任何特权阶层的利益。"[8]这一论述，不仅为"江山"这一具有中国古典政治文明色彩的词语赋予了新的时代内涵，而且通过这一形象的比喻，使"人民"的至高无上地位得到更加完整充分的表达。

中国共产党领导人民实行人民民主，就是保证和支持人民当家作主。实现人民当家作主是社会主义民主政治的本质和核心，也是中国共产党矢志不渝的奋斗目标。《中华人民共和国宪法》规定："中华人民共和国的一切权力属于人民。"中国共产党坚持在宪法框架下，使党的一切执政活动、国家的一切治理活动都尊重人民主体地位，切实尊重和保障人民的政治、经济和文化权益，确保国家的发展和进步一切依靠人民，一切为了人民，发展成果由人民共享。

坚持人民性是中国社会主义民主的动力之源和活力源泉。邓小平指出："调动积极性是最大的民主。"[9]中国的社会主义民主之所以最能体现中国共产党领导下的人民当家作主，最能广泛反映人民群众的民主愿望和政治要求，最能保障人民群众的根本利益，原因就在于中国的社会主义民主相信和依靠人民群众，尊重人民主体地位，尊重人民群众在实践活动中所表达的意愿、所创造的经验、所拥有的权利、所发挥的作用，充分激发蕴藏在人民群众中的创造伟力。

激发人民群众创造活力是中国坚持不懈的努力目标。改革开放的过程就是通过社会主义民主政治建设不断赋予人民自由活力的过程，也是构建和展示繁荣发展的活力中国的过程。中国通过发展社会主义民主政治，充分调动广大人民群众的积极性、主动性和创造性，切实增强社会发展活力，不断激发市场主体活力，持续释放人才创新创业活力，为加快推进中国特色社会主义伟大事业凝聚了蓬勃力量。

在改革发展中，中国的社会主义民主不断适应解放和发展社会生产力的要求，使社会始终保持生产激励和创造活力，有效推动了经济发展和社会进步，为中国式现代化提供了源源不断的动力。中国人民的生活实现了由贫困到温饱再到全面建成小康社会的翻天覆地的变化，国家发展取得了举世瞩目的伟大成就，中国经济实力、综合国力、人民生活水平显著提升。2020 年，中国经济总量首次突破 100万亿元大关，稳居世界第二，继续维持世界第一制造业大国、第一大货物贸易国、第一大外汇储备国的地位，成为全球最大外国直接投资接受国。2021 年我国国内生产总值增长 8% 左右，超过 110 万亿元，人均国内生产总值超过 1.2 万美元，接近世界银行划设的高收入国家门槛[10]。对于中国这样一个人口多、体量大、人均资源禀赋处于世界较低水平的最大发展中国家，如果没有人民的主人翁地位和主人翁精神，没有亿万人民的团结奋斗，实现这样的发展是不可能的。

《御览》云："国之称富者，在乎丰民。"中国特色社会主义民主有效保证社会公平正义，使广大人民群众共享经济社会发展成果，人民群众获得感、安全感不断上升。中国的人均 GDP 从 1952 年的 119元增加到 2020 年的 72447 元[11]；城镇、农村居民人均可支配收入分别由 1949 年的不足 100 元和 50 元，增加到 2020 年的 43834 元和17131 元[12]。进入新时代，人民群众在民主、法治、公平、正义、安全、环境等方面的要求日益增长。民众有所呼，国家有所应。中国坚持以人民为中心的理念，倾听人民声音，凝聚人民智慧，回应人民期待，将人民群众所思所想所盼体现在重大立法和决策中，以社会主义民主的独特制度优势不断增强人民群众获得感、幸福感、安全感。

在我国社会主义制度下，既要不断解放和发展社会生产力，不断创造和积累社会财富，又要防止两极分化，切实推动人的全面发展、全体人民共同富裕取得更为明显的实质性进展。习近平提出了在社会主义国家治理中"既要做大蛋糕，更要分好蛋糕"[13]的思想，这是对坚持以人民为中心的发展思想在社会政策领域的具体体现，同时也是对中华优秀传统文化中高度重视民生问题和社会公平正义问题的延续和升华。

中国的社会主义民主，真正把发展为了人民、发展依靠人民、发展成果由人民共享落到实处，充分调动起人民的主观能动性，这是中国之治的"密码"，也是中国社会主义民主的力量。

三　具有完备制度体系和创新能力的政治文明

《资治通鉴》云："经国序民，正其制度。"建立制度是定国安邦之本，也是发展民主政治之需。致力塑造、发展、维护国家根本制度，是一个国家得以形成稳固持久的制度文明和政治文明的必然要求。习近平在党的十九届二中全会上的讲话中引用古人"凡将立国，制度不可不察也"[14]这句话来形容制度对于国家治理的重要性。他指出："制度优势是一个国家的最大优势，制度竞争是国家间最根本的竞争。制度稳则国家稳。新中国成立 70 年来，中华民族之所以能迎来从站起来、富起来到强起来的伟大飞跃，最根本的是因为党领导人民建立和完善了中国特色社会主义制度，形成和发展了党的领导和经济、政治、文化、社会、生态文明、军事、外事等各方面制度，不断加强和完善国家治理。"[15]

宪法制度是一个国家最根本的制度。《晋书·孔坦传》云："王命无贰，宪制宜信。"这是中华政治文明传统中关于国家宪法制度的重要历史叙述。所谓"宪法制度"，其实就是国家政治生活的根本准则和根本制度，中国古代政治赋予宪法制度以国家神圣性、稳定性的特殊内涵。

中国宪法规定，中华人民共和国的一切权力属于人民。中国共产党领导人民通过科学程序制定了宪法，使中国人民社会政治地位发生了根本性改变，真正成为国家、社会和自己命运的主人。中国共产党带头尊重宪法，践行宪法原则，根本上就是因为宪法是党和人民意志的集中体现。2012年12月4日，习近平在首都各界纪念现行宪法公布施行30周年大会上的讲话中指出："宪法与国家前途、人民命运息息相关。"他同时还指出："宪法的根基在于人民发自内心的拥护，宪法的伟力在于人民出自真诚的信仰。"[16]

在中国共产党的领导下，坚持依宪治国、依宪执政，包括坚持宪法确定的中国共产党领导地位不动摇，坚持宪法确定的人民民主专政的国体和人民代表大会制度的政体不动摇，这是确保中国政治稳定和民主政治发展行稳致远的根本前提和保障。中国的社会主义民主坚持体现人民意志、保障人民权益、激发人民创造活力，用制度体系保证人民当家作主。中国的社会主义民主具有坚实的法治基础和健全的制度体系保障，彰显了这一民主形态崇高的法治追求。

新中国成立后，中国从自身国情和实际出发，逐步建立起社会主义民主政治的基本框架，不仅形成了一套覆盖面广、包容性强的民主体系，而且形成了一套较为系统完备的民主制度体系，为实现和保障最广大人民当家作主奠定了牢固的制度基础。

覆盖面广和包容性强是中国社会主义民主体系的重要特点和显著优势，也是中国社会主义民主能够在世界政治文明体系中独树一帜的重要原因。中国有960多万平方公里土地、14亿多人民、56个民族，支持和保证人民当家作主，需要建造一个能够将全体人民都容纳进来的民主体系，需要实现对广大人民的全覆盖、无死角。人民代表大会制度作为人民行使当家作主权利的主要组织形式，是覆盖面最广、包容性最强的支柱性民主制度。

中国的人大选举是全世界最大规模的民主选举，五级人大代表都由民主选举产生。从国家主席到普通选民，只要是年满 18 周岁的中国公民，除依照法律被剥夺政治权利的人以外，都有选举权和被选举权。截至 2021 年 4 月，全国各级人民代表大会代表共有 262 万多人。[17] 各级人大代表来自各民族、各行业、各阶层、各党派，各级人民代表大会中均有相当数量的工人、农民代表，体现了中国社会主义民主极强的全面性、广泛性和包容性。

民主体系的系统完备性体现在中国致力健全全面、广泛、有机衔接的人民当家作主制度体系，构建多样、畅通、有序的民主渠道，丰富民主形式，从各层次各领域扩大人民有序政治参与，使各方面制度和国家治理更好体现人民意志、保障人民权益、激发人民创造。

在中国共产党的领导下，中国实行人民代表大会制度、中国共产党领导的多党合作和政治协商制度、民族区域自治制度和基层群众自治制度，使广大人民群众无论是从形式上还是从实质上都成为国家的主人，真正实现了内容广泛、层次丰富的当家作主。发展中国特色社会主义民主政治，建设社会主义政治文明，最重要的是要坚持和完善人民代表大会制度。人民代表大会制度保障了人民当家作主、动员了全体人民以国家主人翁的地位投身社会主义建设、保证了国家机关协调高效运转、维护了国家统一和民族团结。实践证明，人民代表大会制度符合我国国情和实际、体现社会主义国家性质、保证人民当家作主，是我们党领导人民在人类政治制度史上的伟大创造，是在我国政治发展史乃至世界政治发展史上具有重大意义的全新的民主政治制度。

中国共产党领导人民探索形成了社会主义民主的丰富制度形态和实现形式，人民既参与国家发展顶层设计的意见建议征询，又参与地方公共事务治理；既参与民主选举、民主协商，又参与民主决策、民主管理、民主监督；既通过人大、政协等渠道表达意愿，又通过社会组织、网络等平台表达诉求。

在中国的社会主义民主体系中，国家的所有重大立法决策都是依照程序并经过民主酝酿，通过科学决策和民主决策产生的。中国的民法典在编纂中先后 10 次公开征求意见，征集到 42.5 万人提出的 102 余万条意见，最大限度地凝聚了立法共识[18]。2012 年以来，中国共有 187 件次法律草案向社会征求意见，有约 110 万人次提出 300 多万条意见建议，许多重要意见得到采纳。2015 年以来，全国人大常委会法工委共设立了 10 个基层立法联系点，各联系点先后吸收民间智慧，对 109 部法律草案、立法工作计划等提出近 6600 条意见建议。2021 年 1 月，7 部法律草案一并亮相中国人大网，向社会公开征求意见[19]。

中国的社会主义民主保障人民不仅参与选举和决策，而且还拥有参与管理国家事务、管理经济和文化事业、管理社会事务的各种机会与渠道。人民群众通过村（居）民委员会、企业、事业单位、机关单位、社会组织等多样化的民主管理机制参与基层民主治理。在新冠肺炎疫情防控期间，广大基层群众性自治组织的民主参与同政府采取的积极、灵活、果断的应对措施相结合，让民主管理在基层"最后一公里"发挥了实效。

事实说明，中国社会主义民主的根本特点体现在紧扣人民的现实生活和政治实践，是现实的民主、实践的民主，这种强烈的现实导向和实践属性使中国的民主具备了别样的政治文明价值。按照马克思在著名的《论犹太人问题》一文中所表达的关于人的"政治解放"与"社会解放"的观点，"完成了的政治国家，按其本质来说，是人的同自己物质生活相对立的类生活"[20]。中国的社会主义民主所要构建的全面、广泛、有机衔接的民主体系，目的不是构造一套上层建筑范畴的和法律形式之下的虚构的民主，而是具有更加实质性的内涵，中国的社会主义民主的精髓体现在经济社会发展的具体实践和人民的现实生活中。

四　植根于中华文化沃土和立足中国国情的政治文明

孟子云："夫物之不齐，物之情也。"发展社会主义政治文明必须同一个国家基本国情相适应，既不能脱离本国政治制度，也不能违背时代发展潮流和人民基本意愿，更不能脱离一个国家的历史文化传统。

中国古代有着丰富的国家治理智慧，如何建立完善的国家治理是中华政治文明的重要组成部分。一些关于国家"政道"和"治道"方面的政治思想，滋养着中国共产党的理论创新和制度创新。中华优秀传统文化所秉持的理想信念、价值理念、道德观念等，深刻地影响并沉淀于国家制度和国家治理体系的建设中。中国现有的治理观念、治理机制、治理方法等很多方面，在中国历史上隐约可见。

在"政道"方面，中国历史传统不乏丰富的思想文化资源。例如"仁政"作为中国古代政治文化的核心概念，是中华文明中关于国家治理的最高价值和行动目标。"仁"本来指的是个人的道德修养的最高境界，是做人所追求的理想人格。把"仁"的原则运用于国家治理就形成"仁政"主张。"仁政"主张中包含着呵护人的生命、价值和尊严。在"仁政"思想的前提下，中华文明拥有"民惟邦本、政得其民，礼法合治、德主刑辅，为政之要莫先于得人、治国先治吏，为政以德、正己修身，居安思危、改易更化"[21]等国家治理的丰厚思想资源；通过这些思想，可以看到中华文化历来强调对人的尊重和关怀。实现人人享有人权，不仅是人类社会的共同追求，也是中华传统文化和文明的重要内容。

在"治道"方面，中国古代更是留下了极其丰厚的历史制度遗产。习近平在党的十九届四中全会上的讲话中这样指出中国国家治理的历史文化根基："在几千年的历史演进中，中华民族创造了灿烂的古代文明，形成了关于国家制度和国家治理的丰富思想，包括大道之行、天下为公的大同理想，六合同风、四海一家的大一统传统，德主刑辅、以德化人的德治主张，民贵君轻、政在养民的民本思想，等贵贱均贫富、损有余补不足的平等观念，法不阿贵、绳不挠曲的正义追求，孝悌忠信、礼义廉耻的道德操守，任人唯贤、选贤与能的用人标准，周虽旧邦、其命维新的改革精神，亲仁善邻、协和万邦的外交之道，以和为贵、好战必亡的和平理念，等等。这些思想中的精华是中华优秀传统文化的重要组成部分，也是中华民族精神的重要内容。"[22]

这里"四海一家的大一统传统"其实包含着丰富的内涵，是当代国家治理现代化的丰厚历史遗产。从历史发展角度来看，围绕"大一统"这一政治文明本根，中华优秀传统文化创造了大量在历史进程中行之有效、足以维系一个广土众民跨体系大国的具体制度，如皇帝制度、宰辅制度、台谏制度、选举制度、考绩制度、史官制度、司法制度、军事制度等，有效地处理了传统中国国家治理的基本关系，如分裂与统一、集权与分权、中央与边疆、庙堂与江湖、因袭与鼎革、逆取与顺守、官府与经济、中国与外邦，等等。

总之，当今中国的国家治理体系，植根于马克思主义理论学术和中华文化沃土，传承了传统中国的治国理政之道，具有鲜明的社会主义属性和中华文化属性。"完善和发展中国特色社会主义制度，推进国家治理体系和治理能力现代化"[23]是人类制度文明史上的伟大创造，是中国共产党创造性地运用马克思主义国家学说，充分借鉴中华文化元素尤其是包括政德文化和制度文化在内的政治文化精髓，通过不断探索实践建立起来的保证亿万人民当家作主的稽古开新的国家制度和国家治理体系。

中国的社会主义民主是中国政治文明植根于中华文化沃土、充分吸收借鉴中华优秀传统文化的有力体现。民主是全人类共同价值，但民主的制度形态和实现形式是具体的、历史的、文化的。民主是一个国家历史传承和文化传统的产物，也是一个国家在经济社会发展的基础上长期发展、改进和内生性演化的结果，民主是传承性和自主性的结合体。作为马克思主义基本原理同中国具体实际相结合、同中华优秀传统文化相结合的产物，中国的社会主义民主有着鲜明的人民性和阶级性，但同时又体现出鲜明的本土性和民族性。中国的社会主义民主有着典型的中国风格和中国气派，是从中国的社会土壤中生长起来的内生性民主。中国古代文明在价值理念上蕴含着现代民主的文化基因，在政治实践中有着丰富的治国安邦之道、经世济民之策，中华优秀传统文化为当代中国的民主发展提供了丰厚的历史土壤和丰富的文化养分。

中国人民在5000多年的历史长河中，形成了"和合共生"的思想传统，既有重视民生的历史传统和崇尚仁政的民本思想，也孕育形成了天下为公、兼容并蓄、求同存异、和而不同等优秀政治文化传统，强调人与人之间要"忠恕仁和"，人与社会之间要"合群睦众"。古代中国非常重视说理和协商的传统，各种形式的民间沟通和协商在日常生活中发挥着排难解纷、止讼息争的功能。这些思想和传统蕴含丰富的民主因素，为中国人民探索追求符合现代生活需求的民主提供了丰厚的思想资源和文化滋养。

"有事好商量"是中国的老百姓日用而不觉的价值，也是中国社会主义民主的真谛。社会主义协商民主深深嵌入了当代中国社会治理的全过程，丰富了民主形式，拓展了民主渠道，深化了民主内涵。无论是中国共产党领导的多党合作和政治协商制度，还是民主恳谈会、村民议事会、居民论坛、业主协商、村（居）民决策听证等；无论是对关涉全国各族人民利益的事广泛协商，还是对特定群众利益的事展开会商，人民群众通过广泛、多层和制度化的协商渠道，持续地参与到民主决策、民主管理和民主监督等各个环节之中，共同绘就全社会意愿的最大同心圆。

中国的社会主义民主还充分继承了中华优秀传统文化中"和"的思想，致力于创建有利于社会和谐稳定的民主。中国既提倡和珍视民主，也强调发展民主必须保持秩序，坚信社会安定团结是保障和促进民主的必要条件。社会自由活力与和谐稳定相互统一是中国社会主义民主的真谛，也是符合最广大人民利益的最根本要求、最现实选择。民主自由，不能等同于放任自流，更不是凌乱无章。"死水一潭不行，暗流汹涌也不行"[24]，唯有既充满活力又和谐有序的社会才会不断向前发展进步。

中国的社会主义民主还重视人民群众首创精神，重视加强和创新基层民主治理，致力使每个社会细胞都健康活跃，致力将矛盾纠纷化解在基层、将和谐稳定创建在基层。这些民主精神和发展思路，反映了中华优秀传统文化的深刻影响。这种民主理念和民主形态，使中国用几十年时间走过了西方发达国家几百年走过的工业化历程，与此同时，中国并没有发生类似一些国家在其工业化、现代化进程中容易出现的犯罪率高升与社会动荡的问题，不仅创造了经济快速发展奇迹，而且创造了社会长期稳定奇迹。

实践表明，中国的社会主义民主之所以行得通、有生命力、有效率，就是因为它是从中国的社会土壤中生长起来的，中国人民创造的各种民主形式在中国有根、有源、有生命力。

五 和合共生兼容并包的政治文明

世界上有多少个政治共同体，就有多少个集体的历史记忆，就会形成多少个不同特色的政治文明。政治文明绝对没有高低之分，但是从一个政治文明体系的广度和深度来看，是有一定区分的。值得人类社会尊崇的政治文明，一定是代表着世界光明良善的一面，而不是长期依靠政治强权维系的文明；一定是有利于普罗大众长久福祉的发展，而不是长期眷顾少部分人群或族群的文明。政治文明进步，不仅体现在始终维护好本共同体成员的安全福祉之上，而且必须体现在对超越本共同体成员之外的更加广大的人类社会福祉利益的维护上。

中华文明产生于 5000 多年的历史长河中，形成了中华民族独特的精神标识。在漫长的 5000 多年历史岁月中，中华大地上的各民族在碰撞交流中，形成了相互融合、兼容并包、和合共生的特点，使中华文明焕发出独特的生命力。中国致力于追求人类社会安定团结、和合共生的政治文明发展之道。中华民族历来重视安定和谐。"和合"和"大同"理念是中华民族数千年来始终秉承的重要政治理念，在历史长河中发展成为中华文明的重要精神标识。"和合"和"大同"理念也发展成为历朝历代一脉相承的治国理念，升腾为中华各族儿女共同的思想烙印和最深远的政治记忆。

中华文化之所以如此精彩纷呈、博大精深，就在于它兼收并蓄的包容特性。中华文明自古以来便体现出对其他民族文明的强大包容性，《中庸》有言，"万物并育而不相害，道并行而不相悖"，即万物一起生长而不相妨碍，遵循各自的规律而互不冲突，强调了天地之包容；《中庸》有言，"中也者，天下之大本也；和也者，天下之达道也"，即"中"是稳定天下之本，"和"是万物遵循的普遍规则，达到了"中和"的境界，天地便能各在其位，万物便能各得其所。"和实生物，同则不继"（《国语·郑语》）不仅体现了中华民族自古以来的处世哲学，更展现了中华文明对其他民族文明开放包容的态度。

在漫长的历史进程中，中华民族以自强不息的决心和意志，走过了不同于世界其他文明体的发展历程，形成了坚不可摧的中华民族共同体。当代中国，在中国共产党的领导下，继续从蓬勃发展、兼收并蓄的中华文明中汲取养分，夯实铸牢了中华民族共同体意识的思想基础，使中华民族朝着包容性更强、凝聚力更大的命运共同体奋勇向前。

中华文明和合共生、兼容并包的精神特质，不仅不断滋养着中华民族共同体意识的发展，而且也为当代中国社会主义民主制度发展提供了丰厚养分，为不断探索发展社会主义民主提供了价值指引。民主是一把"双刃剑"，运用得好可以改善国家治理，带来政治清明、上下团结、人民安乐的局面；运用不好则可能破坏国家治理，产生政治衰败、信心幻灭、社会动荡的局面。中国的社会主义民主有着鲜明的现实导向和卓越的治理成色，不仅释放了亿万人民的积极性和创造性、实现了中国式现代化发展道路，而且通过民主与集中相结合、法治与德治相结合，有利于形成安定团结的政治局面，有利于集中力量办大事，有利于形成治国安邦的强大合力。

安定团结的政治局面关系人民福祉和国家稳定。中国共产党是中国特色社会主义事业的领导核心，也是发展中国社会主义民主的领导力量，处在总揽全局、协调各方的地位。党领导人民治国理政和发展民主，最重要的就是处理好各种复杂政治关系，始终保持党和国家事业沿着正确的政治方向向前发展。我国宪法明确规定，国家机构实行民主集中制的原则。根据宪法确立的体制和原则，中国共产党实行民主基础上的集中和集中指导下的民主相结合，充分发挥有效调解各方面重大关系的制度优势，正确处理了中央和地方关系、政党关系、民族关系以及各方面利益关系等事关国家前途命运的一系列重大政治关系，有效维护了国家统一、民族团结与社会和谐，有效保证了国家政治生活既充满活力又安定有序。

例如，在政党关系上，坚持中国共产党领导的多党合作和政治协商制度，既保证了广泛的政治参与、充分反映社情民意和各阶层的利益诉求，又保证了政治生活的团结和谐和各方面力量的有效汇聚。又如，在民族关系上，创建并坚持完善民族区域自治制度，坚持各民族一律平等，不断铸牢中华民族共同体意识，实现各民族共同团结奋斗、共同繁荣发展。这些优势从根本上维护了国家安定、民族团结、社会和谐稳定、人民安居乐业的政治局面。

中国的社会主义民主坚持一致性和多样性统一的政治原则，团结一切可以团结的力量、调动一切可以调动的积极因素，最大限度地凝聚起共同奋斗的力量。党和国家通过完善社会主义民主制度，充分保障人民群众依法行使民主权利，各党派、各团体、各民族、各阶层和各界人士，无论从事何种职业、持有何种信仰，都享有平等的政治权利，在共同的政治基础上可以充分表达不同的意见和诉求，广泛凝聚共识，努力寻求最大公约数、画出最大同心圆，汇聚起实现民族复兴的磅礴力量。

发展社会主义民主还要能够形成整体的意志和集中的力量。中国的基本国情决定了必须要始终关注国家的整体发展、必须始终关注全体人民福祉和社会公平正义，中国的社会主义制度决定了全民族、全社会、全体中国人民在根本利益上的高度一致，发展民主必须能够确保"集中"的力量。习近平指出："我们最大的优势是我国社会主义制度能够集中力量办大事。这是我们成就事业的重要法宝。"[25]在党的领导下发展社会主义民主，有利于坚持全国一盘棋，调动各方面积极性，集中力量办大事，形成治国理政的强大合力。

中国共产党在充分发扬民主的基础上正确集中各方意见，善于汇聚各方面的智慧和力量，善于形成统一意志和统一行动，从而实现广泛民主基础上的高度集中。这套制度可以根据国家和社会的整体利益、长远利益和根本利益制定发展战略和规划。中国从1953年开始共编制实施了14个五年规划（计划），完成了三峡大坝、青藏铁路、南水北调、西气东输、大飞机、高速铁路、国产航母、"嫦娥"探月等重大工程项目，用几十年时间走完了发达国家几百年走过的工业化历程。

按照宪法确立的民主集中制原则，中国实行人民代表大会统一行使国家权力，实行决策权、执行权、监督权既有合理分工又有相互协调，有利于促使各类国家机关提高工作能力和效率、增进协调和配合，保证国家机关统一有效组织各项事业，同时切实防止出现相互掣肘、效率低下、内耗严重的现象，还可以有效避免西方式民主中常出现的重大利益集团俘获政府问题。

党和国家充分发挥集中力量办大事的优势，聚焦全局性、战略性、长远性目标任务，在重大科技攻关、区域协调发展、重大工程建设、生态环境保护、"一带一路"建设、防范化解重大风险等方面，办成了一件又一件大事，取得了一个又一个重大成就。实践证明，中国的社会主义民主能够有效维护国家独立自主，有力维护国家主权、安全、发展利益，维护中国人民和中华民族的福祉。

2022 年 7 月 26 日，习近平在省部级主要领导干部"学习习近平总书记重要讲话精神，迎接党的二十大"专题研讨班上发表的重要讲话中强调，中华民族伟大复兴不是轻轻松松、敲锣打鼓就能实现的，必须勇于进行具有许多新的历史特点的伟大斗争，准备付出更为艰巨、更为艰苦的努力。他同时强调，我们取得的一切成就，都是党和人民一道奋斗出来的[26]。中国的社会主义民主，就是中国共产党领导中国人民艰苦奋斗践行中国式现代化道路的实践产物，是中国人民致力追求和创造人类政治文明新形态的智慧结晶。中国的社会主义民主，体现了 100 年来中国共产党的理想追求，彰显了中国特色社会主义制度的显著优势，饱含着马克思主义政党宽广的历史视野和深厚的人民情怀。中国的社会主义民主为我们应对新的伟大斗争，实现中华民族伟大复兴提供了坚实的政治保障和共同奋斗的力量。

从社会主义民主政治发展的视角来看，中国致力于追求和创造的政治文明新形态，归根结底是人民当家作主的政治文明。之所以称之为"人民当家作主的政治文明"，是因为这种民主形态是由世界上最大的马克思主义执政党带领人民创造的民主，是具有坚强的政治领导力量和稳定的国家制度保障的民主形式；是因为这种民主形态具有更加深厚的人民性，致力于创造人类有史以来覆盖面最广、包容性最强的民主体系，是能够有效激发人民创造伟力的民主；是因为这种民主形态体现出鲜明的本土性和民族性，既反映本国人民的历史文化心理结构与对美好生活的别样追求，又以其"和合共生"的思想同全人类共同价值高度契合；是因为这种民主形态超越了抽象的、虚构的、仅仅停留在法律文本和上层建筑领域的民主，更加注重追求人民现实生活和政治实践中的民主，并凭借其独特的民主优势实现了卓越的国家治理，有力推动了人的全面解放和社会的全面进步。

回顾中国社会主义民主政治发展的实践历程，中国共产党领导人民开创的中国式现代化道路，为探寻符合中国国情的社会主义民主政治发展道路和政治文明新形态提供了坚实的现实基础，中华优秀传统文化则为中国的社会主义民主发展提供了丰厚的历史文化土壤。中国特色社会主义进入新时代，我国社会主义民主政治稳步发展，政治文明建设不断向前推进。建党百年之际，习近平提出了"发展全过程人民民主"的重要论述。回顾中国共产党带领中国人民探索追求民主的全部实践历程，全过程人民民主是中国共产党领导的人民民主政治建设的重要历史路标，是中国特色社会主义民主政治发展的实践结晶，是新时代中国特色社会主义民主制度日益发展成熟的标志性成果。全过程人民民主深化了对社会主义民主发展规律的认识，揭示了我国民主的核心优势，指明了中国社会主义民主发展的战略方向。

展望未来，中国的社会主义民主不仅将继续推动中国式现代化道路向前发展，也必将为更多追求走向现代化的国家提供全新借鉴与选择，为人类探索建设更好社会制度和构建更加丰富多彩的世界政治文明新生态贡献智慧和力量，将为人类政治文明进步作出更多充满中国智慧的贡献。

（执笔：公　明）

第二章　马克思主义政党缔造和领导的国家

　　国家在政治文明体系中处于核心地位。国家是指拥有共同的语言、文化、种族、领土、政府或者历史的社会群体的总和，也是一定范围内的人群所形成的政治共同体的特定形式。马克思主义将国家视为阶级矛盾不可调和的产物，是经济上占统治地位的阶级进行阶级统治的政治权力机关和政治上层建筑。国家的性质不仅决定了谁来统治以及如何统治的问题，而且决定了政治文明体系的属性和特征。国家就其政治形态的形成而言，受到一个国家和民族特殊历史发展进程的影响，根本上是历史的选择和人民的选择。

　　1840 年鸦片战争以来，中华民族遭受了前所未有的劫难。从那时起，实现中华民族伟大复兴，就成为中国人民和中华民族最伟大的梦想。为了拯救民族危亡，近代以来各种救国方案轮番出台，但都以失败告终。中国迫切需要新的思想和新的组织，来凝聚革命力量、重建中国人民自己的国家。1921 年 7 月，中国共产党成立。中国共产党把为中国人民谋幸福、为中华民族谋复兴确立为自己的初心使命。为了实现中华民族伟大复兴，中国共产党团结带领全国人民，先后创造了新民主主义革命、社会主义革命和建设、改革开放和社会主义现代化建设以及新时代中国特色社会主义的伟大成就。

近代以来中国共产党领导人民创造国家的艰辛历程表明，中国共产党是中国人民的主心骨，是中国的最高政治领导力量，是国家的缔造者和建设者。中国是先建党，后建军，最后建国，中国共产党所具备的强大组织能力，使它很好地承担了国家缔造者的职责。它把中国组织成了一个坚实的政治整体。没有中国共产党就没有新中国，就没有中华民族的伟大复兴。马克思主义政党缔造和领导的国家，是当代中国政治文明体系中的核心要素。

一　马克思主义政党领导的国家

马克思主义政党领导的国家之形成，归根结底是中国近代以来历史发展实践逻辑的结果，是中国人民对国家政治发展道路作出的自主选择。马克思主义政党领导的国家，与当代西方资本主义国家的历史实践具有截然不同的实践特征和历史逻辑。如果说近现代以来的西方资本主义国家，是经济上占统治地位的资产阶级获得统治地位的政治共同体的形式，其政治利益是由西方资产阶级政党来代表的，那么当代中国的国家是工人阶级领导的、以工农联盟为基础的人民民主专政的社会主义国家，是经济上占统治地位的无产阶级及其政党缔造和领导的国家。

（一）马克思主义政党领导的国家的形成逻辑

政党政治是现代资产阶级革命的产物，最早源于英国，一开始主要表现为新生资产阶级与封建贵族之间的斗争，然后表现为资产阶级内部的斗争，进而表现为资产阶级与无产阶级之间的斗争。具体来讲，早在"光荣革命"前，英国议会里就出现了托利党和辉格党两大政治派别，到产业革命后，二者分别演化为保守党和自由党，由此正式形成英国议会内阁制下的两党政治。在无产阶级运动兴起后又出现无产阶级政党，在资产阶级内部不同利益集团和不同派系的矛盾之外，又多了无产阶级与资产阶级的矛盾。但资本主义国家的政党政治，本质上是资产阶级通过可代表其利益的政党来执掌国家政权。在这个意义上，资产阶级政党政治日益成熟化、定型化后，就是要确保资产阶级通过制度化方式执政，确保国家政权始终掌握在资产阶级手中。在资本主义政党占主导地位的国家，通常采用两党制或多党制，由两个或多个资产阶级政党轮流执政或联合执政。

19 世纪中后期以来，中国在遭遇西方帝国主义入侵的同时，也面临现代政治正当性的挑战，最终从帝制走向共和，亦即从君主主权的传统政治走向人民主权的现代政治。然而，在中国这样具有悠久历史文化的超大规模国家，到底应该采取什么样的政权形式来实现人民主权，一开始并没有明确答案。为了拯救民族危亡，中国人民奋起反抗，无数仁人志士奔走呐喊，太平天国运动、戊戌变法、义和团运动、辛亥革命接连而起，各种救国方案轮番出台，但都以失败而告终。历史发展证明，那种直接在中国大地上照抄照搬西方政治制度的试验是注定要失败的，是没有前途的。

辛亥革命以后，中国还兴起了政党政治，当时主要是向西方资产阶级政党政治学习，采取的是多党竞争的模式，一时组建了很多所谓的"政党"。但是历史证明，这些制度完全不符合中国的国情，既不能解决中国所需要的国家独立自主，无法摆脱中国的半殖民地半封建状态，也不能真正给予人民以真正的民主。西方资产阶级政党政治的兴起有着自己的经济社会基础，它与近代以来日益成熟的资产阶级不断壮大密不可分，而近代中国自 19 世纪中叶开始进入半殖民地半封建社会，资产阶级甚为弱小，难以担当组织国家的重任，更不可能实现真正的民主。

在诸多政治力量中，国民党试图通过"以党建国"的方式实现国家的统一。然而，国民党在很大程度上仍没有摆脱旧的封建军阀政治的色彩，代表的是大地主和大资产阶级的利益。从根本上说，国民党政府是在帝国主义的支持下建立的，国民党的统治并没有使中国摆脱帝国主义的压迫。同时，国民党统治的社会基础极其狭隘，决定了它既不能容忍也经受不住任何的民主改革。国民党政府试图在不触动封建势力和帝国主义在华势力的基础上解决中国社会的矛盾，不仅难以真正有所作为，而且还导致中国社会政治矛盾的进一步激化。

十月革命一声炮响，给中国送来了马克思列宁主义。在中国人民和中华民族的伟大觉醒中，在马克思列宁主义同中国工人运动的紧密结合中，中国共产党应运而生。中国产生了共产党，这是开天辟地的大事变，深刻改变了近代以后中华民族发展的方向和进程，深刻改变了中国人民和中华民族的前途和命运，深刻改变了世界发展的趋势和格局。作为马克思列宁主义新型政党的中国共产党，领导人民进行新民主主义革命，取得反帝反封建的胜利，建立了中华人民共和国。可以说，没有无产阶级政党领导下的新民主主义革命的成功，就没有一个全新的马克思主义政党领导的国家的建立。

（二）马克思主义政党领导的国家的制度特征

在社会主义国家，无产阶级政党既是国家的缔造者，又是国家的领导者，是长期执政党。党与国家的关系表现为党既是整个国家的领导者与创建者，又必须在宪法和国家基本制度框架内执政。这一制度特征是在历史实践中形成的。

新中国的社会主义国家制度是党领导人民取得革命成功的结果。新中国的国家制度并非从天而降，而是有一定的历史渊源。中国共产党领导人民经过土地革命战争、抗日战争、解放战争，以武装的革命反对武装的反革命，推翻帝国主义、封建主义、官僚资本主义三座大山，建立了人民当家作主的中华人民共和国，实现了民族独立、人民解放。新中国成立后，中国共产党团结带领中国人民进行了涉及几亿人的伟大的社会主义革命，彻底消灭了在中国延续几千年的封建剥削压迫制度，确立了社会主义基本制度，为党领导国家进行社会主义建设以及后期启动改革开放，确立了根本政治前提和制度基础。

新中国成立后，在党的领导下建立安定有序的国家秩序，在"一穷二白"的基础上谋求发展，致力实现中国的工业化和现代化；但我们党要防止新建立的国家制度日益僵化，丧失群众基础和政权的人民性。这一时期，我国的社会主义国家制度向苏联学习，形成了高度集中的计划经济体制，然而苏联体制日益暴露一定弊端，特别是重工业比例过重，这些不能不引起注意。为此，中国共产党在社会主义建设的探索与实践中，始终坚定不移地践行群众路线。在持续加强我们党与人民群众密切联系的同时，不断深化、发展与巩固对群众路线的认识。1956 年 9 月，党的八大通过的党章提出，必须不断地发扬党的工作中的群众路线的传统。[1]这是群众路线作为全党必须贯彻实行的重要路线方针政策，第一次被正式写入了党章。历史经验和具体实践证明，党的群众路线与党的事业发展是紧密相连的，群众路线与中国社会主义制度和社会主义事业的发展紧密相关。

改革开放之后，随着商品经济的兴起和社会主义市场经济体制的建立，我国社会主义国家制度也发生了重大变革调整。就党与国家的关系而言，最主要的是党的领导方式与执政方式的变化，但党的领导和执政地位并没有变化。为了发展中国特色社会主义，实现从高度集中的计划经济体制到充满活力的社会主义市场经济体制的转变，实现从国家的封闭半封闭状态到全方位的改革开放的历史性转变，在党的领导下经过持续的改革，我国确立了充满新的活力的体制。改革开放以后，我国实现了从生产力相对落后的状况到经济总量跃居世界第二的历史性突破，实现了人民生活从温饱不足到总体小康、奔向全面小康的历史性跨越，为实现中华民族伟大复兴提供了坚实的制度基础和物质条件。

值得指出的是，在中国共产党的领导下，中国还存在多个民主党派。中国共产党是中国特色社会主义事业的坚强领导核心，各民主党派、无党派人士自觉接受中国共产党的领导，拥护中国共产党的领导和执政地位。在国家政权中，中国共产党和各民主党派、无党派人士加强团结、合作共事，形成了中国的新型政党制度这一重要制度安排。中国共产党坚持平等相待、民主协商、真诚合作，支持各级人大、政府和司法机关中的民主党派成员和无党派人士发挥作用，共同推动国家政权建设。

（三）马克思主义政党领导的国家的人民属性

人民民主是社会主义的生命，也是马克思主义政党领导的国家的最鲜明属性。马克思主义政党领导的国家建构实际上是通过"人民民主"这一特定的民主形态来实现的。

新中国成立后，中国共产党领导全国各族人民建立了人民民主专政的国体和人民代表大会制度的政体，实现了向人民民主的伟大跨越，开辟了人民当家作主的历史新纪元。改革开放以后，中国社会主义民主政治建设进一步发展，人民民主的内容不断扩大，人民的各项权益得到越来越切实的政治保障。党的十五大首次提出了"依法治国"的基本方略，在党的十五届五中全会上进一步作出了"扩大公民有序的政治参与，引导人民群众依法管理自己的事情"[2]的重大决定。党的十六大首次提出了"建设社会主义政治文明"[3]的主张。党的十七大强调"人民民主是社会主义的生命"，首次阐明了中国特色社会主义政治发展道路的科学内涵，这就是"坚持党的领导、人民当家作主、依法治国有机统一，坚持和完善人民代表大会制度、中国共产党领导的多党合作和政治协商制度、民族区域自治制度以及基层群众自治制度，不断推进社会主义政治制度自我完善和发展"[4]。

中国的社会主义政治发展道路的核心就是通过建立和发展社会主义民主制度来实现人民当家作主。要把人民组织整合为一个整体，又要充分实现最广泛的民主，这是近代以来中国政治最重大的历史主题。为此，中国进行了长期的探索实践，最终在中国共产党的领导下实现了这一目标。

近代中国同时面对外部帝国主义列强的控制与内部封建主义军阀的割据，这注定了中国的革命将把民主革命与民族革命同时并举。由于非发动广大民众不能够唤起民族的整体力量，在很大程度上也可以说，民族革命必得通过民主革命方能有所成。问题关键在于，如何能够把散沙般的广大中国民众凝聚到一起？中国共产党视政党为人民的先锋队，是通过为人民服务、为人民谋福利来聚合民众的。人民是政党的基础，而政党是人民得以有机聚合、获得整体存在的内在力量与机制。这样的结构与现代国家建构相结合，在使新型的现代政治得以可能的同时，也使政党领导人民来建构国家成为中国的现代国家建构模式。

要使人民真正能够当家作主。中国共产党的成功不仅在于自身的组织力量，还在于它有马克思主义作为指导思想。以毛泽东同志为主要代表的中国共产党人提出把"人民共和国"作为建国目标，同时明确了"新民主主义"即为"人民民主"。在中国革命的语境中，"人民民主"所针对的不仅是本国的官僚资产阶级，更是外部帝国主义列强与本国封建地主势力。在国家尚未消亡的历史阶段，"人民"同时保有阶级与民族的双重含义。

要把政治基础奠定在广大人民之上，这是人民民主的应有之义。为此，中国共产党通过它所领导的新民主主义革命和社会主义建设对中国的经济社会结构进行了革命性的改造，成功确立了适应和支持人民民主的经济社会基础。中国共产党领导的人民民主革命，特别是土地革命，把中国古代封建社会沿袭已久的旧社会结构彻底打破，把广大农民的积极性调动起来，再造了现代中国的社会基础。中国共产党通过建立社会组织结构，尤其是把一盘散沙的农民组织起来实现了翻身做主人，同时又为新中国培养了大量合格的现代劳动者，中国持续发展的工业化又反哺广大农村的过剩农业人口，使其得以充分就业。中华人民共和国的成立，还建立了强有力的中央权威，在中国主权范围内成功实施了有效的管理，确保了社会的长治久安。

二 人民民主专政

《中华人民共和国宪法》第一章第一条明确规定："中华人民共和国是工人阶级领导的、以工农联盟为基础的人民民主专政的社会主义国家。"[5] 人民民主专政是我国的国体。所谓"国体"，通常是指国家的阶级本质，它是由社会各阶级、阶层在国家中的地位所反映出来的国家的根本属性。《中华人民共和国宪法》序言指出，"工人阶级领导的、以工农联盟为基础的人民民主专政，实质上即无产阶级专政"[6]，这是对我国作为马克思主义政党领导的国家的阶级本质的精辟概括。

（一）人民民主专政的政治内涵

关于人民民主专政的论述，最经典的莫过于毛泽东《论人民民主专政》一文。这篇文章写于中华人民共和国成立前夕，不仅是对中国共产党 28 年奋斗经验的高度总结，也是对即将创建的"新中国"国体的理论阐述。

毛泽东讨论人民民主专政的国体问题，是从国家的消亡问题——亦即"人类进步的远景的问题"[7]——开始说起的。毛泽东强调："我们和资产阶级政党相反。他们怕说阶级的消灭，国家权力的消灭和党的消灭。我们则公开声明，恰是为着促使这些东西的消灭而创设条件，而努力奋斗。共产党的领导和人民专政的国家权力，就是这样的条件。不承认这一条真理，就不是共产主义者。"[8] 显然，毛泽东在这里告诉我们的是，理解人民民主专政的深刻内涵，必须要把它放在马克思主义国家理论的整体框架中进行，尤其要站在共产主义事业的高度，运用唯物辩证法予以考察。

根据马克思主义政治学理论，无产阶级专政与社会主义民主是两种相互联系又有所区别的国家制度，是同一个事物的两个不同发展阶段。根据马克思和列宁的划分，从无产阶级推翻资产阶级统治、夺取政权开始，一直到共产主义高级阶段的出现，会经历两个时期，一个是无产阶级革命专政时期，一个是社会主义时期，这是共产主义的初级阶段。与此相应，无产阶级在革命中所争取到的民主，也要经历两个形态，一个是无产阶级民主，一个是社会主义民主。

从理论上来讲，无产阶级专政只存在于过渡时期，到了社会主义社会阶段，阶级应该是已被消灭了的，因此也就不存在无产阶级专政了。实际上，马克思所使用的"无产阶级专政"，其中"专政"一词（德语 diktatur，英语 dictatorship），从语言与制度渊源上看，都来自古罗马的"狄克推多"（dictator，即"独裁官"）制度。独裁官通常由执政官咨询元老院意见之后任命，其治权（imperium）固然不受保民官的否决，但任期只有六个月，就其创设意图来看，独裁官制度本是为了应对一时之需。"无产阶级专政"保留了独裁官制度所具有的这种时间上的有限性，一旦无产阶级革命取得成功，社会主义建立起来，也就是其退出历史舞台之日。

不过，即便在马克思主义看来，到了社会主义时期也仍然是需要国家的，因为它"是刚刚从资本主义社会中产生出来的"，"它在各方面，在经济、道德和精神方面都还带着它脱胎出来的那个旧社会的痕迹"[9]。列宁认为，社会主义时期的国家是镇压职能正在消亡的非政治国家[10]，但国家存在的事实本身，决定了这个时期作为国家形态的社会主义民主也会继续存在，直到国家最终消亡为止。

　　而从实践上来看，其实从来还没有过与"无产阶级民主"严格区别开来的"社会主义民主"，这是因为，现实中的社会主义往往是在落后国家建立的，往往与理论中的社会主义有一定差距。倘若用马克思主义理论来衡量，那么现实中的社会主义实际大概仍处于"过渡时期"。这也就意味着，现实中的社会主义民主，严格来讲还不能叫社会主义民主，而是趋向社会主义民主的无产阶级民主。由于现实社会主义运动本身所具有的复杂性，这个向成熟社会主义过渡的时期的漫长性，超出了马克思主义经典作家的设想。我国在 1956 年完成社会主义改造，进入了社会主义时期，然而我国社会仍处于并将长期处于社会主义初级阶段，因此所实行的社会主义民主也还是初级阶段的新型民主。

　　需要强调的是，我国在进入社会主义时期后实行的社会主义民主，与新民主主义革命时期以及新中国成立后的过渡时期实行的民主形态是一脉相承的，且名称上也保持了统一性，沿用了毛泽东所概括的"人民民主专政"。换言之，中国革命在政权建设上的一大特色，就是从旨在推翻"三座大山"、建立无产阶级政权的新民主主义革命时期起，即已实现了从"无产阶级专政"向"人民民主专政"的转变。

　　在《国家与革命》中，列宁认为，在从资本主义向社会主义过渡时期，"必然是阶级斗争空前残酷、阶级斗争的形式空前尖锐的时期，因而这个时期的国家就不可避免地应当是新型民主的（对无产者和一般穷人是民主的）和新型专政的（对资产阶级是专政的）国家。"[11] 这里所讲的"新型民主"与"新型专政"的辩证统一，也就是无产阶级领导的国家形态的一体两面。同样，毛泽东在《论人民民主专政》中指出，"这两方面，对人民内部的民主方面和对反动派的专政方面，互相结合起来，就是人民民主专政。"[12]显然，人民民主专政体现的也正是新型民主与新型专政的辩证统一。所以就表述而言，当我们说到"无产阶级民主"，自然也就包括了"无产阶级专政"，并等同于"无产阶级专政"，反之亦然；当我们说到"人民民主"，其实也就是"人民民主专政"的简称。

列宁所讲的"新型民主"，无疑针对的是旧式民主，也就是资本主义民主或资产阶级民主。人民民主作为"新型民主"，也就是无产阶级民主或社会主义民主，主要具有以下基本特点：第一，人民民主是多数人的民主，在实行对少数人镇压的同时，把民主扩大到绝大多数人的身上，这正符合古希腊语中"民主"（demokratia）一词的本义，即"人民的统治"。第二，人民民主的扩大，并非仅仅实现更完全的民主，而是民主的一种质变，或者说一种新生，因为"这样高度的民主制度，是同越出资产阶级社会的框子、开始对社会进行社会主义的改造相联系的"[13]。第三，人民民主的标志，并不仅仅在于广大人民具有民主权利本身，更主要在于他们成为生产资料的共同占有者的同时，也成为国家政治生活舞台上的主人，直接参与国家管理，实现民主权利。第四，人民民主是同消除阶级和促使国家消亡的目标紧密联系在一起的，因而具有伟大的意义。

（二）人民民主专政的历史实践

为什么中国选择了人民民主专政，为什么人民民主专政统贯了新民主主义革命时期、向社会主义过渡时期以及社会主义确立之后漫长的建设与改革时期，并且中国共产党将自身所创建的国家政权性质表述为人民民主专政？

首先，由于封建阶级和资产阶级都不能担负起领导近现代中国完成"旧邦新造"的现代政治转型，这一重任历史地落在了无产阶级及其先锋队政党的肩上。

近代以来，在落后挨打的内外形势下，旨在救国救民于水火之中，为实现中华民族复兴而奋斗的仁人志士前仆后继。这些先进的中国人中，既包括了开明的封建地主阶级，也包括了进取的资产阶级。较早"开眼看世界"的少数士大夫群体，在对西方之富强有所认识后主张积极学习西方先进事物的洋务派，均属于前者。就连晚清政府也不断派遣留学生出国深造，后来更是废除科举制，兴办新式学校，还实行了"预备立宪"。但这些都不足以挽狂澜于既倒，维新派的出现标志着传统的封建阶级中已经分化出一批资产阶级改良主义者，他们希望学习西方资本主义国家的政治制度，在中国建立起资产阶级性质的君主立宪国家。然而保守的封建权贵势力成事不足，败事有余，改良的路子走不通，终于迎来了试图推翻清朝、再造中华的革命派的登场。历史的吊诡在于，西方并不因为中国先进分子积极努力学习西方就放弃了对中国的侵略。正如毛泽东所说："帝国主义的侵略打破了中国人学西方的迷梦。很奇怪，为什么先生老是侵略学生呢？中国人向西方学得很不少，但是行不通，理想总是不能实现。"[14] 直到"十月革命一声炮响，给我们送来了马克思列宁主义"[15]，中国革命的面貌才真正焕然一新。

毛泽东一针见血地指出："中国无产阶级的先锋队，在十月革命以后学了马克思列宁主义，建立了中国共产党。"[16] 有了先进理论武装的无产阶级先锋队政党的领导，中国历史进入了新的发展阶段。毛泽东高度评价孙中山晚年提出的"联俄、联共、扶助农工"政策，也对他在临终遗嘱中对革命经验的总结深表赞同，不过在领导权的问题上，他鲜明地指出了双方差异之所在。毛泽东认为，除了谁领导谁这一个问题以外，当作一般的政治纲领来说，孙中山提出的"民权主义"是和中国共产党主张的人民民主主义或新民主主义相符合的[17]。"只许为一般平民所共有、不许为资产阶级所私有的国家制度，如果加上工人阶级的领导，就是人民民主专政的国家制度了。"[18]换言之，人民民主主义之所以堪称"新"民主主义，正是因为有了无产阶级及其先锋队政党的领导。此中蕴含的深刻历史辩证法在于，一个饱受帝国主义侵略的落后东方大国的民主革命若要取得成功，反而更加需要一个较其所处社会发展阶段远为先进的阶级和政党的领导。"资产阶级的共和国，外国有过的，中国不能有，因为中国是受帝国主义压迫的国家。唯一的路是经过工人阶级领导的人民共和国。"[19]

其次，中国无产阶级力量弱小，且全面危机下的民族矛盾上升为首要矛盾，如何在中国共产党的领导下凝聚起最广大人民的合力，成为中国革命取得成功的关键。

按照经典马克思主义理论，无产阶级应该是新民主主义革命的主力军，但在工业基础薄弱的旧中国，工人阶级的人数与力量都非常有限，依靠工人阶级在城市搞武装暴动以取得革命胜利的道路根本走不通。因此中国革命转向了农村，走"农村包围城市"的道路，工人加上农民就成为占人口绝大多数的力量，工农联盟也就成为革命得以胜利的稳固阶级基础。当然，此后仍然面临的一大问题是，如何从实际出发灵活运用阶级斗争的原则，使革命的参与者和支持者越来越多，而不是把阶级斗争原则给抽象化教条化，反而使革命的敌人和反对者越来越多。此中意义甚大，关系到敌我双方力量的消长和强弱的转化。实际上，还在井冈山时期，毛泽东就在革命斗争中保持了原则性与灵活性的高度结合，这特别反映在他对待富农和小地主主张采取更为温和的态度。待经过长征转战陕北后，面对日本帝国主义侵略导致的民族矛盾的不断升级，统一战线的思想也更加成熟了，在阶级斗争和民族较量、民主革命和民族革命之间实现了很好的平衡。正是在这一过程中，马克思主义经典作家所说的"无产阶级专政"被更符合中国实际，更有助于实现革命成功，因此也是更好的表述"人民民主专政"所取代。

"人民是什么？在中国，在现阶段，是工人阶级，农民阶级，城市小资产阶级和民族资产阶级。这些阶级在工人阶级和共产党的领导之下，团结起来，组成自己的国家，选举自己的政府，向着帝国主义的走狗即地主阶级和官僚资产阶级以及代表这些阶级的国民党反动派及其帮凶们实行专政……"[20] 从毛泽东当年的论述不难理解，"人民"是一个包容性很强的政治概念，而且是一个流动的政治概念，其内涵将随着形势和任务尤其是"敌人"概念的变化而发生相应的变化。因此，"人民民主专政"这一概念也具有极大的适应性，即便在新民主主义革命胜利之后，也可以继续保持有效性。当然，在内外形势发生巨大变化的情况下，其具体内涵也必将发生变化。比如我国现行宪法序言规定："社会主义的建设事业必须依靠工人、农民和知识分子，团结一切可以团结的力量。在长期的革命、建设、改革过程中，已经结成由中国共产党领导的，有各民主党派和各人民团体参加的，包括全体社会主义劳动者、社会主义事业的建设者、拥护社会主义的爱国者、拥护祖国统一和致力于中华民族伟大复兴的爱国者的广泛的爱国统一战线，这个统一战线将继续巩固和发展。"[21] 这里所阐述的就是中国特色社会主义进入新时代后，为了实现社会主义现代化和中华民族伟大复兴的总任务，人民民主专政所依托的阶级基础和统一战线。

总之，就像毛泽东说的那样："总结我们的经验，集中到一点，就是工人阶级（经过共产党）领导的以工农联盟为基础的人民民主专政。"[22]我们之所以选择人民民主专政的国体，就是因为只有在无产阶级及其政党的领导下，并且只有同时实行最大范围的民主，团结一切可以团结的力量，建成最为广泛的统一战线，才能取得革命、建设、改革的成功，推动我们的事业不断前进。

当然，在我国建成一个比较发达完善的社会主义社会，将是一个漫长的历史过程，在这一过程中，人民民主专政应该是不断朝着真正意义上的社会主义民主前进，即"经过人民共和国到达社会主义和共产主义，到达阶级的消灭和世界的大同"[23]。就其根本而言，我们应该像毛泽东所说的那样："努力工作，创设条件，使阶级、国家权力和政党很自然地归于消灭，使人类进到大同境域。"[24]这是推动人民民主专政不断发展的前进目标。然而，在可以看到的将来，阶级、政党和国家不会那么快就从人类生活中消失。巩固和发展人民民主专政，既不能失去根本理想，也不能不顾眼前现实，应该在远大目标与当前目标、最高纲领与最低纲领的双重引领下，使人民民主专政每向前推进一步，都更接近建成社会主义现代化国家，也都有利于发展更加广泛、真实的社会主义民主。

三　人民共和国

人民共和国是无产阶级专政或人民民主专政的国家形态，这种国家实行社会主义制度。根据宪法和法律规定，人民是国家的主人，通过选举组织国家机关，参加国家管理，监督国家机关及其工作人员。

一切权力属于人民是这种国家制度的根本准则和核心内容。1949 年10 月1 日成立的中华人民共和国正是这样的国家。

（一）人民共和国的理念

在人民共和国作为一种特殊的政治理念和政治实体走向历史舞台之前，西方资产阶级借鉴了西方历史资源创造了"共和国"的理念和实体。在法理上，"共和国"从理论上来讲，意在表明国家是所有公民的共同事业，因此共和国的基石是公民。

在西方历史背景中，早在古希腊城邦政治生活中，公民就构成了政治生活中的主体。就其本义而言，公民是指一个政治体中享有公民权、能够参与公共政治生活的人。在古希腊城邦政治中，即便在民主最为发达的地方，这样的人也只是少数。

"公民"的产生，建立在公共生活与私人生活的二元划分基础上。在古希腊，私人生活领域就是家庭，公共生活领域就是城邦以及城邦的公共场所。只有成年男性才能参加公民大会，也就是成为自由人，这意味着自由本身与参与公共政治生活密切相关。因此，家庭所属的私人领域被认为是非自由的领域，或者说是必然性的领域，为人的物质生存所左右的领域。家庭中的有关人员，包括妇女、孩子以及奴隶等，都不能称为自由人。

显然，西方古典的公民政治是建立在人与人的不平等基础之上的，拥有公民权的人在政治上居于优越的地位，不拥有公民权的人在政治上则居于相对劣势的地位。与此同时，城邦的政治生活本身也高于家庭生活，前者属于超越生计的相对高等的自由领域，后者属于为生计而存在的必然性的领域。问题在于，正是因为有一个必然性的领域存在，所谓公民政治才有可能。如果古典的城邦—家庭生活结构发生了变化，这一公民政治模式也就要告终了。

在古典政治与现代政治之间的漫长岁月，西方经历了漫长的封建社会时期，古典的那种人与人不平等的结构仍得以延续，但政治参与本身逐渐消解。更重要的是，原来那种公私场域的二元划分也日益无效，因为政治生活本身越来越具有私的属性，人身依附和对权力的臣服成了一种普遍现象，人是作为"臣民"而存在的。然而，现代政治的大厦正是在这样的基础之上建造起来的。

从现代政治的基本精神旨趣来看，它是指向"臣民"的解放，即站在人民大众的立场上，试图重新恢复其在政治生活中的主体作用。然而，我们知道，那些蕴含着现代政治精神的城市共和国在根本上与古典城邦已经全然两样。主要差别在于，经济生活已经不再居于一种低下的、被鄙视的地位，而是成了现代政治的基础。换言之，现代政治的解放，首先是"经济"的解放。经济不再是作为一个表示人被奴役的必然性领域而存在，而是可以作为一个自由领域而存在。

这样一来，古典的公民政治或城邦政治就不再可能。现代政治思想家仍然继承沿用了"公民"一词，并与"社会"连用，组成"公民社会"概念。但其真实含义，不如说是"市民社会"。在洛克那里，他也试图使用"公民社会"指代一个政治体，但政府与社会的分离最终仍将导向国家与社会的二元论，而这正是黑格尔从英国这一最早成熟的现代国家/现代社会那里看到的。所以，现代政治的基础以及秘密，需要到市民社会那里去寻找。青年马克思对于国家与法的关系以及犹太人精神的研究，均揭示了这一点。

现代市民社会也就是资本主义社会，实质是资本主义"生产—生活"关系主导的社会。市民社会首先是在旧的政治体系内部生长出来的，并呼唤着一种新的政治体系的产生，这种新的政治体系将以其为基础，并为其服务。所以，作为一种新的政治体系的现代政治，也就是资产阶级所需要并追求的政治。

问题在于，在资本主义条件下，这种在理论论证上是建立在普遍平等的个人权利基础上的民主形态，却变异为一种特权阶级亦即资产阶级的统治。为什么呢？根本是因为，建立在个体主义自然权利论基础上的普遍平等，只是一种形式上的抽象的平等，也正因如此，它才能是普遍的。然而，在资本主义条件下，实际生活中人与人的关系却是由"财产"这一最根本因素决定的。所以资本主义社会所能实现的人与人之间可能的平等程度，很大程度上就是由每个人所占有的财富的多少来衡量了。

说到底，在资产阶级市民社会基础上建立的现代共和国，只能是由前者所决定的，因此是附属性的。它是为了保护现有的市民社会秩序以及资产阶级的利益而存在，而非为了对市民社会本身进行能动性的改造，以使其在实质上而非形式上变得更加自由平等。而在市民社会中被分割为无数的私人利益因而极端碎片化的"人民"，也不再可能作为一个政治性的整体而存在。在这个意义上，西方资本主义国家从一开始就试图防止"人民"作为一个总体力量出现的意图在现代实现了。

也就是说，在资本主义主导的政治体系中，"人民"是缺席的，并且这一政治体系本身的一大初衷就是为了防止"人民"的出场。所以，这一政治体系中的种种制度设计，都是作为权力配置技术而存在，其目的就在于使"国家"不再作为一种由人民所掌握和控制的整体力量而存在，"国家"的功能被限制在只能为资产阶级利益服务的范围内，这样一来，既有的政治体系也就成了一个静态的似乎永恒的秩序，最终必然会越来越滞后于经济社会生活的发展以及人民的真正诉求。

新中国这一社会主义的民主共和国之所以称为"人民共和国"，在很大程度上正是因为人民是这个国家真正的主人，国家是由人民所掌握并为人民的利益服务的。习近平在庆祝中国共产党成立100周年大会上的讲话中强调："人民是历史的创造者，是真正的英雄。"[25]从历史实践来看，"1840年鸦片战争以后，中国逐步成为半殖民地半封建社会，国家蒙辱、人民蒙难、文明蒙尘，中华民族遭受了前所未有的劫难"[26]。从人民蒙难到人民走向政治实践并成为历史的创造者，是近代以来中国波澜壮阔的政治发展进程中最重要的主题。

在与帝国主义列强和封建主义势力的反复斗争过程中，中国人民逐渐觉醒。事实证明，中国共产党领导的新民主主义革命的成功原因，根本就在于中国人民最终作为一个整体性的政治力量去创造历史，这就是"人民民主"的兴起。它既是对于资本主义自由民主的超越，又是对于马列主义无产阶级专政的创新，也是在中国大地上因为真正激发起了人民的主体力量而生成的新型民主。

中华人民共和国的成立，为实现人民民主专政的国家制度迈出了关键一步，为保障真正的人民当家作主提供了坚实的政治基础和制度保障。然而，建立人民民主专政的国家政权并不是最终目的，更重要的是，人民要通过自己掌握的国家政权来改造经济基础，推进社会进步和人的全面发展。

从根本上讲，社会主义国家政权只是历史的中间物，最终是要在历史中走向消亡的，这就是国家权力逐渐回归社会的过程，是人民作为自己的主人来统治自己的过程，也是真正的民主最终实现的过程。这也是民主的原初本义所富有的理想特征。当然，这是一个无比漫长的历史过程，现实中的社会主义国家在很大程度上仍是处于新民主主义向完全的社会主义过渡的期间。这个漫长的时期，是人民民主不断生长发展的时期，是人民共和国在人民的掌握之下不断促使社会发展进步的时期，是人民本身在历史运动之中不断获得自由全面发展的时期。

（二）政党领导建构国家

习近平在庆祝中国共产党成立 100 周年大会上的讲话中掷地有声地宣告："江山就是人民、人民就是江山，打江山、守江山，守的是人民的心。中国共产党根基在人民、血脉在人民、力量在人民。中国共产党始终代表最广大人民根本利益，与人民休戚与共、生死相依，没有任何自己特殊的利益，从来不代表任何利益集团、任何权势团体、任何特权阶层的利益。"[27] 这一表述不仅阐明了在中国党与人民休戚与共的关系，而且也表明了在中国党与国家的关系。中国共产党不仅是国家的缔造者，而且也是国家的管理者，它除了从人民的整体利益和国家的全局利益出发想问题、作决策，绝无自身任何特殊的利益，绝不代表任何特殊的集团和阶层。换句话说，中国共产党是超越性的最高政治领导力量。这同西方近现代以来的作为理念的政党和作为现象实体的政党，有着很大差别。

西方资本主义国家的政党，从历史起源角度来看，是市民社会发展和利益分化的自然产物。英国是第一个资本主义国家，也是现代政党的诞生地。无疑，英国政党的产生，与资产阶级和封建君主势力的斗争直接相关，而其前提就是资产阶级的力量不断壮大。而到资产阶级胜利掌握政权之后，其内部的各种利益关系又分化组合，最终成为分别代表保守和改革的两股力量。大概可见，这种政党所代表的乃是特定阶级或特定阶级的特定利益集团的利益。其他资本主义国家的政党，同样大体是在国家的基本政治框架确立之后诞生的，是在既定的框架内依照西方资产阶级内部设定的游戏规则产生的。换言之，它们不仅是社会内生的，也是国家内生的。也正因如此，我们才说，资本主义国家的政党，本身都是资产阶级性质的，不同的政党所代表的只是资产阶级内部的不同利益。

在中国悠久的政治传统中，"党"一直被视为负面的政治事物。《左传·僖公十年》云："（晋）遂杀丕郑、祁举及七舆大夫……皆里、丕之党也。""党"在这里显然指的是朋党、同伙之间通常相互偏袒庇佑的意思。"党（黨）"又在"朋党"的基础上引申出"偏私"之义，如《尚书·洪范》"无偏无党，王道荡荡"，这里"党"是"王道"的对立面。在大一统政治传统下，党总是意味着特殊利益的分立，而党派之间的纷争自然不利于稳固统一的政治局面。所以，在正式制度层面，党争是被严格限制的。近代中国的转型再造，是以延续和维护大一统政治为前提的，所以即便晚清时期出现的各种主张革命的政治党派，也是指向"民族"的大利大义。而在辛亥革命后进行的资本主义性质的制度试验中，包括党派自由竞争的议会制试验，最终均以失败告终。历史证明，那种直接复制西方多党制或两党制的政治方案在中国是行不通的。

近代中国需要的是国家的整体再造，而国家的整体再造需要人民作为一个整体的政治力量来兴起。然而，在此前数千年的政治传统中，人民大多数时候都只是消极的被动的政治力量，只有在改朝换代的农民战争中，人民的力量才有转瞬即逝的绽放。在清朝退出历史舞台之后，面对一盘散沙的中国民众，中国革命的真正问题是：如何把民众组织起来？如何把中国人民的力量团结凝聚为一股改天换地的磅礴伟力？毕竟，只有使人民成为一个整体的政治力量，才能从根本上实现现代中国的整体再造。对此，中国需要的是真正能够把人民组织起来又能够真正体现人民整体利益和中华民族全局利益的"王道荡荡"的政治组织。

回望历史，国民党没有能够完成这个任务，无论是思想还是组织，它都不具备这样的条件，也就无法再造一个新中国。历史和人民最终选择了中国共产党。建造新中国的历史使命，是由中国人民在中国共产党的领导下完成的。中国共产党要领导建构的是一个不同于资本主义民主共和国的崭新的国家，也就是新民主主义和社会主义的新型的人民共和国。中国共产党在中华人民共和国的"国家构建"过程中发挥了决定性作用。就其性质而言，中国共产党是由马克思主义武装的指向未来的无产阶级政党，它所代表的是最广大劳动者和人民群众的根本长远利益。尤其是随着中国革命形势的演变以及中国共产党自身的日益成熟，它不仅代表无产阶级的利益，还代表中华民族的利益。这就使它与民族和国家的命运紧密相连。100年来，中国共产党团结带领中国人民进行的一切奋斗、一切牺牲、一切创造，归结起来就是一个主题：实现中华民族伟大复兴。

可见，中国共产党既不是中国古代的"党"，更不是西方意义上的"政党"。在西方资本主义国家，政党只是代表社会的特殊的、局部的利益，尤其是参与轮流执政的"两党"，更是代表资产阶级特殊利益集团的利益。在大多数情况下，西方政党是在既定政治框架下作为政治博弈的一方力量而行动，受到既定的资本主义国家制度的约束。新中国是在中国共产党领导下才得以建构的，政党先于国家而存在。不仅如此，在新中国成立后，中国共产党还要继续担负领导国家建设和发展、推进社会全面进步的重大使命。换言之，建立新中国只是历史的一小步，在建设成熟完善的社会主义过程中，中国共产党将一直是领导者。

四 开创人类政治文明新形态

与人类历史上其他所有国家形态相比，马克思主义政党领导的国家最大的特点和优势就在于它具有鲜明而真实的人民性。这在根本上源于领导建立这一国家形态并在其中长期执政的马克思主义政党所具有的鲜明而真实的人民性。可以说，马克思主义政党是人民政党，马克思主义国家是人民国家，马克思主义民主是人民民主。一言以蔽之，中国共产党作为世界上最大的马克思主义政党，缔造了一种新的国家形态和人类制度文明的新形态。迄今为止，这种新的国家形态和制度文明形态依然不是完美的，依然处于不断发展完善的过程中，但这并不妨碍它在人类政治文明百花园中的非凡意义。

（一）人类政治文明发展史上的伟大飞跃

马克思主义认为，国家是社会内部的阶级矛盾发展到不可调和阶段的产物。人类社会内部的分化使原初的共同体产生了裂痕，因此才有国家这一"虚幻共同体"的出现，也才有在国家消亡之前会一直存在的国家与社会之间的矛盾。在国家产生之后，人类政治生活中的一个基本主题其实就是重建共同体，以弥合社会内部以及国家与社会之间的分裂。在马克思主义看来，只有民主真正充分实现了，这一问题才可能得到根本的解决。而在此之前，人类社会政治生活中注定充满着各种各样的分裂和冲突、矛盾和斗争。

从国家产生到民主实现是一个无比漫长的历史过程。人类政治生活的发展和政治文明的进步，实际上也就是在各种既定的国家形式中不断探索如何实现民主的过程。中华人民共和国的国体是人民民主专政，它属于一种新型的社会主义的民主，即"人民民主"。在很大程度上，理解了人民民主，也就理解了新中国立国的哲学基础，但要理解人民民主，又要把它放到人类探索民主的整个历程中来看。简言之，人类在探索民主的历程中经历过两次伟大飞跃，一是从古代民主到现代民主的飞跃，二是从资本主义民主到社会主义民主的飞跃。深刻把握人类民主探索史上这两次飞跃的实质蕴意，无疑会深化我们对社会主义民主之于人类政治文明发展的重大意义的认识，也会深化我们对新中国立国之伟大政治创造和崇高政治追求的认识。

古代民主是建立在政治自由或共同体自由的基础上，现代民主则是建立在个人自由或私人自由的基础上。政治自由与公民对共同体生活的参与、投入乃至牺牲奉献有关，个人自由则与享有种种不被公共权力管辖或侵犯的权利有关。所以古代民主意味着公民对政治权力的参与性分享，现代民主本身则建立在公共生活与私人生活的严格划分基础上，并且公民首先是作为一种私人性的市民而存在，多数公民也被排除在政治权力之外。最根本的，从古代人的自由向现代人的自由的转变，以及从古代民主向现代民主的转变，源于一种古代世界极为陌生的观念的出现，那就是个人主义。当然，个人自由的问题，即公共权力——不管是世俗的还是宗教的——通常都不得逾越的那个边界，在前现代的世界还没有清晰地出现；与整个边界相联系的那个核心观念，也许是资本主义文明最近的一个成果，是价值网络中的一个因素，这个价值网络包括个人权利、公民自由、个人人格的神圣性、隐私与私人关系的重要性等。也就是说，真正意义上的个人自由与个人权利的观念，乃是现代资本主义发展的产物。故而，建立在个人自由与个人权利基础上的现代民主，首先也是以资产阶级民主的形态出现的。

可以确定的是，现代民主的最初形态即资本主义民主的出现，直接源自对传统的疏离，尤其是一种或隐蔽或明显的"反亚里士多德主义"思想的流传与泛滥。没有对于古典的"自然正当"思想的反叛，就不可能有现代的"自然权利"学说，也就不可能有现代资本主义民主的形成和发展。所谓自由平等的现代"个人"，实质上也就是资本主义民主预设的人性论基础。对亚里士多德式古典传统的背离，实质上就是为这一"个人"除去束缚，求得解放，使其成为具有自我意志的自由主体。从经济的角度来讲，它也就是资本主义社会所需要的市场主体——自由企业家与自由劳动力。

在很大程度上可以说，英国之所以成为资本主义民主的典型代表，在根本上不是因为君主立宪制或议会制在英国的确立，而是因为个人主义权利观念在英国的普遍流传和深入人心。所谓的私有产权，就是个人权利中最基本的内容之一。资本主义民主正是建立在个人主义权利观念基础上，并以保护资产阶级的财产权为目的的一种现代民主形态。只不过，随着英国资产阶级的壮大并逐渐取得政治上的大权，英国资本主义秩序获得了稳固的发展，那种具有斗争性的资本主义的权利观念和民主观念，便逐渐淡化了。一种我们今天所熟知的普遍抽象化的、消极性的个人权利观念，也便日益占据支配地位。然而，资产阶级及其理论家们所期待的新的永恒天堂并不存在，资本主义民主只是现代民主发展的初始阶段。现代民主的基本逻辑固然是由资本主义民主开启的，但现代民主沿着自身逻辑的历史运动，却必然又会超越资本主义民主，走向社会主义民主。

马克思的政治哲学，正是以对君主制的绝对否定和对民主制的绝对肯定为起点。青年马克思在《黑格尔法哲学批判》中认为，真正的"国家制度"只能是"人民的国家制度"，也就是"民主制"，它意味着"人民的自我规定"[28]。故而，"民主制"构成了"国家制度"或"政制"的一般本质。撇开这一思想始点和基点，就无法理解马克思主义政治哲学中所设想的国家、阶级与政治本身的消亡。实质上，"自由人联合体"也就是作为"人民的自我规定"的"民主制"的充分实现。"人民的自我规定"，生动而深刻地描述了一种比资本主义民主更加高级的新型民主的本质。显然，它与资本主义民主所主张的"自治"观念有某种关联，但马克思为"自治"和"民主"赋予了新的内涵。实际上，马克思对资本主义民主的批判，在很大程度上正是因为，它只是在形式上或法律上实现了抽象的权利平等，而离真正的民主制——社会主义民主——尚远。

因为充分认识到上层建筑的经济基础问题，并全身心投入政治经济学研究中，马克思的独特性和创造性显示了出来。他不再像卢梭那样谈论"抽象的公民"，也摆脱了"类存在物"那样的费尔巴哈主义残余意识，而是把人放在具体历史的经济社会条件下进行分析。可以说，马克思主义政治传统的着眼点就是在历史唯物主义视野中重构人的"社会性"，重构由独立自主、能够"自治"的自由平等主体构成的真正民主的"共同体"——"自由人联合体"。在很大程度上，这针对的也正是资本主义条件下人的"社会性"——作为"人民的自我规定"的民主——的缺失。马克思在《资本论》中对资本主义生产方式和生产关系进行了深刻剖析，挖掘了这种缺失的经济社会根源。建立在私有制基础上、由原子化个体构成的资本主义生产关系，最终以一种"役于物"的异化形式表现出来。由此构成的非社会性的新型社会，也正是现代资本主义繁荣发展的土壤。

马克思的政治哲学所指向的"人民的自我规定"，是要在现代基础上重新找回人的"政治性"，重新使非政治性的政治政治化，这同时也是再造"社会性"，使非社会性的社会社会化。关键在于，这一过程本身也就是"社会"收回"政治"、"政治"回返"社会"，"社会"与"政治"相互作用、最终融合为"自由人联合体"的动态过程。这一过程，无疑将是个人主义伦理基础上的旧民主逐渐被扬弃的过程，是社会主义伦理基础上的新民主逐渐确立的过程。

列宁保持了马克思关于"国家消亡"和"完全民主"的基本观点，认为："彻底的民主变成了社会主义，同时也要求实行社会主义。""只有共产主义才能提供真正完全的民主，而民主愈完全，它也就愈迅速地成为不需要的东西，愈迅速地自行消亡。"[29]但他无疑更加注重在从资本主义向共产主义过渡的漫长历史时期，如何建设无产阶级国家政权的问题，其中也突出了无产阶级政党的先锋队作用。在十月革命初期，列宁试图根据巴黎公社原则建立实行直接民主的苏维埃政权，但出现了许多困难，后来由于内外危机对新生苏维埃政权的威胁，实行了战时共产主义体制，由直接民主制变为政党代表制，加强了集中统一，同时也滋长了较严重的官僚主义。在实行新经济政策后，列宁晚年又对新型民主进行了思考，但因退居"二线"，已没法根本改变高度集中的政治体制。到了斯大林时期，尤其经过"二战"，它非但延续下去，而且得到了强化。我们绝不能同意把苏联解体归因于没有按照西方"自由民主"模式进行政治体制改革的观点，但要看到，本就高度集权的苏联政治体制，在受到内外战争以及"冷战"的压力强化后，在社会主义民主政治建设方面确实乏善可陈，并没有为社会主义国家怎么搞民主提供可资借鉴的经验。就世界社会主义发展史与人类民主政治发展史来看，这一探索建设新型民主的伟大历史使命，将由中国共产党领导中国人民创建的社会主义新中国来担负。

就民主追求的普遍性而言，美国可以说是世界上第一个把国家建立在一种所谓的抽象普遍的民主理念基础上的国家，以此区别于作为"旧世界"的老欧洲。此后所有现代国家都不得不面对美国的这一政治遗产。而中国则是继苏联之后，通过一种新型民主超越西方资本主义民主的又一个社会主义大国。但"超越"的本质，却并非全然否定或排斥，而是现代民主的自我扬弃与发展，是民主从初始、不成熟的状态向完善、成熟状态的曲折前进。新中国的成立有着崭新的政治哲学蕴意。新中国立国属于无产阶级领导下的新民主主义革命，而区别于一切现代资产阶级革命，新中国立国的民主原则本质上是新式的社会主义民主。由此，新中国建立的共和国则是"人民共和国"。

中国共产党缔造的人民共和国，实质上也就是社会主义性质的保障人民真正当家作主的共和国。人民民主的本质，即人民当家作主，不是一种价值理想或政治口号，而是在实际政治生活中得以呈现的最基本民主原则，是推动中国完成现代国家建构的基本动力。具体来讲，人民民主原则至少包括以下几个方面的内容：一是国家权力的人民性。国家一切权力属于人民，由人民掌握与行使，不允许国家权力掌握在一小部分人手中，由其私有专用。二是人民的整体性。人民是作为一个整体来掌握国家权力，国家事务应该以全体人民的根本利益为旨归。三是人民的一致性。人民内部可以划分为不同的阶级阶层，或不同的民族、界别与人民团体，但他们的政治身份与政治利益在本质上具有内在的一致性，故而存在于人民之中的各种矛盾都属于人民内部矛盾，是非对抗性的。四是人民联合的凝聚性。人民只有联合起来才能作为一个整体而存在，而人民联合的基础就是工农联盟，这一联盟则是在作为工人阶级先锋队的中国共产党的领导下实现的，所以中国共产党也就成为巩固与发展人民联合、把人民凝聚为一个整体的领导力量。从人民民主的角度来讲，党的领导的核心使命就是要实现人民的大联合，团结和凝聚整个民族的力量。

从世界范围内来看，中国革命是一场伟大的革命，不仅因为中国革命牵涉到一个更加悠久的文明和一群更加广大的人民的现代命运，更因为在历史的进程中，随着苏联解体、东欧剧变以及西方的相对衰落，中国革命成功建立的新中国——马克思主义政党领导的人民共和国——的成长与人民民主的发展使中国不仅有望实现伟大复兴的理想，还有望担负起构建一种人类政治文明新形态、为人类政治文明发展作出更大贡献的使命。

（二）马克思主义中国化的政治智慧结晶

新中国所开创和发展的新型民主就是"人民民主"，基于这种新型民主而形塑的一种新型政治形态可以说是"人民政治"。这一新型政治形态的逻辑直接导源于"民众大联合"的思想与实践，扎根于近代中国长期半殖民地半封建的社会形态下政治、经济和文化的发展状况，接脉于实现中华民族伟大复兴的人民集体意志，是马克思主义中国化的政治智慧的结晶与政治实践创新的产物。

"人民政治"鲜明地体现在以下几个方面：新中国并非通常意义上的"共和国"，而是"人民共和国"；国家的根本政治制度是采用民主集中制的人民代表大会制度，而非西方资产主义国家的议会制；

各级政府和政权机关都以"人民"二字为基本标识，还有诸如人民银行、人民币、人民医院、人民铁路等，它们都是新型政治所蕴含的人民价值观的外化表达；主张对政府行政权进行监督，人人起来负责。总之，新中国所创造的人民政治，是以人民为主体的政治，也是以"只有人民……才是创造世界历史的动力"[30]为信仰的政治，更是以"为人民服务"为基本价值取向的政治。

人民政治的主体是人民，旨在为绝大多数人谋利益。什么是人民？中国共产党向来认为，人民是区别于敌人的历史性范畴。由于不同时期革命的任务和对象不同，"敌人"会有所不同，相应地，"人民"所包含的人群也会随之变化。但是无论如何变化，人民永远是社会中的绝大多数。人民政治就是依靠绝大多数人的、为绝大多数人谋利益的政治。在人民政治中，社会的绝大多数既是政治的主体，也是政治价值的指向所在。

人民政治的一个重要特征是寻求人民之间的协同合力，实现"民众大联合"。人民既然是指除极少数敌人之外的所有人群，其真实的构成是非同质性的，或者说是异质性的。具体来讲，包括工农大众以及小资产阶级、民族资产阶级等，是由不同的人群、不同的阶级或阶层组成的，彼此之间存在很大差异。不过，人民中的各个群体也面临共同的世情与国情，也有相同的历史诉求。比如，在近代中国，民族资产阶级、知识分子与工农大众共同面临着"三座大山"——帝国主义、封建主义、官僚资本主义——的压迫，只有推翻"三座大山"才能获得解放。在新中国，要实现真正的独立和解放，必须发展经济、追求工业化，实现现代化和民族复兴成为中国人民共同的梦想。

因此，人民政治需要不断在非同质性存在的人民中寻找共同利益、凝聚政治共识，形成共同的政治目标，结成政治上、经济上和文化上的统一战线。就此而言，毛泽东早年提出的"民众大联合"[31]集中而鲜明地表达了这一新型政治的特质。习近平强调要"努力寻求最大公约数、画出最大同心圆"[32]，也充分体现了人民政治寻求协同合力的鲜明特性。进入新时代，党中央进一步从实践和理论上极大地发扬了这一逻辑，习近平在庆祝中国共产党成立 100 周年大会上的讲话中，把"最大限度凝聚起共同奋斗的力量"作为重要的历史经验，也把"汇聚起实现民族复兴的磅礴力量"[33]作为中国走向新的百年征途的号召，并要努力通过一整套体现"党总揽全局、协调各方"的制度体系去实现"寻求最大公约数、画出最大同心圆"的政治局面。

人民政治奉行人民广泛参与的全过程民主。马克思曾经指出，"必须使国家制度的实际承担者——人民成为国家制度的原则"[34]。从新中国的实践来看，毛泽东在延安跟民主人士黄炎培的"窑洞对"里就提出"只有让人民来监督政府，政府才不敢松懈。只有人人起来负责，才不会人亡政息"[35]的政治宣示。在土地改革中，中国共产党明确反对任何"包办"和"恩赐"的做法，让土改成为农民自己解放自己的政治实践，从而实现了中国农村社会的政治再造。新中国第一部《宪法》的制定极具包容性，在公布后的两个多月里，参与讨论的人数达到 1.5 亿之多，征集意见达 118 万多条[36]，成为人类宪法史上的奇观。改革开放以来，中国共产党坚持、巩固并进一步完善和发展了人民当家作主的制度体系。特别是党的十八大以来，习近平对人民政治作出了进一步的概括，将其内涵延展为包括民主选举、民主协商、民主决策、民主管理、民主监督等内容，并明确提出人民民主是一种全过程的民主[37]。

人民政治需要以中国共产党的坚强领导为根本政治保证。以正确处理人民内部矛盾、寻求人民之间的协同合力而论，为了贯彻好"统筹兼顾、适当安排"的方针，就需要在实践中建构有效的资源汇集系统，形成公平合理的规则，培育守望相助的社会价值观，拥有公正高效的执行机制，以及有效的反馈与修正系统等。这一切都取决于有一支忠诚于人民事业并为人民所拥护的先锋队。从历史来看，中华民族近代以来 180 多年的历史、中国共产党成立以来 100 多年的历史、中华人民共和国成立以来 70 多年的历史都充分证明，没有中国共产党，就没有新中国，就没有中华民族的伟大复兴。在根本上这是因为"中国共产党始终代表最广大人民根本利益……从来不代表任何利益集团、任何权势团体、任何特权阶层的利益"[38]。而中国共产党之所以能够做到这一点，是因为中国共产党以马克思主义为指导思想和理论基础，自觉抵制狭隘的党派观念，确立起依靠绝大多数人、为绝大多数人谋利益的政治价值观。中国共产党坚持唯物辩证法的世界观与方法论，从中获得了人民史观的历史信仰，群众路线的方法论自觉，也获得了一种洞察人类社会历史变迁的科学方法论。同时，中国共产党也始终牢记"打铁必须自身硬"的道理，坚持党的领导本就内含着党的"自我革命"。只有不断加强和改善党的自身建设，尤其是党的领导水平和执政能力，才能不断推进人民政治的完善和发展。

总之，人民政治是中国共产党领导人民在革命中自觉探索和创造的结果，是无产阶级政党的智慧结晶与创新形态。马克思主义政党领导的国家所开创的人民政治，不仅与西方资产主义民主政治分属两种性质不同的政治文明，也是一种力图消除、超越西方资本主义民主政治所导致的种种社会政治弊端的新方案。在某种意义上，人民政治也是在"以苏为鉴"的过程中不断形成的，虽然不断遭遇西方自由主义政治思潮的冲击，但中国共产党依然坚定地把"人民政治"的探索延伸于社会主义市场经济的实践中，创造出人民政治更加丰富的实现形式。无疑，在新时代进一步推进人民政治的发展仍然任重道远，在实践创新与理论创新的良性互动中不断构建人类政治文明新形态仍然任重道远。

（执笔：刘晨光）

第三章 广泛真实管用的全过程 人民民主[*]

　　习近平在庆祝中国共产党成立 100 周年大会上的讲话中提出了"发展全过程人民民主"的重要论述。全过程人民民主是对我国实行的人民当家作主制度本质特征的概括，是对党领导人民长期坚持探索实现人民民主实践经验和智慧结晶的总结，深化了对中国共产党性质和宗旨的认识，阐明了我国社会主义民主的特质和优势，具有十分重大的理论价值和现实意义。当今世界正经历百年未有之大变局，"西方之乱"和"中国之治"形成了强烈对比，包括民主在内的制度竞争力成为各国政治竞争的根本，成为各国政治发展道路的旗帜。全过程人民民主的发展健全，不仅证明了中国政治发展道路的成功，也印证了中国特色社会主义民主的质量和成色。中国的全过程人民民主是观念上立得住、实践上行得通的高质量民主，是马克思主义民主观同中国具体国情相结合的产物，也是植根于中国沃土、反映中华优秀传统文化的政治文明创新形态。

---

　　* 本章内容是在笔者《全过程人民民主：具有显著制度优势的高质量民主》（《政治学研究》2022年第4期），王炳权、张君《发展全过程人民民主 丰富人类政治文明形态》（《人民日报》2021年12月15日）等文章基础上综合整理、拓展完善而成，已获作者授权同意。

一 人民民主的实践结晶和创新成果

（一）中国共产党带领人民不懈奋斗追求民主的历史成果

近代以来，中国人民追求民主的历程曲折艰辛又波澜壮阔。最终中国共产党团结带领中国人民实现了国家独立、民族解放和人民自由，创造了新民主主义革命的伟大成就，成立了中华人民共和国，中国人民真正能够决定自己的命运，规划自己的发展，追求和实现自己的民主。

新中国成立 70 多年来、改革开放 40 多年来，中国共产党高举人民民主的伟大旗帜，团结带领全国各族人民不懈奋斗，建立了社会主义民主的根本政治制度和基本发展框架，成功开辟了中国特色社会主义政治发展道路，形成了一整套具有中国特色的社会主义民主政治制度。

中国特色社会主义民主政治发展道路是中国共产党领导中国人民成功开辟的一条民主政治的新路。人民代表大会制度、共产党领导的多党合作和政治协商制度、民族区域自治制度、基层群众自治制度，是中国特色社会主义民主政治的基本制度框架，也是人民民主的主要制度形式和实现方式。这些制度既包含着宪法规定的"一切权力属于人民"的民主政治一般原则，又体现了民主制度的中国特色和社会主义性质，是全过程人民民主的主体和框架。

中国共产党在领导建设中国特色社会主义的进程中，对发展中国特色社会主义民主政治进行了长期实践和反复探索。中国坚持从国情出发、从实际出发，既把握长期形成的文化传统和历史传承，又注重长期积累的政治原则和制度经验，还观照国家发展的现实要求、聚焦解决现实问题，合理借鉴其他文明政治发展成果，但不照搬照抄他国政治制度。这些探索为全过程人民民主的发展并不断走向成熟奠定了重要基础。

中国特色社会主义进入新时代，坚持以人民为中心的发展理念，坚持走自己的路，不断健全完善中国特色社会主义民主制度，不断发展社会主义政治文明，有效推进社会主义民主政治的制度化、规范化和程序化，不断拓展以人民为中心的民主政治创新道路和实现方式，构建形成了顺应时代要求、反映人民心声的更加广泛、真实、管用的民主制度。全过程人民民主是中国人民自己探索形成的广泛、真实、管用的民主制度最真实的体现和最直观的形式，凸显了新时代中国特色社会主义民主政治的制度优势与效能。

回顾中国共产党带领中国人民探索追求民主的实践历程，全过程人民民主是中国共产党领导的人民民主政治建设的重要历史路标，是中国特色社会主义民主政治发展的实践结晶，是新时代中国特色社会主义民主制度日益发展成熟的标志性成果。

（二）马克思主义基本原理同中国具体实际相结合的必然产物

马克思主义深刻揭示了自然界、人类社会、人类思维发展的普遍规律，为社会主义民主政治建设提供了科学指导。在革命、建设、改革的不同历史时期，我们党鲜明提出"中国式的、特殊的、新式的民主主义"[1]"没有民主就没有社会主义，就没有社会主义的现代化"[2]等重大命题和论断，不断推进实践基础上的理论创新。新时代，我们党深化对民主政治发展规律的认识，提出一系列新理念新思想新战略。比如，提出"中国特色社会主义最本质的特征是中国共产党领导"[3]"中国共产党的领导，就是支持和保证人民实现当家作主"[4]，坚持并发展了马克思主义政党理论；提出"江山就是人民、人民就是江山"[5]，提出以人民为中心的发展思想，坚持并发展了马克思主义群众观点等。全过程人民民主，是我们党团结带领人民在新的时代条件下把马克思主义基本原理同中国具体实际相结合、同中华优秀传统文化相结合的成果。

（三）中国特色社会主义民主政治实践与创新的智慧结晶

全过程人民民主不是从天上掉下来的，更不是别人恩赐施舍的，而是我国民主实践的创造。在人民民主实践的长期探索中，我们党积极回应人民对民主的新要求新期盼，不断推动民主制度体系更加成熟、更加定型，极大丰富了民主形式、拓宽了民主渠道、丰富了民主内涵。中国特色社会主义进入新时代，社会主要矛盾转化为人民日益增长的美好生活需要和不平衡不充分的发展之间的矛盾。"人民美好生活需要日益广泛，不仅对物质文化生活提出了更高要求，而且在民主、法治、公平、正义、安全、环境等方面的要求日益增长。"[6]全过程人民民主正是在深刻总结我国民主政治发展实践经验、积极回应人民群众的新要求新期盼中发展推进的。

（四）人民代表大会制度是全过程人民民主的重要制度载体

习近平在中央人大工作会议上的重要讲话中指出："人民代表大

会制度是实现我国全过程人民民主的重要制度载体。"[7] "重要载体"的定位，为新时代坚持和完善人民代表大会制度、发展全过程人民民主指明了方向。

全过程人民民主的核心理念是要坚持以人民为中心，保证人民当家作主。在我国社会主义民主政治制度下，发展社会主义民主政治就是要体现人民意志、保障人民权益、激发人民创造活力，用制度体系保证人民当家作主。具体来说，人民代表大会制度通过保障人民群众直接或间接地参加国家政权机关的选举、通过人民代表积极履行代表职责、通过对涉及人民群众切身利益的重大事项进行有效的法律监督，以及有效保证人民通过各种途径和形式来管理国家和社会事务，有效地保证全过程人民民主的实现，充分体现了全过程人民民主的根本精神。

我国人民代表大会制度的实践发展充分证明，这一制度在实现全过程人民民主中发挥着主渠道作用。人民代表大会制度正式成立以来，我国这一国家根本政治制度的优势得到充分彰显，各级人大及其常委会依法履行职权，国家权力机关作用得到充分发挥，为不断扩大人民有序政治参与，支持和保证人民当家作主，发展全过程人民民主，提供了坚实的制度保障。在长期政治实践中，人民代表大会制度形成的这些有效制度安排，真正把党的主张通过法定程序转化为国家意志和人民的共同行动，能够最广泛、最真实、最有效地代表人民利益。特别是党的十八大以来，以习近平同志为核心的党中央坚持党的领导、人民当家作主、依法治国有机统一，丰富民主形式，拓宽民主渠道，在立法、监督等各方面不断扩大人民有序政治参与，保证人民的知情权、参与权、表达权、监督权，推动发展更加广泛、更加充分、更加健全的人民民主。

二　全过程人民民主的鲜明特征

新时代我们党积极回应人民对民主的新要求新期盼，不断推动社会主义民主的新发展，不断丰富民主形式、拓宽民主渠道、丰富民主内涵，推动社会主义民主制度体系更加成熟、定型，更加真实、管用。全过程人民民主，起始于人民意愿充分表达，落实于人民意愿有效实现，是全链条、全方位、全覆盖的民主，实现了过程民主和成果民主、程序民主和实质民主、直接民主和间接民主、人民民主和国家意志相统一。

（一）全链条、全方位、全覆盖的民主

全过程人民民主贯通国家政治生活和社会生活各环节、各方面，使人民意志得到更好体现、人民权益得到更好保障、人民创造活力进一步激发。

1. 全链条的民主

全过程人民民主通过一系列法律和制度安排，将民主选举、民主协商、民主决策、民主管理、民主监督各环节贯通起来，形成了民主链条的完整闭环。在选举环节，人民通过选举、投票行使权利，选出代表自己意愿的人来掌握并行使权力。在协商环节，人民就改革发展稳定的重大问题以及事关自身利益的问题，在决策之前和决策实施之中开展广泛协商，最大限度地凝聚共识。在决策环节，人民通过听证、评估、咨询、网络反馈、民意调查等多种途径和方式，广泛参与到决

策过程中，越来越多来自基层的声音直达各级决策层。在管理环节，人民通过各种途径和形式，管理国家事务，管理经济和文化事业，管理社会事务。在监督环节，形成了一套有机贯通、相互协调的监督体系和配置科学、权责协同、运行高效的监督网，人民可以对各级国家机关及其组成人员履职情况进行监督，有效解决权力滥用、以权谋私的问题。

2. 全方位的民主

全过程人民民主把人民当家作主具体地、现实地体现在党治国理政的政策措施上，具体地、现实地体现在党和国家机关各个方面各个层级工作上，具体地、现实地体现在实现人民对美好生活向往的工作上，是全方位的民主。在我国，从全国人大到乡级人大，五级人民代表大会代表均由民主选举产生。各级人大选举产生同级国家机关领导人员。在基层，村（居）民依法定期选举产生村（居）民委员会成员，依法直接行使民主权利，依法管理基层公共事务和公益事业。企事业单位建立以职工代表大会为基本形式的民主管理制度，职工在企事业单位重大决策和涉及职工切身利益等重大事项上发挥积极作用。社会主义协商民主作为中国社会主义民主政治的特有形式和独特优势，深深嵌入民主实践的全过程。从中央到地方，形成了政党协商、人大协商、政府协商、政协协商、人民团体协商、基层协商、社会组织协商等协商渠道，协商民主广泛多层制度化发展。全过程人民民主探索创造了一个又一个充满烟火气的民主形式，使人民利益要求既能畅通表达，也能有效实现。

3. 全覆盖的民主

全过程人民民主涵盖经济、政治、文化、社会、生态文明等各个方面，以多样、畅通、有序的民主渠道，充分调动各地区、各民族、各方面、各阶层的积极性主动性创造性，充分发挥各级国家机关和武装力量、各政党和各社会团体、各企业事业组织的作用。全过程人民民主，既关注国家发展大事，也关心社会治理难事、百姓日常琐事，经济发展、社会治理、老百姓"急难愁盼"问题等都可以纳入民主议事日程，实现人民广泛持续的民主参与，民主实践深深融入人们的日常工作和生产生活，有效防止了选举时漫天许诺、选举后无人过问的现象，推动人民当家作主落地生根。

人民代表大会制度作为全过程人民民主的制度载体，体现了全过程人民民主的"全覆盖"的特点。我国宪法规定，年满 18 周岁的公民，除依照法律被剥夺政治权利的人以外，不分民族、种族、性别、职业、家庭出身、宗教信仰、教育程度、财产状况、居住期限，都有选举权和被选举权。我国人大代表名额分配实行人人平等、地区平等、民族平等的原则，保证各方面都有适当数量的代表。代表选举的普遍参与和代表构成的广泛性为实现全过程人民民主打下了坚实的群众基础。在我国选举制度中，人民通过民主选举产生人大代表，组成全国人民代表大会和地方各级人民代表大会。从人民通过民主选举产生人大代表到人大代表代表人民履职行权，再到人民对人大代表的履职监督，我国选举制度全流程、全方位贯彻了全过程人民民主理念的原则和要求。

不仅是选举范围上的全覆盖，人民还可以全过程地参与立法监督，实现对国家机关监督的全覆盖。全国人大常委会不仅依据宪法和法律，对国家行政机关、监察机关、审判机关和检察机关的实施宪法和法律的具体活动实施了有效的监督，确保人民始终对国家政权机关活动是否以人民为中心、是否符合人民意愿进行监督，而且还着重加大了对法律法规规章的合宪性、合法性审查，保证了对国家权力机关、行政机关、监察机关、审判机关和检察机关行使国家权力的活动始终符合人民的要求，做到了人民监督的"无处不在""全覆盖""无死角"。

（二）过程民主和成果民主相结合的民主

全过程人民民主不仅具有完整的制度程序和完整的参与实践，而且确保人民享有广泛权利、人民民主参与不断扩大、国家治理高效、社会和谐稳定以及权力运用得到有效制约和监督，是广泛真实管用的民主。全过程人民民主通过一系列法律和制度安排，使人民当家作主的内涵不断丰富、渠道不断拓宽、效能不断提升，中国民主不断向前推进。人民不仅依法参与民主选举、民主协商，也参与民主决策、民主管理、民主监督，党和国家在决策、执行、监督、落实各个环节都能听到人民的声音。全过程人民民主有效促进社会生产力解放和发展，促进现代化建设各项事业，促进人民生活质量和水平不断提高，取得了切实成效，结出累累硕果。中国人民的获得感、幸福感、安全感不断提升，生存权、发展权、健康权得到充分保障，经济、政治、文化、社会、环境等方面权利不断发展。

（三）程序民主和实质民主相兼容的民主

全过程人民民主具有民主的权力运行规则和程序，通过制度化、程序化、规范化的安排集中各种意见和建议，推动决策科学化民主化，保证人民当家作主落到实处。我国实行工人阶级领导的、以工农联盟为基础的人民民主专政的国体，实行人民代表大会制度的政体，实行中国共产党领导的多党合作和政治协商制度、民族区域自治制度、基层群众自治制度等基本政治制度，巩固和发展最广泛的爱国统一战线，形成了全面、广泛、有机衔接的人民当家作主制度体系，构建了多样、畅通、有序的民主渠道。与此同时，制度和法律规定的政治程序和政治规则得到真正执行，推动发展更加广泛、更加充分、更加健全的人民民主，中国特色社会主义政治制度优越性得到更好发挥，生动活泼、安定团结的政治局面得到巩固和发展。

（四）直接民主和间接民主相补充的民主

全过程人民民主既包括直接民主，又包括间接民主。我国实行以村民自治制度、居民自治制度和职工代表大会制度为主要内容的基层群众自治制度，人民群众在基层党组织的领导和支持下，依法直接行使民主权利，实现自我管理、自我服务、自我教育、自我监督。人民群众又通过选举人大代表组成各级人民代表大会来间接行使国家权力，由人大依法行使立法权、监督权、决定权、任免权。依靠政协委员联系群众制度，人民群众还能通过政协渠道表达意愿。通过直接民主和间接民主相统一，全过程人民民主把全体人民的智慧和力量凝聚到党和国家事业中来，实现了最广大人民的最广泛参与。

（五）人民民主和国家意志相统一的民主

国家的一切权力属于人民，人民民主与国家意志是统一的。发展社会主义民主政治，就是要体现人民意志、保障人民权益、激发人民创造活力，用制度体系保证人民当家作主。党坚持和完善人民代表大会制度，支持和保证人民通过人民代表大会行使国家权力，依照法律规定，通过各种途径和形式，管理国家事务，管理经济和文化事业，管理社会事务，有效保证了党的主张、国家意志、人民意愿相统一。全过程人民民主使人民的利益诉求通过法定程序上升为国家意志，保证国家意志切实反映人民意愿、得到人民拥护，并能够转化为人民的自觉行动。

三 全过程人民民主的显著优势

相较于西方民主制度，全过程人民民主具有更加丰富的内涵，是能够更有效维护人民民主权利的具有实质性内涵的民主；具有鲜明的现实导向，是有利于促进发展和巩固国家治理能力的民主；具有典型的中国风格和中国气派，立足中国沃土、反映中华优秀传统文化，是旨在构建全社会最大公约数的民主；是追求自由活力与社会整体和谐稳定相互兼具的高质量民主。

（一）有效维护人民广泛真实权利的民主

当今世界正经历百年未有之大变局，"西方之乱"和"中国之治"形成了强烈对比。全过程人民民主的发展健全，不仅证明了中国政治发展道路的成功，也印证了中国特色社会主义民主的质量和成色，中国的民主是观念上立得住、实践上行得通的高质量民主。全过程人民民主之所以是高质量的民主，在于与西方民主制度相比较，全过程人民民主具有更加鲜明的人民性，是能够更有效维护人民广泛真实权利的民主。

西方资产阶级实行的民主，是近代以来资本主义发展与资产阶级政治的产物，是资本主义和资产阶级占统治地位的国家的制度形态。因此，西方资本主义国家的民主仅仅是在形式上承认公民一律平等，承认大家都有决定国家制度和管理国家的平等权利，但是实际上实质性的国家权力主要掌握在资产阶级手中，对于大多数人民而言，他们只是在法律文本和形式上享有抽象的民主权利。

普遍选举权是追求和实现西方民主的重要内容，由此投票成为行使民主权利的几乎唯一方式。但是在西方资本主义国家，公民履行完自己的选举权利，往往将权力一股脑儿交给了代表西方资产阶级利益的少数政治精英。美国政治学家熊彼特（Joseph Alois Schumpeter）曾标榜西方民主实现了人民优先"做出政治决定"到优先通过选举选出"做出政治决定的人"的重要转变，并将其标榜为西方现代民主对古典民主的超越，殊不知这样的转变其实是丢失了民主的精神和实质[8]。

说到底，西方资产阶级民主体制实质是一套建基于保护资产阶级政治经济利益的固定性制度安排，它不仅使真正的政治生活成为大多数人民所无法参与的，而且抹杀了民主的实践性和多样性。在西方资本主义民主体制中，民主本质上只是一种形式，看似通过选举投票履行了民主的制度和程序，人民实际上并没有享受到真正的民主权利和实质性的政治权利，既不能决定国家权力的构成与运行，也无法直接参与国家事务的管理。

民主好不好，不仅要看形式怎么样，还要看内容怎么样，优质的民主是形式与内容相统一的民主。马克思恩格斯曾这样指出："民主是什么呢？它必须具备一定的意义，否则它就不能存在。因此全部问题就在于确定民主的真正意义。"[9]对此，习近平更是一针见血地指出："人民只有投票的权利而没有广泛参与的权利，人民只有在投票时被唤醒、投票后就进入休眠期，这样的民主是形式主义的。"[10]

相对于西方资产阶级民主而言，中国的人民民主优势是不言而喻的。中国的国家性质和社会主义基本制度的确立，为发展人民民主奠定了根本政治前提和制度基础，使中国人民真正成为国家、社会和自己命运的主人。全过程人民民主首先是代表最大多数人民利益、保障最大多数人民权利的民主。中国宪法规定，中华人民共和国的一切权力属于人民。全过程人民民主始终坚持人民至上，始终坚持发展完善人民民主的制度保障体系，始终坚持探索实现有利于保障人民广泛真实民主权利的民主形式，是具有丰富内涵和实质内容的民主。

人民的参与和实践是实现民主的根本途径。为实现人民广泛真实的民主权利，人民不仅依法享有选举权，而且在民主决策、民主管理、民主监督等各方面享有全方位的民主权利。中国的全过程人民民主是包含了选举、协商、决策、管理、监督等丰富权利内涵的、彼此相互融合的民主实践体系。中国坚持民主的全过程理念，使民主贯穿于人民政治生活实践的全过程，贯穿于国家权力运行和国家管理的全过程，贯穿于政治、经济、社会、文化、生态文明各领域，这就是中国发展全过程人民民主的根本出发点和核心经验。

中国探索全过程人民民主的全部实践充分揭示，一个国家民主不民主，关键要看这个国家的人民是否有机会切实掌握国家权力、管理国家事务，要看这个国家的人民是否有机会和有能力实践民主，还要看这个国家的民主体制是否具有更加丰富的内涵和更实质性的内容。

习近平指出："民主不是装饰品，不是用来做摆设的，而是要用来解决人民要解决的问题的。"[11]判断一个国家民主制度好不好，关键要从客观国情来认识，用实践效果来检验，以人民感受来衡量。脱离实质的民主如空中楼阁，徒有花哨的外表，好看不中用。无论是"投票民主""少数人统治的民主"，还是"金钱民主""民主秀"，都说明了西方资产阶级民主的虚伪和虚妄。中国的全过程人民民主具有更加丰富的内涵和更实质性的内容，还体现在中国的民主进程始终统一于中国政治发展的总目标，始终同中国特色社会主义经济建设、社会建设、文化建设、法治建设总体进程相互协调，始终服务于人的全面发展和社会的全面进步。全过程人民民主是贯穿人民实践生活全过程的民主。是否充分保障民主，不仅要看写在宪法文本上的民主权利，而且要看人民在日常政治实践和现实生活中是否有持续参与的民主权利。中国的社会主义民主不仅需要健全的制度保障和程序，而且需要完整的参与实践。全过程人民民主，体现的是把人民当家作主贯穿于国家政治生活的全过程和国家权力运行的全过程。

全过程人民民主的许多具体制度形式，大多源自人民美好生活的现实需要，源自国家发展进步的需要。在中国，往往先有一个民主的需求和任务，才逐渐探索发展出相应的全过程人民民主的形式和制度。这一特征，体现了中国的全过程人民民主，从人民的实际需求出发，尊重人民现实需要，遵循社会发展规律，在不断满足人民提高生活水平的阶段性要求过程中，不断创新民主的实现形式和渠道，持续扩大民主的领域和范围，逐步提升民主的品质和成色。当今中国，基层民主、协商民主蓬勃发展，主要是这种"有事好商量"的民主形式满足了基层社会治理的现实需要，是人民首创精神的体现和基层治理创新的产物，得到了人民群众的衷心拥护。

（二）有利于巩固加强国家治理能力的民主

近年来，西方世界乱象频发。从一些国家和地区频频出现的政坛恶斗到持续扩大的社会撕裂和政治极化，从发达国家普遍存在的经济社会发展严重失衡到一些所谓"民主转型"国家频现的治理危机，西方"民主滑坡"和"民主倒退"的恶果屡屡出现。从实践效果和人民感受来看，西方民主表现不佳。曾经被福山声称"人类社会形态进步的终点"和"人类最后一种统治形式"的西方民主，不但没有带来历史的终结，反而促使人们对于西方资本主义政治模式的长续发展提出了严重质疑。

基于对西方民主体制的迷信，不少人曾经认为只要建立了民主体制就会带来良政善治，这样的看法是不符合实际的。作为政治制度的民主，存在制度优劣之分、质量高低之分。以近几十年来发展中国家实现所谓"民主转型"的经验看，西方式民主政体在一定程度上扩大公民权利和个人自由的同时，不仅带来了经济社会发展的停滞不前，往往还使国家变得虚弱不堪，使国家治理能力严重衰退。因此，仅具有政治权利保护功能的民主对于广大发展中国家来说是远远不够的。

面对现实，即使是一些长期为西方民主辩护的西方学者也在反思。英国政治学家伯纳德·克里克（Bernard Crick）就提出，民主或许是良政善治的必要条件，但绝不是其充分条件。他认为，民主之所以没有带来期望中的良政善治，是因为民主的约束条件有了漏洞。他提出，民主政治中强势方的意愿必须受到代表更加广泛的社会群体的主张和权利的制约，而这需要坚实的法治基础以及包括政府结构在内的一系列政治条件的保障[12]。

遗憾的是，西方民主自身似乎并没有能够提供这样的条件，对民主政治的致命性挑战往往来自强势利益集团（也称分利集团）的干扰。西方经济学家曼瑟·奥尔森（Mancur Lloyd Olson，又译为曼库尔·奥尔森）曾利用集体行动理论对国家兴衰的原因作出了分析，他认为西方以选举为核心的民主体制配合大量分利集团的存在，是国家衰落的重要原因。根据奥尔森的理论，在西方民主体制中，代表部分人利益的特殊分利集团，要为其成员在社会总利益中争取更大的份额，而不会为增加全社会的利益作出自我牺牲。为此，当分利集团发展到一定规模时，它必然通过选举操控政府的法律和程序，以便贯彻排他性的政策[13]。这意味着，西方选举政治实际上提供了某种不对等竞争甚至是破坏性竞争的舞台，几乎所有政治力量聚焦于如何通过选举获取更多政治权力，甚至通过权力的大洗牌来改变利益分配规则，从而使本集团得以从社会总收益中分配更多的份额。

这就不难理解，在许多国家民主政治搞得热闹非凡，最终却带来严重的社会分化和政治冲突。根本原因就在于在西方民主制度下，国家没有足够的能力提供必要的约束性竞争机制，更没有进行必要的社会调节和维护公平分配的治理能力，从而造成了民主的破坏效应。解决奥尔森提出的这一政治悖论和民主困境的根本出路，在于必须有一个超脱于重大分利集团的政治力量和有效的约束机制，通过优化民主机制，克服破坏性竞争，防止和抑制重大分利集团实现所谓"民主捕获"，这是确保有效的国家治理和高质量民主的关键。

中国的全过程人民民主之所以是高质量的民主，根本原因是坚持中国共产党的领导。中国共产党的领导为中国的民主政治健康发展确立了正确的发展方向，为优化民主运行、确保民主质量提供了坚实的政治保证和制度保障，既避免了西方式民主中常出现重大利益集团俘获政府的问题，又确保了优质的民主与健全的国家治理能力双向发力、协调发展。

习近平在庆祝中国共产党成立 100 周年大会上的讲话中指出："中国共产党根基在人民、血脉在人民、力量在人民。中国共产党……没有任何自己特殊的利益，从来不代表任何利益集团、任何权势团体、任何特权阶层的利益。"[14] 习近平的重要论述，既深刻指出了中国特色社会主义民主的本质特征，又揭示出中国政治制度和民主制度成功背后的关键因素。

在中国共产党的领导下，中国的全过程人民民主始终围绕着一个没有任何特殊利益的政治核心运行，始终围绕着党和国家中心任务展开，始终服务于人民的整体利益与核心利益。2021 年，以网络游戏整治等为代表，中国政府出台了一系列重大政策，加强社会领域监管，维护社会公平正义。对此，一位西方国家的重要基金创始人达利欧（Ray Dalio）近期作出了这样的评论，他认为中国的政策体系拥有不变的"底层稳定性"，这就是中国决策者的行动方向从未改变，他们支持市场经济、企业家精神和对外开放投资快速稳定发展，但同时也要确保市场运行必须为大多数人的利益服务，中国的决策者绝不会按照资本市场和少数富人的意志行事[15]。

中国的全过程人民民主坚持民主和集中相结合，在党和国家的重大立法和决策中既善于充分发挥各方面积极性，又确保国家有能力作出有效决策。习近平指出："民主集中制是中国国家组织形式和活动方式的基本原则。"[16] 在党的领导下，各个国家机关是一个统一整体，既合理分工，又密切协作，既充分发扬民主，又有效进行集中，克服了议而不决、决而不行、行而不实等不良现象，避免了相互掣肘、效率低下的弊端。这一重要论述，从中国政治体制运行和构建优质民主政治的角度，更加精准地指出了中国民主得以行稳致远的关键。

（三）有利于寻求全社会最大公约数的民主

民主是全人类共同价值，蕴含着人类联合的本质和意义。发展民主需要研究和探索各种有效的民主形式和民主制度，但更加需要探寻能够体现人类联合和团结本质的各种可能的政治原则和文明形态。有西方学者曾经这样指出，当代西方民主政治和民主发展似乎并不关心这些本质性的问题，而是步入了一条只关注和研究各种制度的死胡同[17]。许多国家在发展本国民主的时候，自觉不自觉地沿袭或模仿西方国家的民主范式，热衷于变换花样探寻民主的新方法、新组织和新形式。

中国的发展和中国式的现代化发展道路，为探寻政治领域新的民主原则、民主方法和民主形态提供了丰厚土壤，全过程人民民主就是这一探索的产物。一言以蔽之，中国的全过程人民民主体现了民主应注重协商和构建最大多数人共识的原则。协商在中国有着深厚的历史积淀和传统文化渊源。在中国特色社会主义制度下，有事好商量，众人的事情由众人商量，找到全社会意愿和要求的最大公约数，是中国的老百姓日用而不觉的价值，也是人民民主的真谛。根据这一民主原则，中国在不断探索中找到了适合中国国情、具有鲜明中国特色的一系列民主制度安排和民主实现形式。全过程人民民主尊重最大多数人的利益和诉求，追求全社会的最大公约数，支持和鼓励各种形式的协商贯穿于民主全过程，体现了中国特有的民主价值观，是植根于中国大地、反映中华优秀传统文化的政治文明新形态。

在实行西方式民主制度的国家，无论是选举政治还是议会政治，民主几乎都被改造成了名副其实的精英政治，而精英政治集团的游戏往往遵循着"多数决"的规则运行，但当少数人的利益和诉求得不到满足时，西方民主有时又蜕变成为"少数决"的否决体制。美国政治学家台布利斯（George Tsebelis）基于他对美国政治生活的实际观察和研究指出，现代西方政治体制与其说是民主体制，不如说是一个由少数政治精英构成的"多头玩家"的体制，活跃在西方民主舞台上的政治"玩家"们，他们可能是总统、议会，也可能是政党、社会团体或有组织利益集团，如果少数玩家的利益得不到保障或分享政治权力的诉求得不到平衡，他们就会利用他们的"否决权"，不惜破坏最大多数人的利益和广泛的社会共识，而西方宪法和民主制度又在不断强化这种行为和现象[18]。在现实中，西方民主往往演变成为不同集团、不同群体或不同派别的零和博弈，带来纷争不息甚或社会撕裂，根本原因在于西方式民主体制和民主规则在塑造和维护社会共同利益和共识方面存在先天缺陷。

以议会制为代表的代议制是西方民主的主要制度形态，理论上议会代表人民行使权力，但代议制事实上已经把人民的主权转移掉了。人民通过选举选出一批政治精英来管理国家，而每当政治精英内部出现分裂或意见不统一的情况，民主往往就会演变成相互倾轧的政治乱局。以英国"脱欧"为例，在"脱欧"议题上各方分歧严重，起初国会中人数较少的工党联合其他小党反对保守党提出的"脱欧"提案，出现了少数不服从多数的现象；2020 年 12 月大选之后，保守党凭借其在国会获得的超半数席位，在关键时刻完全不听反对党的任何意见，采取了直接"暴力碾压"对手的方式通过"脱欧"法案，从而出现了多数不尊重少数的现象。

民主就其本意而言，不应是你死我活的游戏，更不应意味着"赢者通吃"；相反，民主应当是能够反映和协调人民各方面利益诉求的平台，是能够有效融汇人民各方面观点和集中各方面智慧的机制。全过程人民民主的核心要义，不仅是要让人民参与到立法、决策、管理、监督等权力运行的全过程，而且要让协商贯穿于民主参与的各环节和全过程，鼓励通过各种形式的协商、协调和协议，找到最大公约数，广泛汇集民智，维护共同利益，有效凝聚共识。

从影响国家大政方针走向的政党协商，到社区和群众身边的基层协商，中国不断拓展协商民主渠道，目的就是推动民主制度和民主实践贯穿于人民生活全过程。中国每年出台数以万计与人民密切相关的立法、政策，大到全国性立法，中到地方性法规，小到基层微政策的出台，民主协商在这些立法和决策的全过程中都发挥着重要作用。尤其是在重大立法和公共政策的制定、重大社会问题的处理过程中，党和政府广泛采取公示、论证、听证、质询等多种形式实行民主参与，十分典型地反映了全过程人民民主的特征。

新时代中国坚持顶层设计与问计于民相结合，在国家重大立法和决策中充分发扬民主。全国人大在立法中把全过程人民民主贯彻落实到人大立法、监督、代表等工作各方面各环节全过程，致力完善人大的民主民意表达平台和载体，健全吸纳民意、汇集民智的工作机制。2021 年 1 月，7 部法律草案一并亮相中国人大网，向社会公开征求意见，在征求意见期间，仅医师法草案就征集到 1204 人共计 1783 条意见。全国人大常委会"开门立法"，不仅促使公众参与立法的热情持续攀升，也使来自田间地头的基层声音直达国家立法机关。民法典编纂过程中，先后 10 次公开征求意见，征集到 42.5 万人提出的 102 余万条意见，最大限度地凝聚了立法共识，成为中国立法民主的生动实践[19]。根据全国人大常委会的工作报告，2021 年共有 34 件法律草案通过中国人大网公开征求意见，共收到 108221 人次提出的 475245 条意见。通过上述方式，全国人大把各方面社情民意融汇于国家重大立法之中，统一于最广大人民根本利益之中。

用中长期规划指导经济社会发展，是中国共产党治国理政的一种重要方式。在"十四五"规划编制过程中，中央坚持开门问策、集思广益，坚持加强顶层设计和坚持问计于民相结合，目的就是要把社会期盼、群众智慧、专家意见、基层经验充分吸收到规划编制中来。在"十四五"规划编制工作开展网上征求意见期间，广大人民群众踊跃参与，留言 100 多万条，有关方面从中整理出 1000 余条建议[20]。中国绝大多数地方政府及其职能部门也开设了线上线下"领导信箱"，开通了"民生热线"，就地方立法草案和重大决策向社会公开征求意见，有些地方还常态化地召开"民主听证会"，使各行各业的意见建议和田间地头的基层声音能够直达有关部门。

"有事好商量"的协商民主同样贯穿于基层治理的全过程。新中国成立以来，中国基层就在持续探索依靠基层群众化解基层矛盾的"枫桥经验"，历经风风雨雨，"枫桥经验"依然在基层发挥着作用，成为通过汇集民智共建"平安中国"的标志性做法。为了解决长期困扰两地之间的省际矛盾纠纷，四川省广元市朝天区与陕西省宁强县探索构建了省际矛盾纠纷联调机制，通过会集两地的老党员、老干部、老民警、老支书和老模范等德高望重的基层"五老"乡贤精英，借助互联网平台、两地调委会工作室等机制，与产生矛盾纠纷的村民谈心、聊天，通过两地联动协商共建川陕边界平安。

这些实例说明，"有事好商量"就是在人民内部各方面广泛商量的过程，就是发扬民主、集思广益的过程，就是统一思想、凝聚共识的过程，就是科学决策、民主决策的过程，就是实现人民当家作主的过程，是具有中国风格的全过程人民民主的生动体现。

（四）实现法治秩序与社会活力兼具的民主

民主从来都是一把"双刃剑"。民主价值和民主工具运用得好，可以促进社会发展稳定，如果运用得不好，极有可能起到严重的反作用。优质的民主还是追求稳定和谐与社会活力相统一的民主，是法治秩序与自由权利相兼容的民主。

中国共产党成立百年来，特别是党的十八大以来，中国共产党团结带领中国人民应变局、平风波、化危机，推动中国经济社会进步与民主政治建设相互协调发展。在实践探索中，中国坚持将快速实现国家工业化、现代化目标同保障人民广泛社会权利和社会活力的目标相互结合；新时代发展和完善全过程人民民主，始终坚持以人民为中心不断创新民主实现形式，充分释放民主的效力与活力，同时善用民主优势维护好国家法治秩序与社会和谐稳定。

"礼之用，和为贵。"（《论语·学而篇》）中国文化传统中饱含"和"的智慧，中国提倡和珍视民主，也强调必须保持和谐稳定的社会秩序。活力是人类社会发展进步的必要条件，民主则是活力的源泉，促进和保障民主的目的是激发人类社会发展的内在动力与活力。中国的改革开放就是一个不断赋予人民广泛民主权利的过程，也是一个构建活力中国和展示繁荣发展活力的过程。

中国是一个拥有 14 亿多人口的超大规模国家，治理难度举世罕见。发展民主要有利于社会稳定和法治秩序，这是坚持以人民为中心的真谛，也是符合最大多数人民利益的最根本要求和最现实的选择。在构建和维护和谐有序社会的前提下，最大限度地发扬民主、激发社会活力，是中国全过程人民民主的题中应有之义，也是中国在发展民主政治中始终坚持不变的方向。

中国在发展全过程人民民主中能够保持稳定的社会秩序与社会活力相统一，一个重要的原因是中国坚持在党的领导下依法治国与人民当家作主相统一。法治环境是保障和促进民主发展的必要条件，公序良俗是保障和促进民主发展的社会基础。在公平公正的法治环境与公序良俗的框架下，中国通过全过程人民民主切实落实保安全、护稳定各项措施，下大气力解决好人民群众切身利益问题，全面做好就业、教育、社会保障、医药卫生、食品安全、安全生产、社会治安、住房市场调控等各方面工作，确保社会大局总体稳定，为人的全面发展和社会全面进步奠定坚实基础。

四 为人类政治文明进步贡献中国智慧

深入认识全过程人民民主，要在把握中国特色社会主义政治发展道路的内在逻辑基础上，认清全过程人民民主与西方式民主的本质区别，彰显中国式民主制度的绝对正当性和显著优越性。全过程人民民主归根结底是中国共产党团结带领中国人民创造的民主体系，是中国政治发展史上的伟大创造，是社会主义发展史上最广泛、最真实、最管用的民主形态。全过程人民民主，实现了对民主政治发展规律的新认识，构建了民主实现形式的新样态，开辟了民主有效治理的新格局，代表了人类社会解放的正确方向，为人类政治文明发展作出了富有中国智慧的新贡献。

（一）实现了对民主政治发展规律的新认识

民主作为人类追求的理想价值，同时也是一种政治实践，对民主的认识需要在实践中不断探索，实现对民主规律的准确把握。2021 年习近平在中央人大工作会议上的讲话中指出："民主是全人类的共同价值，是中国共产党和中国人民始终不渝坚持的重要理念。"[21] 如何把民主价值和理念转化为科学有效的制度安排，转化为具体现实的民主实践，需要注重历史和现实、理论和实践、形式和内容有机统一，找到正确的体制机制和方式方法。发展全过程人民民主体现了中国共产党对人类政治文明发展规律的新认识，契合社会主义国家的核心价值追求，同中国共产党的初心使命密切相连、一脉相承，蕴含着中国共产党推动社会主义民主政治始终保持正确的前进方向和昂扬的发展态势。

习近平提出了评价一个国家政治制度是不是民主的、有效的"八个能否"的标准，又创造性地提出了一个国家民主不民主的"四个要看、四个更要看"的标准[22]。中国共产党始终高举人民民主的旗帜，始终坚持以下基本观点：一是人民民主是社会主义的生命，没有民主就没有社会主义，就没有社会主义的现代化，就没有中华民族伟大复兴。二是人民当家作主是社会主义民主政治的本质和核心，发展社会主义民主政治就是要体现人民意志、保障人民权益、激发人民创造活力，用制度体系保证人民当家作主。三是中国特色社会主义政治发展道路是符合中国国情、保证人民当家作主的正确道路，是近代以来中国人民长期奋斗的历史逻辑、理论逻辑、实践逻辑的必然结果，是坚持党的本质属性、践行党的根本宗旨的必然要求。四是人民通过选举、投票行使权利和人民内部各方面在重大决策之前进行充分协商，尽可能就共同性问题取得一致意见，是中国社会主义民主的两种重要形式，共同构成了中国社会主义民主政治的制度特点和优势。五是发展社会主义民主政治关键是要把我国社会主义民主政治的特点和优势充分发挥出来，不断推进社会主义民主政治制度化、规范化、程序化，为党和国家兴旺发达、长治久安提供更加完善的制度保障。这些基本观点，是对中国社会主义民主政治建设的深刻总结，也是对中国全过程人民民主内涵的全面呈现，极大地丰富和拓展了中国特色社会主义民主政治的政治内涵、理论内涵、实践内涵，指明了坚持中国特色社会主义政治发展道路的前进方向。

（二）构建了民主实现形式的新样态

全过程人民民主是贯穿于人民实践生活全过程的民主。是否充分保障民主，不仅要看写在宪法文本上的民主权利，而且要看人民在日常政治实践和现实生活中是否有持续参与的民主权利。中国的社会主义民主不仅需要健全的制度保障和程序，而且需要完整的参与实践。全过程人民民主，贯穿的是以人民为中心的发展理念。是否充分保障民主，不仅要看人民是否有选举权和监督权，而且要看人民是否有广泛参与国家事务和公共管理的权利。全过程人民民主，体现的是把人民当家作主贯穿于国家政治生活的全过程和国家权力运行的全过程。

全过程人民民主坚持马克思主义基本原理，扎根在广袤的中华大地，注重从中华优秀传统文化中汲取智慧和养分，学习借鉴人类文明优秀成果，形成了一系列具有战略性、前瞻性、创造性的新理念新思想新战略，丰富和发展了社会主义民主政治理论。全过程人民民主，具有时间上的连续性、内容上的整体性、运行上的协同性、人民参与上的广泛性和持续性，坚持人民主体地位，有效调节国家政治关系，把党的主张、国家意志、人民意愿紧密融合在一起，推动社会向着自由、平等、公正、文明、团结、和谐的方向前行。全过程人民民主丰富和拓展了中国特色社会主义民主政治的政治内涵、理论内涵、实践内涵，为发展社会主义政治文明指明了前进方向。

（三）开辟了民主有效治理的新格局

人民是历史的创造者，是真正的英雄。任何一项伟大事业要成功，都必须从人民中找到根基，从人民中积聚力量，由人民共同来完成。全过程人民民主坚持以人民为中心，真正把发展为了人民、发展依靠人民、发展成果由人民共享落到实处，充分调动起人民的主观能动性，这是中国之治的"密码"。全过程人民民主坚持人民主体地位，使人民当家作主更好体现在国家政治生活和社会生活之中，激发和凝聚了中国人民奋斗新时代的磅礴力量，推动党和国家事业取得历史性成就、发生历史性变革。全过程人民民主，以民主的高质量促进了国家治理的高效能，提升了国家治理体系和治理能力现代化水平。

（四）代表了人类社会解放的新方向

民主是各国人民的权利，而不是少数国家的专利。实现民主有多种方式，不可能千篇一律。世界上没有一成不变的民主形式。全过程人民民主既有鲜明的中国特色，也体现全人类共同价值。全过程人民民主没有照搬照抄西方民主模式，而是创造了中国式民主，使得占世界人口近1/5的14亿多中国人民真正实现当家作主，享有广泛权利和自由，为丰富和发展人类政治文明贡献了中国智慧和中国方案。全过程人民民主以其巨大成功，提振了发展中国家发展民主的信心，为人类民主事业发展探索了新的路径。这是中国对人类政治文明的重大贡献，也是人类社会的巨大进步。

民主没有最好，只有更好。人类对民主的探索和实践永无止境。在以习近平同志为核心的党中央坚强领导下，中国特色社会主义政治发展道路越走越宽广，全过程人民民主必将不断发展完善，焕发出更加旺盛的生机和活力，为人类政治文明进步作出充满中国智慧的贡献，为实现第二个百年奋斗目标和中华民族伟大复兴的中国梦筑牢民主基石。

（执笔：公　明）

第四章　植根于中国土壤的新型政党制度

习近平指出："制度优势是一个国家的最大优势，制度竞争是国家间最根本的竞争。"[1]政党制度是现代政治文明的核心制度，是一个国家政治制度的支柱之一。2018年3月，习近平在参加全国政协联组会时指出："中国共产党领导的多党合作和政治协商制度作为我国一项基本政治制度，是中国共产党、中国人民和各民主党派、无党派人士的伟大政治创造，是从中国土壤中生长出来的新型政党制度。"[2]首次提出了"新型政党制度"这一重大政治论断，并且连续用了三个"新就新在"高度凝练、精准概括了新型政党制度的鲜明特征和独特优势。实践充分证明，作为一项基本政治制度，中国共产党领导的多党合作和政治协商制度适合我国国情，植根于中国土壤，是中国共产党、中国人民和各民主党派、无党派人士的伟大政治创造。这一制度为顺利完成党在革命、建设、改革不同时期的历史任务发挥了重要作用，构成了中国之治的重要支柱和国家长治久安的制度基石。

一　一项伟大的政治创造

中国共产党立足不同时期中国社会的历史方位，从中国实际国情出发、从中华民族和全体人民的利益出发，深刻认识到，以资本主义政党制度为代表的政党制度从根本上不适用于中国，也不能简单照搬照抄其他社会主义国家政党制度，必须建立适合中国国情的新型政党制度，新型政党制度的形成有着历史的必然性。在多党合作和政治协商的长期实践中，新型政党制度形成了独特的制度结构、完善的制度功能和鲜明的制度特色。

（一）新型政党制度的形成历程

新型政党制度的形成历程大致可以划分为初步酝酿期、初步探索期、正式确立期、健全完善期和全面优化期五个历史时期。

初步酝酿期，中国早期政党政治实践为新型政党制度的形成提供了重要启迪。中国新型政党制度孕育于近代以来中国民主革命的历史进程。辛亥革命以后，中国曾上演过一场场议会制、多党制试验，比如总统共和制、议会制共和制、责任内阁制，等等，当时成立的各类政治团体就有 300 多个，被时人称为"政党林立的时代"。为了参加 1912 年的国会竞选，多个政党进行快速分化组合，最终形成了三大政党竞争格局，即国民党、共和党和民主党展开国会席位竞选。结果国民党大获全胜，但由于袁世凯的破坏和对政党的镇压，中国的竞争型政党试验最终以失败而告终。多党竞争虽然对中国产生过一定影响，但是因为"水土不服"，中国缺少实行多党竞争的经济基础、阶级基础和社会政治条件，这些多党制试验犹如昙花一现，纷纷走向破灭。但是，民众经受了民主思想的洗礼和启蒙，此后，中国正式步入政党政治时代，以政党运作国家政权成为最鲜明的时代特征。1917年，俄国十月革命一声炮响，给中国送来了马克思列宁主义。中国先进知识分子开始通过成立无产阶级政党、举行无产阶级革命的方式来完成反帝反封建的民主革命任务。诞生在俄国十月革命和五四运动后期，用马克思主义武装起来的以国家富强、民族振兴、人民幸福为己任的中国共产党从多个政治力量中脱颖而出，登上了历史舞台。中国共产党正是因为有了马克思列宁主义科学理论的武装和指导、有了严密组织纪律性以及广大觉醒了的民众的拥护和支持，在领导新民主主义革命走向胜利的伟大斗争中确立了在中国民族民主革命中的核心领导地位，承担起组织动员民众和推动现代国家建构的历史使命。具有显著的领导优势、阶级优势、组织优势和意识形态优势的中国共产党适应了这一使命要求，毅然肩负起历史使命而成为中国民族民主革命的先锋队和领导者。

初步探索期，民主革命时期的多党合作实践为新型政党制度的形成积累了历史经验。在民主革命时期，中国共产党提出新民主主义革命纲领，在共同抗击日本帝国主义侵略、反对国民党独裁统治的斗争中，与各民主党派建立了亲密的合作关系。早在党的二大上，我们党就提出了建立民主联合战线的主张，党的三大正式确立了国共合作的方针，这一时期的国共合作构成了中国政治舞台上政党关系的重要内容。在抗日战争时期，党在抗日根据地实行"三三制"原则，这一原则可以看作中国共产党领导的多党合作的基本雏形。此外，中国共产党关于建立最广泛的抗日民族统一战线的主张，大大促进了民主党派和其他中间势力与党的团结合作。1945 年 4 月，毛泽东在《论联合政府》的报告中明确提出，中国共产党主张，"在彻底地打败日本侵略者之后，建立一个以全国绝对大多数人民为基础而在工人阶级领导之下的统一战线的民主联盟的国家制度"[3]，即新民主主义的国家制度。解放战争时期，为反对国民党的独裁统治，中国共产党又同各民主党派、无党派人士结成包括工人阶级、农民阶级、小资产阶级和民族资产阶级的人民民主统一战线，多党合作的优良传统得到了很好的发扬。

正式确立期，"五一口号"的提出与多党合作制的正式确立。1948 年 4 月 30 日，在党领导的中国人民解放军进攻不断取得胜利的关键时刻，中共中央在河北省阜平地区召开会议，发布了《纪念"五一"劳动节口号》（史称"五一口号"），号召全国知识分子、各民主党派、社会贤达和其他爱国分子团结起来，召开政治协商会议，讨论并实现召集人民代表大会，成立民主联合政府。这一号召"揭开了中国共产党同各党派、各团体、各族各界人士协商建国的序幕，奠定了中国共产党领导的多党合作和政治协商制度的基础"[4]。1948 年 5 月初，各民主党派积极响应中国共产党提出的"五一口号"，接受中国共产党的领导，开展新政协运动，标志着各民主党派和无党派人士自觉选择了中国共产党的领导，走上了新民主主义、社会主义道路，由中国共产党领导的多党合作制度自此正式拉开了序幕。新中国成立后不久，针对党内一部分同志对民主党派和无党派人士表现出一定程度的"关门主义"倾向，毛主席提出"一根头发"和"一把头发"的比喻，以此强调加强统一战线和多党合作的重要意义，并以高度的政治智慧和政治远见，坚持保留了八个民主党派[5]。1950 年 4 月，周恩来在第一次全国统战工作会议上提出："各个民主党派，不论名称叫什么，仍然是政党，都有一定的代表性。但不能用英、美政党的标准来衡量他们。他们是从中国的土壤中生长出来的。"[6]

健全完善期，新型政党制度全面提高制度化、规范化水平。党的十一届三中全会以后，在党的一系列开创性理论和政策指导下，多党合作事业开启了崭新局面，多党合作涉及的一些基础性问题，在广泛深入的实践中不断得到丰富和发展，推动多党合作走上了制度化轨道。1989 年 12 月 30 日中共中央颁布《关于坚持和完善中国共产党领导的多党合作和政治协商制度的意见》。该意见第一次以文件形式对中国共产党领导的多党合作和政治协商制度进行系统全面的阐述，为新时期多党合作制度化、规范化发展提供了重要政策依据和制度保障，是新型政党制度走向制度化的重要标志。1993 年，"中国共产党领导的多党合作和政治协商制度将长期存在和发展"载入宪法，中国新型政党制度有了明确宪法依据。2005 年，中共中央颁布了《关于进一步加强中国共产党领导的多党合作和政治协商制度建设的意见》。2006 年，中共中央颁布了《中共中央关于加强人民政协工作的意见》，新型政党制度沿着制度化轨道得到进一步发展。2007 年 11 月，国务院新闻办公室发布了《中国的政党制度》白皮书，全面回顾了我国多党合作的发展历程，系统总结了中国政党制度的基本功能，这是中国政府首次采用白皮书的形式向世界阐明中国的政党制度。

全面优化期，新型政党制度的独特优势与制度效能充分彰显。中国特色社会主义进入新时代，以习近平同志为核心的党中央大力推进多党合作理论、政策和实践创新，加强对多党合作事业的全面领导，召开中央统一战线工作会议、中央政协工作会议，就坚持和完善多党合作制度提出了一系列新思想、新观点、新论断，明确提出了"新型政党制度"的重要提法，系统阐明了新型政党制度的独特优势与鲜明特色，推动多党合作事业发展进入了新时代。党中央继续推进多党合作制度建设，印发了《关于加强政党协商的实施意见》《中共中央关于加强中国特色社会主义参政党建设的意见》《中国共产党统一战线工作条例》等一系列重要文件，进一步提升了多党合作制度化规范化水平。经过 70 多年的建设与发展，多党合作思想政治基础更加巩固，制度框架更加完善，政治影响更加广泛深远，中国新型政党制度不断趋于成熟、完善，独特优势与制度效能充分彰显，为实现经济快速发展和社会长期稳定"两大奇迹"发挥了重要作用。习近平指出："新时代多党合作舞台极为广阔。"[7]站在新的历史起点上，"各民主党派按照中国特色社会主义参政党的要求，不断加强自身建设，努力提升履职水平，在国家政治生活中发挥更加重要的作用"[8]。

（二）新型政党制度的制度结构

按照西方政党理论，在执政党的对面或者周围有其他在野党或者反对党的存在，才可能构成一个政党体系或政党制度，才构成非一党制的民主政体。实行一党制的"苏共"，针对各国共产党组织则习惯性地以领导者（"老子党"）自居，形成了一党独大的苏联集权体制。新型政党制度构建了一种新的政党制度结构，超越了西方传统政党类型和苏共传统政党制度模式。中国共产党是执政党，八个民主党派是接受中国共产党领导、同中国共产党亲密合作的参政党，是中国共产党的好参谋、好帮手、好同事。在中国，既没有反对党，也没有在野党。中国共产党同各民主党派长期共存、互相监督、肝胆相照、荣辱与共。中国政党制度既不是一党独大、一党专政，也不是多党竞争、轮流执政，而是"共产党领导、多党派合作，共产党执政、多党派参政"[9]，形成了独具中国特色的新型政党制度结构，体现出一元与多元的辩证统一。在新型政党制度中，中国共产党是领导核心，各民主党派自觉拥护和服从中国共产党的领导。在坚持中国共产党的领导这一根本政治前提下，各民主党派发挥着参政议政、民主监督、参加中国共产党领导的政治协商的重要职能。在这一制度结构中，形成了正确处理政党与政权、政党与政党、政党与社会的独特关系。

首先，在政党与政权的关系上。政党都是以获取政权、参与政权、维护政权为目的的政治组织。在西方国家，"政党最与众不同的特征就是通过选举来执政"[10]，西方政党围绕夺取国家政权、轮流执政而存在，将赢得选举视为头等大事，国家政权成为各个政党竞相争夺的"标的物"，许多西方国家的政党已被选举政治所扭曲，政党功能逐渐消解。在中国，中国共产党既是政党制度的核心领导主体，也是中国国家政权系统的核心领导力量，"中国共产党坚持平等相待、民主协商、真诚合作，支持各级人大、政府和司法机关中的民主党派成员和无党派人士发挥作用，共同推动国家政权建设"[11]。这样的制度安排既能通过持续性地加强和改进党的政治领导与自身建设，保证无产阶级先锋队的领导能力和政治属性，又能围绕着共同的政治目标与各民主党派进行政治协商，实现领导、合作与协商三者的相互支撑和良性互动；既能通过议行合一的国家权力机构使党的主张通过法定程序上升为国家意志，又能确保最大限度发扬民主，使各民主党派在监督党和政府、现代化建设中发挥建设性作用。

其次，在政党与政党的关系上。西方各政党之间是一种竞争、对抗的政党关系，各政党以使对方政党失去民众支持、失去竞争优势为目的，原本作为民主条件的监督和制衡发生了异化，成为各政党之间相互攻击、相互拆台、相互掣肘的工具，在政党政治的实际运作中容易形成极左极右的"钟摆型政治"，不利于团结最广泛的力量为实现建设国家、造福民众的共同利益而奋斗。在新型政党制度框架中，"多党合作"是政党制度的基本形态，这表明，"中国共产党和各民主党派是知无不言的挚友、过失相规的诤友，互相监督不是彼此倾轧，不是相互拆台、相互掣肘，而是相互促进、共同提高"[12]。在共同奋斗、风雨同舟的长期实践中，中国共产党与各民主党派形成了通力合作、团结和谐的新型政党关系。这就突破了以执政为目的、以竞争为手段的竞争性政党制度模式，创立了在多党合作基础上的复合形式、立体结构的关系格局。

最后，在政党与社会的关系上。在西方，近年来随着民粹主义、极端主义思潮的兴起、贫富差距的拉大等，西方政党的意识形态和政党纲领不断趋同，政党的社会基础和民意基础不断消解，政党的代表功能日益式微，西方政党"成为少数既得利益者的政治工具"[13]。中国新型政党制度超越了旧式政党零和竞争、彼此掣肘的关系样态，倡导和衷共济、合作共赢的价值取向，创造了一个团结合作、共存共荣的政党关系新格局。各民主党派在中国共产党的领导下，基于共同的奋斗目标友好协商、和谐共处、团结奋进，心往一处想、智往一处谋、劲往一处使，既能为实现国家和民族的整体利益而进行战略谋划和顶层设计，又能通过广泛协商找出"最大公约数"，画出"最大同心圆"，有利于实现全国人民根本利益与各阶层人民具体利益的有机统一，实现人民安居乐业、社会安定有序，"有效避免了旧式政党制度囿于党派利益、阶级利益、区域和集团利益决策施政导致社会撕裂的弊端"[14]。

（三）新型政党制度的主要功能

从现代化发展的历史过程同政党制度结构的关系来看，中国的现代化是被迫启动的，与早发内生性的西方国家现代化模式下国家先于政党而产生不同，处于后发外生性现代化进程中的中国政党"是社会政治危机的产物，是现代化的领导者和推动者"[15]。作为新中国政权的缔造者和新的政治秩序的维护者，中国共产党自成立之初就与中国人民和中华民族的前途命运紧紧地联系在一起，在长期革命斗争实践中确立起了党的领导核心地位；执政的中国共产党对于完成革命任务、建构国家政权、谋取民众福祉、推动现代化建设等各个方面都发挥着重要领导作用。中国政党的出场逻辑不仅塑造了新型政党制度的独特结构，还赋予了新型政党制度更为全面而有效的制度功能，使其自身运作成为影响中国政治生活的一个关键因素。习近平指出："中国共产党领导的多党合作和政治协商制度是从中国土壤中生长出来的新型政党制度，在凝聚共识、优化决策、协调关系、维护稳定等方面发挥了独特作用。"[16]

其一，凝聚共识功能。新型政党制度始终坚持团结和民主两大主题，始终坚持大团结、大联合两大原则，通过一系列制度安排和制度设计，以合作和协商代替相互攻击，以广泛参与凝聚各界共识，以协商民主补充选举民主，致力于最大限度地凝聚人心、凝聚智慧、凝聚共识、凝聚力量。新型政党制度的凝聚共识功能有利于壮大主流意识形态，推动社会不同群体、阶层、团体思想观念的统一和舆论共识的形成，不断增进对中国共产党和中国特色社会主义的政治认同、思想认同、理论认同、情感认同，不断筑牢全国人民同心同德、团结奋斗的思想基础。

其二，优化决策功能。作为一个复合型制度形态，新型政党制度在优化决策方面具有显著制度功能。中国共产党代表着最广大人民的根本利益，各民主党派代表着各自所联系的那部分人的具体利益，在重大方针、政策的制定过程中，中国共产党支持各民主党派在充分表达的基础上，开展深入广泛协商后作出决策。这样的制度安排，既发扬了民主又实现了集中，实现了尊重多数人的整体利益与兼顾少数人的具体利益、特殊利益的有机统一，避免了以少数人、少数阶层、少数集团的意志为转移制定决策的弊端。

其三，协调关系功能。在新型政党制度运行中，各民主党派不仅能够将其所联系的阶层、团体的意见反映到政治体系中去，而且通过一定的政治吸纳，将政党所联系的一部分优秀分子吸纳到政党组织体系中，为协调社会利益关系奠定良好基础。新型政党制度内含人民民主的内在要求和价值选择，这使协商民主成为中国民主的重要形式，通过畅通和拓宽社会利益表达渠道，通过各民主党派自身所联系的工商、科技、教育、医疗等领域的群体，通过对热点问题、民生问题进行专题调研，召开各种形式的听证会、议事会、民主恳谈会，提出议案和建议等方式，为有效协调多元而复杂的社会利益关系、促进政党关系和谐、服务于国家各项事业健康发展作出积极贡献。

其四，维护稳定功能。在新型政党制度架构中形成的和谐政党关系是保障中国社会持续稳定的重要支撑，新中国成立 70 多年尤其是改革开放 40 多年以来，中国之所以能够在实现经济快速增长的同时保持社会总体稳定，与新型政党制度所具有的维护稳定功能密不可分。一方面，党的领导的巨大政治优势是实现社会稳定的"定海神针"，通过横向到边、纵向到底的组织体系实现对中国特色社会主义各领域、各方面的全覆盖，并通过统一战线广泛团结党外各方面的社会精英人士，建立和维护党内外团结、和谐、互信的友好关系；另一方面，各民主党派通过制度化的参政议政方式和渠道，充分吸纳社会不同群体、阶层、团体的利益表达、政治参与等方面的诉求，有效缓解了国家现代化建设中面临的政治参与压力，规避了因夺取政权和轮流执政而对国家政局造成的动荡因素，有利于以友好和睦的政党关系维护稳定国家政权系统，创造和谐稳定的政治氛围和政治局面。

（四）新型政党制度的鲜明特色

新型政党制度既强调中国共产党的领导，也强调发扬社会主义民主；既继承了马克思主义政党学说的基本原则，又符合中国现实国情，带有鲜明的中国特色。

第一，利益代表的广泛性。新型政党制度在广泛汇聚和真实代表最广大人民的根本利益、全国各族各界根本利益的同时，又致力于兼顾少数人的合理诉求，能够更好地代表不同阶层、不同社会群体的利益诉求，拓宽、畅通各种利益表达渠道，全面、真实、充分地反映各社会阶层人士的意见建议，实现充分的利益表达基础上的利益整合，有效避免旧式政党制度只能代表少数人、少数利益集团的弊端。这突出体现在人民政协组织构成的比例设置上："人民政协是中国共产党领导的多党合作和政治协商的重要机构，其组织构成具有鲜明特色。民主党派、无党派人士等党外代表人士在各级政协中占有较大比例，换届时委员不少于60%，常委不少于65%；各级政协领导班子中副主席不少于50%（不包括民族自治地方）。"[17]

第二，奋斗目标的一致性。经过了革命战争年代的战火考验、和平建设年代的共同奋斗，从革命救国到民主建国再到合作治国，中国共产党和各民主党派有着共同的历史记忆、思想基础和奋斗目标。新型政党制度基于这种共同的奋斗目标将各个党派团结凝聚起来，围绕坚持和发展中国特色社会主义、实现中华民族伟大复兴的中国梦。

"中国共产党与各民主党派、无党派人士真诚开展政治协商，广泛实行政治合作，不断夯实共同思想政治基础，协力巩固多党合作的政治格局。"[18]可以说，中国共产党和各民主党派都是社会主义现代化国家的建设者、参与者，都是中华民族伟大复兴的推动者、贡献者，这就有效避免了一党缺乏监督或者多党轮流坐庄、恶性竞争的弊端。

第三，决策施策的科学性。中国共产党领导核心作用的发挥能够确保决策制定和实施的正确政治方向，使多元政治参与维持在政治体系能够承受的范围之内。"兼听则明，偏听则暗"，各民主党派的多元参与和广泛合作，能够将不同党派所联系的部分群体的利益诉求通过多党合作和政治协商的渠道得以表达，推动决策更加科学化、民主化，实现各方利益的最大化。新型政党制度在多元中探索共识、在多样中寻求一致，其运行过程既是发扬民主、集思广益的过程，是统一思想、凝聚共识的过程，也是科学决策、民主决策的过程，进而使得决策施策更能反映大多数人的呼声期盼，更能满足大多数人的利益诉求，更加充分地体现人民当家作主的社会主义民主政治的本质要求。

第四，实施治理的有效性。政党制度是国家治理体系的重要构件，也是影响国家治理效能的重要变量。与西方政党制度通过竞争性选举和选票获得制度合法性与有效性不同，新型政党制度的合法性和有效性在很大程度上是通过治理绩效的实效性来证明的。新型政党制度能够"着眼充分调动各方面的积极性，重视加强对各民主党派、无党派人士履职尽责的支持保障，能够优化政治资源配置，形成社会各界广泛参与国家治理的体制机制，推进国家治理体系和治理能力现代化"[19]。历史和现实充分证明，中国共产党领导的多党合作和政治协商制度在国家治理中表现出了强劲的制度活力和显著的制度效能，能够有效避免否决政治、议而不决、决而不行的弊端。

二　新型政党制度的独特优势

实践成效是检验一项制度是否科学的根本标准，习近平指出："民主不是装饰品，不是用来做摆设的，而是要用来解决人民要解决的问题的。"[20]中国新型政党制度体现了社会主义制度的本质要求，契合了我国社会主义现代化建设的时代要求，是实现全过程人民民主的重要制度保障，具有伟大的创造性、巨大的优越性和强大的生命力。新型政党制度不仅因特殊而优越，更因优越而特殊，在中国革命、建设、改革的各个历史时期都发挥了显著制度效能，是经过实践充分检验的、有效管用的、具有独特优势的政党制度。

（一）民众利益的广泛代表优势

从近代中国的社会政治环境看，近代中国首先要完成的历史任务是完成民族民主革命，争取民族独立、人民解放，建立一个民主的独立的主权国家，这是中国社会各阶级最迫切的需要，代表了大多数人的利益，也是中国人民的最大公约数。哪一个政治团体要能找出这个最大公约数，就能代表大多数人的利益，也就能赢得中国社会各阶级的支持和拥护，从而被人民和历史所选择，正如毛泽东在《新民主主义论》中指出："谁能领导人民推翻帝国主义和封建势力，谁就能取得人民的信仰……谁能领导人民驱逐日本帝国主义，并实施民主政治，谁就是人民的救星。"[21]近代中国各种政治力量此消彼长、分化组合，之所以是中国共产党而不是别的党派能够脱颖而出成为中国革命的领导者，获得民众的拥护和支持，原因有很多，其中有一条至关重要的原因就是，中国共产党找到了中国人民最大公约数，集中代表了中国最广大人民的根本利益。

自成立之日起，中国共产党始终以民族利益、人民利益为重，代表着中国最广大人民的根本利益和历史的前进方向，党除了工人阶级和最广大人民群众的利益，没有自己特殊的利益。各民主党派、无党派人士在长期实践中经过比较，自觉地、郑重地选择了中国共产党的领导。在中国共产党的号召、推动下，我国确立了由中国共产党领导的多党合作和政治协商制度，这一创造性的制度形态也得到了广大民主人士的自觉拥护和坚定支持，担任过民盟中央主席的费孝通先生曾结合自己的经历，感慨地说："经过中国共产党和各民主党派几代人的共同努力，现在我们很幸运地在共产党领导下，合作形成并享有这样一种由中国人民自己创造的政治制度。"[22]

从民众利益的表达机制来看，西方资本主义国家实行的两党或多党竞争由于政党之间的相互制衡掣肘，并不会自动产生一个人民利益的最大公约数，只能产生一个最强或较强的"众意"，但也只是代表一部分人的利益；一党制可以自称代表人民利益的最大公约数，但缺乏"众意"的表达和整合机制。在长期实践中，新型政党制度形成了一种新的利益表达机制，为不同社会阶层和群体提供了组织化、制度化、多元化的政治参与渠道，将不同的政治力量纳入政治体系，保证了政治参与的广度、深度和效度。这巩固和扩大了人民民主专政的社会政治基础，弥补了一党制或多党制利益表达的局限性，有力地推动了中国民主的成长进程。新型政党制度表现出了广泛代表性、巨大包容性，能够找到最大公约数、画出最大同心圆，把"众意"和"公意"统一起来，从而"能够真实、广泛、持久代表和实现最广大人民的根本利益、全国各族各界根本利益"，有效解决了人民群众的广泛参与和党的集中统一领导的关系，"有效避免了旧式政党制度代表少数人、少数利益集团的弊端"[23]。

（二）决策过程的民主科学优势

西方政党以获取选票、上台执政为目的，各政党为了迎合选民、赢得选举，通过利用民众不满情绪、煽动民粹主义情绪获得选民支持。一些政党及领导人信口承诺、任性决策，甚至前任建房、后任拆梁，置民众根本利益和国家长远利益于不顾，政党政治囿于党派利益、阶级利益、区域和集团利益而决策施政，形成各政党之间为了反对而反对的否决性政体，导致决策施政过程中因党派利益纷争而造成的社会撕裂。在中国新型政党制度结构中，政党只有执政与参政之分，而没有反对党和在野党的存在，具体来说，中国共产党和各民主党派分别居于领导与执政、合作与参政的地位，各自发挥着相应的主体功能。习近平指出："'虚心公听，言无逆逊，唯是之从。'这是执政党应有的胸襟。'凡议国事，惟论是非，不徇好恶。'这是参政党应有的担当。"[24]各个政党之间各安其位、各司其职、密切配合，广泛完善人民群众参与各层次管理和治理的机制，广泛凝聚不同党派、群体、阶层集思广益、团结奋斗的智慧和力量。

新型政党制度与我国以工人阶级领导的、以工农联盟为基础的人民民主专政的社会主义国家的国体相适应，既强调中国共产党的集中统一领导，也强调发扬社会主义协商民主，发挥各个方面的积极作用；既贯穿人民民主的价值原则，又体现团结和谐的工作要求，实现在民主集中的基础上的求同存异；既能着眼于国家整体利益，保持政策的连续性和稳定性，又能切实照顾不同阶层和群体的利益诉求，提升政策的针对性和实效性。新型政党制度坚持协商民主与选举民主相统一，注重发挥社会主义协商民主的独特优势，把协商民主贯穿于决策实施之前和决策实施之中，广泛畅通各种利益诉求和愿望呼声进入决策程序的渠道和途径，致力于广泛达成决策制定和决策实施的最大共识。通过制度化、规范化、程序化的安排，把各个政党和各界人士紧密团结起来，反复协商征求意见、理性审慎决策施策，"形成发现和改正错误、减少失误的机制，有效克服决策中情况不明、自以为是的弊端"[25]，推动实现决策科学化、民主化。新型政党制度实现领导核心的一元性与结构的多元性的有机统一，集中领导和发扬民主、有序参与和充满活力的有机统一，催生出强大的决策施策能力，使"众人的事情由众人商量"[26]真正变成现实。正如习近平指出，这一政党制度"通过制度化、程序化、规范化的安排集中各种意见和建议、推动决策科学化民主化，有效避免了旧式政党制度囿于党派利益、阶级利益、区域和集团利益决策施政导致社会撕裂的弊端"[27]。

（三）运行模式的有序高效优势

衡量政党制度的优越性不仅体现在系统完备的体系构建上和民主科学的功能设定上，也体现在有序高效的运行模式上。新型政党制度功能的有效发挥，与其具有的有序高效的运行机制密切相关。新型政党制度的运行机制，是指作为制度要素的各个政党之间在长期团结合作和政治协商实践中基于相互关系形成的作用原理、作用过程及其运行方式，它是新型政党制度实际运行和功能发挥的主要依托，具体而言，新型政党制度主要依托领导机制、合作机制、参政议政机制、政治协商机制和民主监督机制来实现[28]。作为新型政党制度要素的中国共产党与各民主党派之间是合作的，而非对抗的；是协商型的，而非竞争性的。中国共产党作为无产阶级的先锋队组织，代表着中华民族的整体利益与最广大人民群众的根本利益，党没有自己特殊的利益，党的初心和使命是为中国人民谋幸福、为中华民族谋复兴，使得党的长期执政具备坚实的政治基础、群众基础，也使得中国共产党加强与各民主党派的团结与合作产生了现实需要。各民主党派作为参政党，其目的不是取代中国共产党的执政地位，而是基于共同的政治基础和思想共识，在相互支持、彼此信赖、通力合作的友好氛围中发挥各自特长和优势、激活党际关系的活力，以促进中国共产党更科学、更有效地执掌好国家政权。在长期的革命、建设、改革实践中，各民主党派始终与中国共产党肝胆相照、荣辱与共，认真履行参政议政、民主监督，参加中国共产党领导的政治协商的基本职能，朝着共同的奋斗目标风雨同舟、同向同行。这种奋斗目标的一致性与同向性，是新型政党制度良性协同、运行高效的关键所在，也是各民主党派和无党派人士能够成为中国共产党的好参谋、好帮手、好同事的重要保证。

每逢重大决策部署、重大政策出台前，中共中央都会听取民主党派中央、全国工商联负责人和无党派人士意见，就有关问题进行专门协商、充分协商、有效协商，已经成为我国多党合作制度的重要环节。其中，作为新型政党制度重要内容和协商民主在政党制度领域具体体现的政治协商，是凝聚智慧、增进共识、促进科学民主决策的重要制度安排，主要包括中国共产党同各民主党派的政党协商、中国共产党在人民政协同各民主党派和各界人士的协商两种重要形式。这样的制度安排，一方面有助于发挥团结合作党际关系、会集输送人才以及集中力量办大事等制度优势，把各方面力量紧密团结在党的周围，推动形成全面建设社会主义现代化国家、实现中华民族伟大复兴的强大合力；另一方面，疏解了中国在社会转型过程中因利益关系调整、组织形态变革、思想观念交融而产生的压力因素，使中国在社会结构变迁日益多元的情势下继续保持了适应性、稳定性和有序性。

在新的历史起点上，党的十九届四中全会通过的决议对进一步完善政党制度运行机制、展现新型政党制度优势提出了新要求："贯彻长期共存、互相监督、肝胆相照、荣辱与共的方针，加强中国特色社会主义政党制度建设，健全相互监督特别是中国共产党自觉接受监督、对重大决策部署贯彻落实情况实施专项监督等机制，完善民主党派中央直接向中共中央提出建议制度，完善支持民主党派和无党派人士履行职能方法，展现我国新型政党制度优势。"[29] 在新征程上，新型政党制度必将得到更好的坚持和完善，也必将展现出更加鲜明的制度优势和更加强大的制度生命力。

三 新型政党制度的显著国家治理效能

"中国之治"的核心就是"政党之治"，"中国之治"独特优势所在亦是"政党之治"，新型政党制度的显著成效最终要转化为推动实现国家治理现代化的强大效能。中国国家治理体系体现为一个复杂的制度体系，由于政党在中国政治生活中的重要地位和作用，政党制度在中国国家治理体系和治理能力现代化中扮演着重要角色，发挥着重要功能。在新的历史时期，我们要实现国家治理现代化、实现中华民族伟大复兴，依然要将这一政党制度坚持好、完善好、发展好，将政党制度优势更好地转化为推动国家治理现代化的显著效能。

（一）凝聚国家治理的基本共识

西方国家治理在两党制、多党制体制下，缺乏政治共识凝聚和价值观整合的坚实基础和条件，经常出现竞争选举、轮流执政、相互倾轧的问题，难以有效凝聚共识、提高国家治理整体效能，在国家治理中容易造成相互掣肘、治理失灵、撕裂社会的不良后果。作为中国国家治理体系的重要组成部分，新型政党制度最基础的功能在于通过团结、合作与协商，寻求各个群体、各个党派之间的最大公约数，提升各个群体、各个党派对国家治理现代化的政治认同、价值认同和情感支持，为国家治理广泛凝聚基本共识，筑牢国家治理现代化的思想政治基础、人民价值坐标和具体政策共识。

这一基本共识首先体现在政治共识上，即中国各民主党派自觉拥护和支持中国共产党的领导地位、坚持中国特色社会主义道路。这是多党合作和政治协商事业健康发展的根本方向，也是中国共产党与各民主党派能够相互信任合作、共同致力于推进国家治理现代化的根本政治前提。在这一重要前提下，各民主党派自觉团结在中国共产党的周围，以其自身在不同领域的专业优势和界别优势，积极为中国共产党领导的国家治理现代化伟大实践建言献策、资政履职。

其次，这一基本共识体现在以人民为中心的价值坐标上。新型政党制度是社会主义人民民主的价值旨归在政党制度领域的具体体现，是保障人民当家作主、维护人民根本利益的重要制度设计。中国新型政党制度坚持以人民为中心，共产党执政为民，民主党派参政为民，把人民利益放在最高位置，有助于将以人民为中心的价值导向贯穿于国家治理现代化的全方位、全过程，"使各方面制度和国家治理更好体现人民意志、保障人民权益、激发人民创造"[30]，展现以人民为中心的价值底色，使以人民为中心的价值旨归变成现实。

最后，这一基本共识体现在国家治理的具体政策共识上。在国家治理的各项方针政策的制定上，"多党合作能够通过协商政治为广大参政党成员及其联系的社会阶层提供充分的表达平台，实现对社会共识的发现与塑造，从而为中国国家治理赋予广泛的社会基础"[31]。这就使党的领导和执政与多元化的现代社会之间具备了积极调适和平衡的政治空间，使各项方针政策的制定出台符合当代中国国家治理的需要，顺应人民群众和社会各界期盼愿望，从而"使党的领导和执政能够有效吸纳和安排多元化的要求和多样化的力量，以保障党领导和执政得到社会各方面的支持和认同"[32]。

（二）优化国家治理的行动过程

在当今政党政治时代，"政党关系的样态成为影响国家治理探索的重要因素"[33]。新型政党制度在实现执政与参政、领导与合作、协商与监督三者的有机统一中优化国家治理的行动过程。

第一，执政与参政的统一。我国新型政党制度把中国共产党长期执政和多党合作有机结合起来，有利于形成统一的国家意志、统一的国家权力和统一的集中领导，最大限度地整合和凝聚社会各种政治力量，使参政党与执政党同心同德，在国家治理中团结一致发挥合力作用。中国共产党注重健全发扬民主和增进团结相互贯通、建言资政和凝聚共识双向发力的程序机制。在中国国家治理中，中国共产党和各民主党派、无党派人士以会议协商、约谈协商、书面协商等形式，就国家治理现代化的重大政策和重要事务进行协商，使国家治理现代化的推进过程成为执政党与参政党增进共识、发扬民主、汇聚力量的过程。

第二，领导与合作的统一。新型政党制度作为中国特色社会主义制度体系的重要组成部分，坚持中国共产党的领导是其最显著特征与最大优势。邓小平曾指出："我们国家也是多党，但是，中国的其他党，是在承认共产党领导这个前提下面，服务于社会主义事业的。"[34]2021年发布的《中国新型政党制度》白皮书也强调："坚持中国共产党的领导是中国新型政党制度的鲜明特征和重要内容，也是多党合作事业健康发展的首要前提和根本保证。"[35]在中国新型政党制度框架内，作为中国国家治理领导核心的中国共产党，在国家治理中发挥总揽全局、协调各方的作用，有利于发挥集中力量办大事的制度优势，确保国家治理现代化的正确政治方向。作为中国特色社会主义参政党，各个民主党派"不是在野党、反对党，也不是旁观者、局外人，而是在中国共产党领导下参与国家治理的参政党"[36]。中国共产党与各民主党派之间的关系，不是竞争性的关系，而是一种"一党执政、多党合作"的新型政党关系，中国共产党和各民主党派都是国家治理的积极推动力量。

第三，协商与监督的统一。"民主党派、无党派人士对中国共产党进行民主监督，是发挥中国新型政党制度优势的重要方式，是实现国家治理体系和治理能力现代化的必然要求。"[37]中国共产党历来将民主党派视为自己的诤友，毛泽东指出："为什么要让民主党派监督共产党呢？这是因为一个党同一个人一样，耳边很需要听到不同的声音。"[38]中国共产党自觉接受各民主党派提出的批评、进行的监督以及提出的意见建议，有利于改进和优化国家治理现代化各项政策举措。各民主党派的政治监督、民主协商精神深深嵌入新型政党制度的全过程之中，也体现在国家治理现代化的全过程，成为中国特色国家治理体系的特点和优势所在，"发挥与政治系统纵向并存的党派系统的监督功能，对于治理腐败具有比制度、法律、教育等更长远的政治意义"[39]。协商与监督是为了更好的合作，各民主党派与长期执政的中国共产党在国家政权中通力合作、互相监督，民主党派成员和无党派人士在各级人大代表、人大常委会组成人员及人大专门委员会成员中均占一定数量，一些人还担任国家机关领导职务，他们不与中国共产党争夺领导权、执政权，自觉拥护、自愿接受中国共产党的领导，共同致力于国家治理现代化时代伟业。

（三）汇聚国家治理的整体合力

中国政党政治是国家危机和近代政治秩序发展的共同结果，在功能上体现的是政治资源整合优先的状态，这与西方政党制度围绕选举和公民权利展开有着本质差异[40]。近代中国政治形态的转型、民主革命的领导、现代国家的建构以及民族复兴的整个过程，中国共产党始终处于领导者的地位，可以说，始终坚持党的集中统一领导和全面领导，是新型政党制度的核心与灵魂，也是我国国家治理现代化的稳定器、压舱石，这一强大领导力为实现国家治理现代化过程中的价值整合、资源整合、力量整合、效能整合提供了有力保障。同时，不以国家权力竞争为特点的政党政治实践和一党执政、多党参政的体制安排，有利于最大限度地调动一切积极因素，最大限度地降低现代国家治理的体制内耗，"有效避免了一党缺乏监督或者多党轮流坐庄、恶性竞争的弊端"[41]，使得充分汇聚国家治理的整体合力具备现实体制优势。

中国国家治理能力是一种复合型治理能力，不仅来源于执政党的领导能力与执政能力，也来源于参政党的协商能力与参政能力。由此，"新型政党制度构成了我国国家治理的政党治理结构，提升政党主体的治理能力，必须以政党制度为依托实现执政党与参政党能力建设的协同推进"[42]。新型政党制度通过有序化、制度化的政治参与，凝聚各个党派对于国家治理现代化的支持力量。对于各民主党派而言，某一党派不是"一根头发"而是"一把头发"，其背后有广泛的群众基础和社会基础，他们代表的社会阶层和群体广泛分布在经济、教育、文化、科技等各领域，是国家治理不可或缺的重要参与力量。新型政党制度通过制度化、程序化、规范化安排支持各民主党派、无党派人士紧紧围绕国家中心工作，积极参政议政、建言献策，集中各种意见和建议、推动决策科学化民主化。据统计，"党的十八大以来，各民主党派中央、无党派人士就事关国计民生的重大问题，提出书面意见建议730余件，许多转化为国家重大决策。关于民主监督，自2016年起，各民主党派共有3.6万余人次参与脱贫攻坚民主监督工作，向对口省区各级党委和政府提出意见建议2400余条，向中共中央、国务院报送各类报告80余份"[43]。广泛、有序、制度化的多党合作和政治协商推动形成国家治理的总体合力，为国家建设与发展发挥了不可忽视的重要作用。

（四）提升国家治理的整体效能

在西方，政党为了追求短期见效的目标，往往迎合民众的短期利益和局部利益，甚至出台哗众取宠的政策以获得立竿见影的政策效果，而对于国家的长期发展规划不再关心，这种只关注局部和部分的政党体制容易形成短视政策和短视政治，政党之间经常出现相互攻讦和彼此否决的现象，很难真正提升国家治理的整体效能。近年来，西方一些国家的政党渐渐从相互制衡走向相互攻讦，多个党派之间相互倾轧、相互否决、恶性竞争，国家治理内耗严重，政党政治运行危机重重。在中国，"政党不仅具有代表功能，更重要的是具有治理功能，可以实现利益表达和利益聚合，主导政策制定和政策执行；政党在国家治理中居于中心地位，发挥核心作用，整个国家治理体系以政党为中轴而建构，整个国家治理过程由政党主导而展开"[44]。如果将西方政党界定为一种整合和表达社会群体利益的机制的话，中国共产党的重要功能更多地体现在长期领导国家建设和民族复兴，推动经济社会持续健康发展，为实现民众福祉而接续奋斗。各民主党派自觉秉持合作初心，紧密团结在中国共产党的周围，为实现国家、民族和人民的长远利益、根本利益而不懈奋斗。与西方政党搞对立对抗、相互拆台的"拳击赛""擂台赛"不同，中国的政党搞的是齐心协力、和衷共济的"接力赛""大合唱"，"有效地规避了不同政党之间的恶性政治竞争，防止制度性、结构性的制度效能内耗，从而保证国家政治稳定和现代化发展道路的一贯性"[45]，团结各方力量共同服务于国家发展的战略目标，为人民创造更多福祉。

作为在中国共产党领导下参与国家治理的参政党，各民主党派具有突出的人才资源优势和智力资源优势。"民主党派作为中国的知识分子政党，知识密集，智力资源丰富，同时民主党派和工商联又与海外有广泛的联系，能够吸引大量海外资本投入中国现代化建设，也就是说，民主党派有助于解决中国现代化建设中的资本和人才问题。"[46]作为新型政党制度的主要载体和国家治理体系重要组成部分的人民政协，具有强大的统战功能，通过设立委员开放日、邀请群众参与相关议题讨论、组织开展专题调研协商等形式，畅通制度化表达渠道，引导广大人民群众有序参与政治，很好地处理了多数人的意见和少数人的意见的关系，拓展了社会主义民主的广度与深度，实现了公民有序政治参与，有助于提升国家治理的整体效能。近年来，我国新型政党制度的制度优势与国家治理效能不断显现，各民主党派在大气污染防治、脱贫攻坚、疫情防控、防范金融风险等领域积极建言献策，标注了多党合作和政治协商制度效能的新高度。随着我国新型政党制度的进一步完善与发展，这一制度必将在国家治理现代化征程中释放出越来越显著的治理效能。

四 为世界政党政治和政治文明发展贡献中国智慧

世界上不存在一项放之四海而皆准的政治制度，"只有扎根本国土壤、汲取充沛养分的制度，才最可靠、也最管用"[47]。中国共产党不仅是为中国人民谋幸福、为中华民族谋复兴的党，也是为世界谋和平、为人类事业谋发展的先进政党，正因为新型政党制度深深植根于中国土壤、汲取中华优秀传统文化，它才能够绽放出不同于西方资本主义政党制度的独特文明之花，也才能有信心、有能力为世界政党政治发展贡献中国智慧、提供中国方案。中国新型政党制度在理论和实践上取得的卓著成效和经验认识为世界政党治理提供了中国样板、树立了中国典范，是对西方政党制度和政党治理模式的一种超越，也是为人类政党政治文明作出的突出贡献。

（一）拓宽了政党制度新范式

历史发展及其内在规律表明，一个政党制度是否科学完善，并不在于形式上有多么完美，而是取决于它是否符合一国国情，能否代表大多数人的根本利益，能否提出有效反映社会各阶级集体理性的政党纲领和行动方案，进而服务于人民的切身利益和国家的长远利益。西方政党制度发挥过一定的历史进步作用，但它是建立在资本主义私有制基础之上的，归根结底是垄断资本家之间的经济竞争关系在政治制度上的反映。正如资本主义经济具有难以克服的周期性经济危机一样，西方政党制度也存在固有的内在的结构性弊端，而不可避免地使它的运行陷入重重困局。比如，近些年西方政党政治运行陷入重重困局，否决性政治、代表性危机、极化政治等频频出现。美国政治学家施密特在《政党今非昔比》的一篇文章中说道："政党仅仅只是消极地将多种个人意愿集合起来，而不是'积极地'塑造一个更高的公共目标。毫无疑问，这帮助了其中一部分的政党摆脱了阶级或者区域性的'贫民窟'，赢得了大众选举，但却是以丧失政党功能为代价的。"[48]表面上看似设计精巧的，体现竞争、制衡原则的西方政党制度，实际上是以金钱政治、牺牲效率、弱化政党功能等等为代价的，有时甚至会造成严重的社会动乱和政局动荡。

中国共产党在充分吸收马克思主义政党学说丰富养分、反思和批判西方政党理论的基础上，经过艰难探索，提出了多党合作和政治协商的一系列理论主张，走出了一条不同于西方政党理论逻辑的发展道路，并将其上升为一种制度形态——中国新型政党制度，其主要含义是"共产党领导、多党派合作，共产党执政、多党派参政"[49]。新型政党制度是中国人民在争取民主、反对国民党独裁统治中作出的正确选择，它既是中国共产党、中国人民和各民主党派、无党派人士的共同奋斗获得的伟大成果，也是中国近现代政治发展的必然产物。新型政党制度在它的形成和确立过程中，既成功克服了右倾机会主义，又成功克服了"左"倾关门主义；既没有简单移植西方政党理论范式，也没有落入传统社会主义国家政党政治的旧有模式，它是马克思主义政党学说与中国革命、建设与改革具体实践相结合的一个伟大政治创造。新型政党制度既不同于欧美资本主义政党制度，也不同于苏联和东欧国家社会主义政党制度以及第三世界国家政党制度。它实现了更高水平的民主，完成了更高标准的治理，巩固了更稳定的政治秩序，超越了旧式政党制度的弊端，拓展了各国实现民主的途径，拓宽了世界各国政党制度新范式，成为一种完全不同于西方竞争型政党制度的新的政党制度类型。

（二）创新了政党协商新样式

西方政党依赖于其早发内生性的政治制度框架，形成了一种基于结构理性主义的政治反对理论，这一理论认为："结构性的反对机制是维持政治体系的有效运作所必需的。它认为，同体不能实现有效监督，有效监督必须建立在异体性的结构之上，民主政治必须要有结构上的替代性力量。"[50]这就在理论上支撑了反对党的合理性，为多党竞争、轮流执政提供了理论支持，反对党通行的原则就是反对执政党的一切事情，为反对而反对，致使原本是民主的必要条件的制衡与监督"变成了相互间的攻讦与掣肘，流变为政党间互相攻击、互相拆台的工具"[51]。新型政党制度创造了一种新的团结协商的合作性政党关系，超越了西方对立对抗的竞争性政党关系。在长期革命、建设与改革实践中，中国共产党与各民主党派形成了合作协商型的政党关系，也形成了以多党合作、政治协商为核心的合作协商型政党体制，从政党制度类型上根本区别于西方社会的"否决性"政党体制。

在中西政党对比视域下，如果将西方政党归类为竞争型政党，那么中国共产党则可视为合作协商型政党；如果将西方政党归类为选举型政党，中国共产党则可视为使命型政党。"中国共产党作为执政党，处于领导地位和执政地位，善于听取意见，乐于接受监督，勇于接受批评。"[52] 中国共产党视各民主党派为参政党而非所谓的在野党或者反对党，是与中国共产党肝胆相照、通力合作的亲密友党，是中国共产党的好参谋、好帮手、好同事，各民主党派积极参与国家政权建设和国家大政方针制定，在促进国家政策、法律法规的制定实施等方面发挥着重要作用。"参政党"这一中国特色政党概念的提出，打破了西方政党政治中的要么选举获胜成为执政党，要么败选沦为在野党或反对党"非此即彼"的思维逻辑，既避免一党专政独裁、缺乏监督，又避免多党轮流坐庄、恶性竞争。新型政党制度确立了一种新的政党监督模式，超越了西方政党的异体监督理论。在中国政党制度中，一方面，中国共产党和各民主党派是进行政治协商、相互监督的关系，中国共产党自觉接受各民主党派、无党派人士的民主监督；另一方面，中国共产党作为始终代表人民利益的先锋队组织，既是权力监督的关键对象，又是权力监督的建构主体，构建起了中国共产党统一指挥、全面覆盖、权威高效的监督体系，把党内监督同各方面监督贯通起来，增强监督合力，其中，党内监督占据主导地位。我们党可以而且已经通过刀刃向内的自我革命探索出了一条长期执政条件下解决自身问题、跳出"历史周期率"的成功道路。

（三）开辟了政党治理新模式

在政党政治时代，任何一个政党想要巩固执政地位、推行执政纲领、实现执政使命，都存在政党内部治理的共性命题。从政党比较的角度来看，政党治理逻辑一般取决于政党制度逻辑，政党制度逻辑又是政党理论的自然衍生和运行形态。政党起源、政党制度及其历史文化基因存在的根本差异，决定了政党在国家政治生活中所处的地位、扮演的角色及其发挥的功能作用。不同政党制度下政党治理也具有不同的治理逻辑与治理成效，"在竞争性和非竞争性政党体制下，世界政党治理呈现不同样态"[53]。

从近年来西方资本主义国家政党治理的实际情势来看，传统意义上仅以选举和是否获得权力作为衡量政党成败标准的制度模式在西方政党治理中显得捉襟见肘，它导致政党的使命感丧失，政党的传统功能被严重矮化。"在西方国家，政党为赢得选举而不惜突破任何政治道德底线，朝野在政坛上围绕权力利益而频频互撕恶斗，反而忽视了政党应具备的领导力的提升和治理能力的锤炼，这在法国、英国、澳大利亚、美国等国政坛表现得相当明显。"[54] 政党日益沦为党派领袖发泄私人恩怨和少数既得利益阶层谋取利益的政治工具，政党竞选中各派系之间的相互倾轧、恶性竞争加剧了政党治理的严重内耗和低效失灵，使政党衰朽在西方国家成为一种普遍趋势。有研究者借助欧洲政治研究联合会（ECPR）的平台开展了三次大规模党员情况调查发现，整个西方国家的政党都面临党员锐减的危机，有的国家甚至在较短时间内出现几百万人脱离政党的现象[55]。美国当代政治学家拉里·戴蒙德（Larry Diamond）等学者在《政党与民主》一书中也指出："在许多民主国家中，无论是在发达国家还是在欠发达国家，不断增加的证据表明，政党中成员数量正在不断减少，政党和其他联盟的辅助组织的关系在衰减甚或崩溃；政党作为社会特别群体的代表的连续性也在减弱；公众舆论对于政党的承诺和信任也日趋虚弱。"[56]

世界政党史表明，政党政治在西方的运行逻辑是先有现代民族国家和民主政治框架后有政党运作，先有议会选举后有政党竞争，政党是在现存国家的制度架构内孕育诞生和运作活动的。这一政党体制差异决定了中西方截然不同的政党治理逻辑：西方政党治理实践主要依赖于政党主体对面存在的合法反对力量，对政党运作进行权力制衡与外部监督；中国特色政党治理更多地依赖于政党作为肩负伟大历史使命的政治主体自身所具有的高度自觉、主体理性与自我觉解，主要通过"自我革命"来实现政党善治。正是在此意义上，习近平强调，自我革命是中国共产党"最鲜明的品格"、"最大的优势"、"区别于其他政党最显著的标志，也是我们党不断从胜利走向新的胜利的关键所在"[57]。

中国共产党在政党治理中注重党的"自我革命"，同时并不排斥民主党派的外在监督所具有的重要治理功能。邓小平指出："共产党总是从一个角度看问题，民主党派就可以从另一个角度看问题，出主意。这样反映的问题更多，处理问题会更全面，对下决心会更有利，制定的方针政策会比较恰当，即使发生了问题也比较容易纠正。"[58]江泽民也指出："我们党是执政党，必须自觉倾听人民群众和民主党派的意见，自觉接受人民群众和民主党派的监督，始终保持清醒的头脑，始终兢兢业业工作而不致懈怠。没有监督，就难以有效防止腐败。"[59]民主党派的民主监督有利于中国共产党内的问题得以早预防、早发现、早纠正，确保新型政党制度持续释放理想制度功能。中国共产党通过颁布一系列关于政治协商、民主监督和参政议政的法规制度文件将这一有益经验用制度形式固定下来，形成长效监督机制和制约机制，构成了中国特色政党治理的鲜明特色与独特优势。100 多年来，中国共产党通过良好的政党治理成功应对了一次次风险考验，化解了一次次治理危机，一次又一次地转败为胜、化危为机。尤其是党的十八大以来，经过了全方面革命性锻造和重塑性治理，中国共产党焕发出了旺盛生命力和强大凝聚力战斗力，为党和国家事业取得历史性成就、发生历史性变革提供了强大政治保障和政治引领作用。

（四）形成了政党政治新形态

经典的政治科学理论认为，政党是一种连接政府与社会公众的中介组织，其功能的发挥显然是以近代民族国家的建立、较为成熟的选举制度和议会制度作为其基本背景与先决条件的。政党在西方发达国家是一个社会性要素，因而政党必然是社会中心论逻辑前提下生成的一个概念，其更多的是扮演一种"选举工具"的角色，在西方政治体制中只起到辅助性的作用，政党是作为一个"部分"而存在的，对于国家政权系统而言是一种政治参与的调节器。新型政党制度是在完全不同于旧式政党制度的历史逻辑与理论基础中产生的，它是中国多党合作实践与马克思主义政党理论相结合的产物，马克思列宁主义关于统一战线、人民民主和政党及政党关系的理论，奠定了新型政党制度的理论根基。

与西方政党理论不同，马克思主义政党理论认为政党是阶级斗争发展到一定阶段的产物，无产阶级政党是无产阶级的先锋队组织和无产阶级组织的最高形式，具有阶级性、先进性和斗争性等鲜明特点，无产阶级政党在解放自身的伟大事业中要有可靠的同盟军，尽可能地争取联合其他可能联合的阶级、阶层和党派，建立起广泛的革命统一战线。中国共产党与各民主党派的产生既不同于西方政党政治逻辑，也不同于民国初期的政党政治逻辑。近代中国，救亡图存的革命任务、现代化建设的时代重任、民族复兴的历史使命，都需要一个发挥核心领导作用的政党组织，并取得与其他可能联合的党派的团结与合作。在马克思主义政党理论指导下成长起来的中国共产党是一种新型政党，它"在功能上倾向'利益整合'而非'利益纷争'，在政党关系上则实现了从政党恶斗向团结合作的深刻变革，在效果上实现了从少数人的民主到全体人民的民主、从选举才有的'周期性民主'到国家治理'全过程人民民主'变革"[60]。这种政党与西方政党理论叙事中的"政党"具有显著差异，与西方政党理论中的"部分"不同，是合力实现国家和民族"整体"利益的领导核心，马克思主义政党理论及中国政党制度形态实现了对西方政党理论的扬弃和超越。

不同的民族文化和政治文明塑造不同的制度品质。新型政党制度不是"飞来峰""舶来品"，其鲜明特色不仅体现在它是马克思主义政党理论与中国具体实际相结合的制度产物，还体现在它是内生于中国土壤的制度形态，是从中国大地上生长出来的一种政党制度。新型政党制度深深植根于五千年中华悠久文明和优秀传统文化，汲取中国传统"和合"文化的精神和思想观念，彰显了鲜明的文化内生性与文明延续性。中华民族特有的文化传统和文明基因，使新型政党制度在制度建构和制度运行层面均体现着中国传统价值观和中国智慧，使这一制度体现出鲜明的民族特质和独到的优势，"共产党领导、多党派合作，共产党执政、多党派参政"[61]，执政的共产党和参政的各民主党派和而不同、和谐共处，合作共事、共存共荣，心往一处想、智往一处谋、劲往一处使，这是新型政党制度之所以独特的文明因素，也是"和合"文化在中国政治制度的现实运动中所展现出的独特魅力和时代光芒。

新型政党制度在中国的成功实践，证明了习近平的论断："实现民主的形式是丰富多样的，不能拘泥于刻板的模式，更不能说只有一种放之四海而皆准的评判标准。"[62]正所谓，"本土的民主常常是最好的民主形式"[63]，新型政党制度扎根中国大地、蓬勃生长，走出了中国政治文明独特的发展大道，为人类的政党政治和政治文明提供了一种全新选择。当然，强调新型政党制度的中国特色，并不意味着一概排斥一切外来的政治制度文明和有益成果。新型政党制度既符合中华民族一贯倡导的天下为公、兼容并蓄、求同存异等优秀传统文化，也同样顺应"和平、发展、公平、正义、民主、自由"等人类共同价值，开辟了人类政党政治文明新形态。在政治制度建设上，中国积极借鉴吸收人类政治文明的有益成果，但绝不照搬照抄，尊重世界其他国家选择的符合本国国情的政党制度，本着彼此平等、相互尊重的原则，积极倡导文明交流互鉴，促进世界民主政治发展，推动构建人类命运共同体。在这个意义上说，新型政党制度不仅是中国的，也是世界的，这一制度"成功催生了世界政党政治文明新形态和政党制度新类型，新型政党制度具有世界意义"[64]，它是为世界各国探索更好制度提供的良好制度典范，是中国人民为世界政党政治文明发展作出的重要贡献。

（执笔：柳宝军）

第五章　民主集中高效协同的国家治理体系

　　党的十八大以来，以习近平同志为核心的党中央深刻把握国家发展要求和时代潮流，旗帜鲜明地提出了"推进国家治理体系和治理能力现代化"这一重大命题，就国家治理应该坚持和巩固什么、完善和发展什么，作出了一系列科学论述，构成了习近平新时代中国特色社会主义思想的重要组成部分。在全球治理改革浪潮中，中国共产党开辟了举世瞩目的"中国之治"，走出了一条推进国家治理体系和治理能力现代化的中国道路。中国国家治理体系具有坚持党的集中统一领导等十三个方面的显著优势，在国家治理运行过程中展现出民主集中、高效协同、改革创新等主要特征，深刻揭示了中国共产党为什么能的制度奥秘。深化党和国家机构改革是推进国家治理现代化的重要行动，对党和国家组织结构和管理体制进行了系统性、整体性重构，实现了国家治理体系组织变革重塑。中国国家治理体系的显著优势和运行绩效全面塑造了中国政治文明新形态，探索形成整体性治理的中国方案，推动党的领导更加坚强有力、服务型政府治理效能显著提升、群团组织和社会组织活力日益增强、党政军群企各类主体形成治国理政强大合力，为全面建设社会主义现代化强国和实现中华民族伟大复兴提供了系统完备的体制机制保障。

一 国家治理体系现代化的中国道路

（一）准确把握国家治理体系现代化的理论内涵

2013 年 11 月，党的十八届三中全会通过的《中共中央关于全面深化改革若干重大问题的决定》提出："全面深化改革的总目标是完善和发展中国特色社会主义制度，推进国家治理体系和治理能力现代化。"[1]这是"国家治理"概念首次在中央文件中出现，引起国内外广泛关注。习近平在 2014 年 2 月中央党校省部级主要领导干部学习贯彻十八届三中全会精神全面深化改革专题研讨班开班式上，深刻阐述了国家治理体系和治理能力现代化的基本内涵。

习近平明确指出，国家治理体系和治理能力是一个国家制度和制度执行能力的集中体现。国家治理体系是在党领导下管理国家的制度体系，包括经济、政治、文化、社会、生态文明和党的建设等各领域体制机制、法律法规安排，也就是一整套紧密相连、相互协调的国家制度。国家治理能力则是运用国家制度管理社会各方面事务的能力，包括改革发展稳定、内政外交国防、治党治国治军等各个方面。国家治理体系和治理能力是一个有机整体，相辅相成，有了好的国家治理体系才能提高治理能力，提高国家治理能力才能充分发挥国家治理体系的效能[2]。

党的十八届三中全会以来，中国共产党对国家治理体系和治理能力现代化的理论和实践探索不断深化。例如，党的十八届三中全会把"完善和发展中国特色社会主义制度，推进国家治理体系和治理能力现代化"作为全面深化改革的总目标。党的十九大报告明确指出，决胜全面建成小康社会，开启全面建设社会主义现代化国家新征程，分成两个阶段。第一个阶段，从 2020 年到 2035 年，基本实现社会主义现代化，国家治理体系和治理能力现代化基本实现；第二个阶段，从 2035 年到本世纪中叶，在基本实现现代化的基础上，把我国建成富强民主文明和谐美丽的社会主义现代化强国，实现国家治理体系和治理能力现代化[3]。

党的十九届四中全会审议通过了《中共中央关于坚持和完善中国特色社会主义制度、推进国家治理体系和治理能力现代化若干重大问题的决定》（以下简称《决定》）。这意味着"国家治理体系和治理能力现代化"本身已经超越了全面深化改革范畴，成为一项独立的重大政治议题。此外，十九届四中全会指出："坚持和完善中国特色社会主义制度、推进国家治理体系和治理能力现代化，是全党的一项重大战略任务。"[4] 基于此，国家治理现代化从全面深化改革总目标，升格为全党从现在起到 2050 年的一项重大战略任务。因此，将国家治理现代化视作继工业、农业、国防、科技现代化之后的第五个现代化，毫不为过。这是中国共产党在制度建设理论和实践层面的重大突破，将为中华民族走向伟大复兴提供坚实的制度基础。

（二）中国国家治理体系的形成与发展完善

建立什么样的国家制度，是近代以来中国人民面临的一个历史性课题。1911 年辛亥革命以来，无数仁人志士为了改变国家和民族的前途命运，尝试了君主立宪制、议会制、多党制、总统制等各种制度模式，但都以失败而告终。

　　100 多年来，中国共产党带领人民打碎了旧世界，建立了新中国，不断探索实践、不断改革创新，形成了具有强大生命力和巨大优越性的国家制度和国家治理体系，开辟了举世瞩目的"中国之治"。中国特色社会主义制度和国家治理体系是中国共产党团结带领人民在百年奋斗历程中不断探索实践、不断改革创新，历经千辛万苦建立起来的，是人类制度文明史上的伟大创造。

　　新民主主义革命时期，中国共产党在根据地创建人民政权，开启了治国理政的实践探索，为新中国建立人民当家作主的国家制度和治理体系积累了宝贵经验。

　　1933 年，在江西瑞金沙坪坝，时任中华苏维埃共和国临时中央政府主席的毛泽东，带领当地群众挖了一口 5 米深的水井，解决了老百姓的饮水困难，人们把这口井亲切地称为"红井"。至今这口"红井"前依然伫立着两块标语，"吃水不忘挖井人，时刻想念毛主席"。1931 年成立的中华苏维埃共和国，是中国共产党重要的治国理政试验田，被誉为"共和国的摇篮"。

　　"金豆豆，银豆豆，豆豆不能随便投，选好人，办好事，投在好人碗里头。""黄豆豆，豆豆圆，咱村选举村议员……一颗黄豆搁在碗……俺活 70 头一遍。""金豆豆呀银豆豆，比不上咱的土豆豆。一颗选票一颗豆，小心投在碗里头。"[5]20 世纪 40 年代流传于延安地区的民谣，生动再现了我们党领导陕甘宁边区人民在艰苦环境下运用"豆选法"进行民主选举的场景。村民如果同意谁当村长、乡长，就把豆子放在谁身背后的碗里，得豆最多的人当选。

　　为什么要用豆子来作选票？这是因为当时民众识字率低，填不了选票。在陕甘宁边区和广大根据地，老百姓以手中的豆子来行使选举权。人民当家作主的制度体系，从根据地的一颗黄豆开始，生根发芽、开花结果。

社会主义革命和建设时期，中国共产党制定了"五四宪法"，确定了国体、政体、国家结构形式，建立了国家政权组织体系，成功实现了中国历史上最深刻最伟大的社会变革。

1948 年下半年至 1949 年春天，1000 多位聚集在香港的民主人士响应中共中央的号召，在党组织的周密安排下，突破军警特务重重围堵，分批抵达解放区，协商召开新政协会议，筹建中央人民政府，共同迎接一个崭新的中国。民主人士费孝通参加北平市各界代表会议，看到"穿制服的，穿工装的，穿短衫的，穿旗袍的，穿西服的，穿长袍的，还有戴瓜皮帽的"坐在一起共同讨论国是。他感叹道："试问英美哪一个议会能从普选中达到这样高度的代表性呢？"[6]

中国人民政治协商会议第一届全体会议通过了《共同纲领》，确立了新中国的国体、政体，奠定了新中国国家制度的基础。

改革开放和社会主义现代化建设时期，中国共产党开辟了中国特色社会主义道路，积极推进经济、政治、行政体制等领域改革，不断完善中国特色社会主义制度和国家治理体系，使当代中国焕发出前所未有的活力。

1978 年，党的十一届三中全会提出要把全党的工作重心转移到经济建设上来，拉开了改革开放的大幕。但是，改革开放究竟怎么改呢？大部分人是一头雾水。因为这件事"马克思没有讲过，我们的前人没有做过，其他社会主义国家也没有干过，所以，没有现成的经验可学"[7]。改革开放的总设计师邓小平提出了要"摸着石头过河"。1982 年，家庭联产承包责任制在南方几个省份试点成效显著。时任河北正定县委副书记的习近平发现，"农业学大寨"的先进县正定，农民干活却没有什么积极性。《习近平在正定》采访实录记载，时任正定县县长程宝怀根据习近平的意见，选择一个离县城远、经济比较落后的里双店公社搞"大包干"试点。这个试点开了河北全省"大包干"的先河，只用了一年时间，就实现了公社农业产值和社员人均收入双提升，奠定了正定经济起飞的基础。[8]

中国特色社会主义进入新时代，以习近平同志为核心的党中央统筹推进"五位一体"总体布局、"四个全面"战略布局，明确提出坚持和完善中国特色社会主义制度、推进国家治理体系和治理能力现代化这一重大战略任务，国家治理现代化水平明显提高，为党和国家事业发生历史性变革、取得历史性成就提供了有力保障。党的十九届四中全会明确要求，到 2035 年，各方面制度更加完善，基本实现国家治理体系和治理能力现代化；到新中国成立 100 年时，全面实现国家治理体系和治理能力现代化，使中国特色社会主义制度更加巩固、优越性充分展现[9]。

生活在新时代的中国人，很难想象百年来国家经历了怎样的沧桑巨变。1949 年，中国人的人均预期寿命只有 35 岁；到了 2019 年，人均预期寿命是 77.3 岁[10]。新中国成立之初，全国人均铁路长度不足 5 厘米，没有一根香烟长；人均公路长度不到 20 厘米，还没普通人一只脚长[11]。2019 年，中国高铁、高速公路运营里程均居世界第一[12]。联合国开发计划署编制的人类发展指数（HDI）显示，中国在 1950 年处于全世界"极低人类发展水平"[13]，2015 年已经迈入了高人类发展水平国家行列[14]。今天的中国是世界第二大经济体、制造业第一大国、货物贸易第一大国，外汇储备连续多年位居世界第一。

为什么中华民族能够实现从站起来到富起来再到强起来的伟大飞跃？为什么中国能够用短短几十年时间走过发达国家上百年才完成的

工业化、现代化进程？

答案很明确：国与国的竞争，归根结底是国家制度的竞争，制度优势是一个国家最根本的优势。中国特色社会主义制度和国家治理体系，是对人类制度文明史的伟大创造，中国国家制度的显著优势是我们开辟"中国之治"的制胜法宝。

（三）把制度优势更好转化为国家治理效能

党的十九届四中全会系统总结了我国国家制度和国家治理体系的显著优势，擘画了坚持和完善中国特色社会主义制度的新蓝图，开辟了马克思主义国家治理学说的新境界，探索了人类制度文明发展的新模式。

国家治理现代化的根本内涵就是制度现代化。对于中国特色社会主义的根本制度，必须毫不动摇地坚持；对于中国特色社会主义的基本制度，必须在继承中发展、在发展中创新；对于中国特色社会主义的重要制度，必须坚持改革创新，不断满足时代发展需要。这三个制度的提出，为我们理解和把握制度现代化应当坚持什么、改革什么，提供了新的视角。

结合习近平在庆祝改革开放 40 周年大会上的讲话，"该改的、能改的我们坚决改，不该改的、不能改的坚决不改"[15]，我们可以更加清晰地了解国家治理现代化的方向是什么，"既不走封闭僵化的老路，也不走改旗易帜的邪路"[16]。中国特色社会主义的根本制度要固根基，基本制度要扬优势，重要制度和具体制度要补短板、强弱项，唯有如此才能构建系统完备、科学规范、运行有效的制度体系，把制度优势转化为治理效能。

　　把制度优势更好转化为国家治理效能是推进国家治理体系和治理能力现代化的总体要求，也是党的十八大以来党和国家事业取得历史性成就、发生历史性变革的宝贵经验。

　　第一，把我国制度优势更好转化为国家治理效能，必须坚持党对一切工作的领导，把党的领导落实到国家治理各领域各方面各环节。

　　中国共产党的领导是中国特色社会主义最本质的特征，是中国特色社会主义制度的最大优势。我国国家制度和国家治理体系 13 个方面显著优势的第一条就是"坚持党的集中统一领导，坚持党的科学理论，保持政治稳定，确保国家始终沿着社会主义方向前进的显著优势"[17]。把我国制度优势更好转化为国家治理效能，核心机制在于坚定维护党中央权威和集中统一领导。建党百年来的实践证明，坚定维护党中央权威和集中统一领导做得好，党的事业就兴旺发达；坚定维护党中央权威和集中统一领导做得不到位，党的事业就必然经历曲折。放眼世界，"中国之治"与"西方之乱"形成鲜明对比，根本原因就在于中国共产党团结带领全国各族人民成功开辟了波澜壮阔的中国特色社会主义道路。推进国家治理现代化，必须自觉在思想上政治上行动上同以习近平同志为核心的党中央保持高度一致，坚决把维护习近平总书记党中央的核心、全党的核心地位落到实处。

　　在推进国家治理体系和治理能力现代化过程中，要健全党总揽全局、协调各方制度体系，确保党在各类组织中发挥领导作用。持续完善党和国家机构职能体系，把党的领导贯彻到党和国家所有机构履行职责全过程，推动各类治理主体协同行动、增强合力。坚持民主集中制，改进党的领导方式和执政方式，做到总揽全局而非包揽一切、协调各方但不替代各方，不断提高党科学执政、民主执政、依法执政水平。

第二，把我国制度优势更好转化为国家治理效能，必须坚持改革创新，构建系统完备、科学规范、运行有效的制度体系。

改革创新是新时代中国国家治理最鲜明的特征。"坚持改革创新、与时俱进，善于自我完善、自我发展，使社会始终充满生机活力"[18]是我国国家制度和国家治理体系的显著优势之一。改革开放以来，中国特色社会主义制度、国家治理体系和治理能力现代化都是改革创新的产物。我们要坚持解放思想、实事求是，既保持国家制度和国家治理体系的延续性、稳定性，也要在继承中创新、在创新中发展，推动中国特色社会主义制度更加成熟定型。

着力固根基、扬优势、补短板、强弱项。我国国家制度和国家治理体系总体上是好的，但也存在一些薄弱环节，亟待补短板、强弱项。要在固根基、扬优势的前提下，坚持问题导向，破除一切不合时宜的思想观念和体制机制弊端，吸收人类制度文明的一切有益成果，抓紧制定国家治理体系和治理能力现代化急需的制度、满足人民对美好生活新期待必备的制度，推动国家治理体系不断完善和发展。

构建系统完备、科学规范、运行有效的制度体系。坚持和完善支撑中国特色社会主义制度的根本制度、基本制度、重要制度是构建制度体系的根本任务。在根本制度方面，要坚持和完善党和国家事业中具有全局性、根本性的制度，如党的全面领导制度、人民代表大会制度、马克思主义在意识形态领域指导地位的制度等。在基本制度方面，要坚持和完善对国家经济社会发展等发挥重大影响的制度，如三大基本经济制度、中国共产党领导的多党合作和政治协商制度、民族区域自治制度、基层群众自治制度等。在重要制度方面，要坚持和完善国家治理各领域的具体的主体性制度，如我国政治体制、经济体制、文化体制、社会体制、生态文明体制等。要加强根本制度、基本制度和重要制度之间的衔接联动，实现纵向贯通、横向协同、顺畅高效，全面提高国家治理能力和治理水平。

第三，把我国制度优势更好转化为国家治理效能，必须健全权威高效的制度执行机制，强化制度执行力。

制度的生命力在于执行。把我国制度优势更好转化为国家治理效能，各级党委、政府以及各级领导干部要切实强化制度意识，带头维护制度权威，做制度执行的表率，带动全党全社会自觉尊崇制度、严格执行制度、坚决维护制度。党的十九届四中全会《决定》在党的全会文献中首次提出"健全权威高效的制度执行机制，加强对制度执行的监督，坚决杜绝做选择、搞变通、打折扣的现象"[19]，将"制度执行力"作为干部选拔任用、考核评价的重要依据。其中，健全权威高效的制度执行机制是发挥制度作用、彰显制度优势、形成治理效能的关键所在。

明确制度执行的主体责任。坚持和完善中国特色社会主义制度、推进国家治理体系和治理能力现代化，是全党的一项重大战略任务。各地区、各部门党委（党组）要加强对制度执行的领导，确保上下贯通、执行有力。明确各级党委、人大、政府、政协、监察机关、审判机关、检察机关、武装力量、人民团体、企事业单位、基层群众自治组织、社会组织等在各领域制度执行过程中的主要职责，实现责任主体各司其职、各负其责、有序协同。此外，还要明确制度执行主管部门的职责权限，加强对地区、部门、单位制度执行落实情况的监督检查，确保制度执行抓铁有痕、踏石留印。

强化制度执行的监督评价问责。构建多层次全覆盖的制度执行监督评价问责体系，建立目标设定、执行监控、进展反馈和成效评估于一体的闭环系统。充分发挥党内监督、人大监督、民主监督、社会监督等多种监督方式作用，增强监督合力、提升监督实效。围绕党中央关于制度建设决策部署的贯彻落实情况，针对不同地区和领域特点实行差异化考核评价。健全激励约束机制，将制度执行情况作为对单位和国家公职人员奖惩问责的重要依据，激励广大干部担当作为。

第四，把我国制度优势更好转化为国家治理效能，必须坚持正确路径和方法，形成国家治理现代化总体效应。

我国国家治理体系和治理能力是中国特色社会主义制度及其执行能力的集中体现，是把我国制度优势更好转化为国家治理效能的基本依托。国家治理体系是一个复杂巨大的系统，包括组织领导体系、政策法规体系、力量构成体系、资源要素体系等，国家治理能力包括改革发展稳定、内政国防外交、治党治国治军等各方面治理能力。将制度优势转化为治理效能，必须坚持正确路径和方法，增强国家治理的系统性、整体性、协同性，有效调动各方面积极性，推动国家治理形成总体效应、取得总体效果。

加强系统治理、依法治理、综合治理、源头治理。这"四个治理"是国家治理体系和治理能力现代化的总体要求，是对新时代国家治理方式的全方位提炼。系统治理强调加强各领域改革和治理实践的系统集成，防止政出多门、政策效应相互抵消。依法治理强调依法治国、依法执政、依法行政共同推进，运用法治思维和方式进行国家治理，保障社会公平正义和人民权利。综合治理强调政府治理与社会调节、居民自治良性互动，综合运用法律、道德等多种手段解决社会问题。源头治理强调完善城乡基层治理体系，推动社会治理服务重心向基层下移。

实现顶层设计与基层探索的有机结合、良性互动。习近平指出，"摸着石头过河和加强顶层设计是辩证统一的"[20]。顶层设计主要解决国家治理的系统性、关联性问题，宜粗不宜细，不搞"一刀切"。基层探索主要解决治理实践中的具体路径和方法问题，将目标原则与基层实际相结合，充分暴露问题进行压力测试。只有尊重基层和群众的首创精神，及时将地方成功经验在面上推广，才能形成上下协同联动的整体治理效应。

第五，把我国制度优势更好转化为国家治理效能，必须提高各级干部的治理能力，建设高素质专业化干部队伍。

提高治理能力是新时代干部队伍建设的重大任务，要通过加强思想淬炼、政治历练、实践锻炼、专业训练，推动广大干部严格按照制度履行职责、行使权力、开展工作，提高推进"五位一体"总体布局和"四个全面"战略布局等各项工作能力和水平。办好中国的事，关键在党，关键在人。坚持和完善中国特色社会主义制度、推进国家治理体系和治理能力现代化，归根结底要靠高素质专业化干部队伍贯彻执行，才能真正将制度优势转化为治理效能。

强化政治历练和专业培训。坚定领导干部的理想信念，通过重大政治考验磨砺忠诚干净担当品格，让干部在急难险重任务中锤炼治理能力。围绕党中央重大决策部署和攻坚克难重点任务，开展专业化治理能力专题培训，弥补各级干部的知识弱项、能力短板和经验盲区，培养政治强、懂专业、善治理的高素质专业化干部队伍。

树立正确用人导向。旗帜鲜明地将制度执行力和治理能力作为干部选拔任用的重要导向，进一步完善领导干部考核评价体系，把敢于担当、善作善成、实绩突出的干部及时大胆用起来，形成鲜明的正向激励效应。聚天下英才而用之。加快人才制度和政策体系创新，完善人才培养、评价、流动、激励机制建设，集聚爱国奉献的各方面优秀人才为推进国家治理体系和治理能力现代化贡献智慧和力量。

二　中国国家治理体系的鲜明特征和优势

党的十九届四中全会明确将中国国家制度和国家治理体系的显著优势总结为坚持党的集中统一领导，坚持党的科学理论，保持政治稳定，确保国家始终沿着社会主义方向前进的显著优势；坚持人民当家作主，发展人民民主，密切联系群众，紧紧依靠人民推动国家发展的显著优势；坚持全面依法治国，建设社会主义法治国家，切实保障社会公平正义和人民权利的显著优势；坚持全国一盘棋，调动各方面积极性，集中力量办大事的显著优势；坚持各民族一律平等，铸牢中华民族共同体意识，实现共同团结奋斗、共同繁荣发展的显著优势；坚持公有制为主体、多种所有制经济共同发展和按劳分配为主体、多种分配方式并存，把社会主义制度和市场经济有机结合起来，不断解放和发展社会生产力的显著优势；坚持共同的理想信念、价值理念、道德观念，弘扬中华优秀传统文化、革命文化、社会主义先进文化，促进全体人民在思想上精神上紧紧团结在一起的显著优势；坚持以人民为中心的发展思想，不断保障和改善民生、增进人民福祉，走共同富裕道路的显著优势；坚持改革创新、与时俱进，善于自我完善、自我发展，使社会充满生机活力的显著优势；坚持德才兼备、选贤任能，聚天下英才而用之，培养造就更多更优秀人才的显著优势；坚持党指挥枪，确保人民军队绝对忠诚于党和人民，有力保障国家主权、安全、发展利益的显著优势；坚持"一国两制"，保持香港、澳门长期繁荣稳定，促进祖国和平统一的显著优势；坚持独立自主和对外开放相统一，积极参与全球治理，为构建人类命运共同体不断作出贡献的显著优势等 13 个方面[21]。

这 13 个优势是中国共产党自成立以来，团结带领人民将马克思主义基本原理同中国具体实际相结合、同中华优秀传统文化相结合探索的宝贵经验，是我们坚定中国特色社会主义道路自信、理论自信、制度自信、文化自信的基本依据，也是理解中国共产党为什么能、马克思主义为什么行、中国特色社会主义为什么好的权威答案。

世界上没有放之四海而皆准的治理模式，各国都有自己的国家制度和治理体系。在人类政治文明的百花园里，中国共产党缔造的国家治理体系具有民主集中、高效协同和改革创新三大主要特征。

（一）民主集中：科学决策确保国家始终沿着正确方向前进

决策是国家治理的核心任务。决策成功是最大的成功，决策失误是最大的失误。中国共产党根据民主集中制原则科学决策，确保国家始终沿着正确方向前进。邓小平指出："民主集中制是社会主义制度的一个不可分的组成部分。"[22]

2018 年 12 月，习近平在中共中央政治局召开的民主生活会上发表重要讲话，深刻阐明了民主集中制的原理、功能和意义。他指出："民主集中制是我们党的根本组织原则和领导制度，是马克思主义政党区别于其他政党的重要标志。这项制度把充分发扬党内民主和正确实行集中有机结合起来，既可以最大限度激发全党创造活力，又可以统一全党思想和行动，有效防止和克服议而不决、决而不行的分散主义，是科学合理而又有效率的制度。"[23]

战略问题是一个政党、一个国家的根本性问题。重视战略决策是中国共产党治国理政的重要经验。从 1953 年至今，中国共产党领导编制了 14 个经济社会发展规划（计划）即"五年规划（计划）"，为国家发展掌舵引航，中国实现了从"一穷二白"到繁荣富强的伟大飞跃。

2020 年春天，在带领全国人民抗击新冠肺炎疫情的紧要时刻，党中央同时进行着一场事关民族复兴前途命运的战略谋划，"十四五"规划建议起草正式启动。孩童的学业，青年人的就业，中年人的事业，老年人的养老，这些人民群众的操心事与建设社会主义现代化国家的战略部署一起写入了"十四五"规划。

回答时代之问、坚持问计于民，是五年规划编制的重要特点。有学者曾将五年规划编制过程总结为五大环节，揭示了中国特色的科学决策模式。第一步，"屈群策"。坚持问题导向，主动收集国家发展所需和人民群众关心的重点难点问题。第二步，"集众思"。将来自方方面面的意见集中起来，整理形成政策方案。第三步，"广纳言"。广泛征求各民主党派、企业界、各地区各部门和专家学者的意见建议。第四步，"合议决"。坚持民主集中制原则，通过党的全会凝聚共识形成规划建议稿，再由国务院编制规划纲要，报请全国人大审议通过后付诸实践。第五步，"告四方"。将编制好的规划内容广而告之，调动亿万人民的积极性，把宏伟蓝图变为美好现实[24]。

新中国成立以来，我们连续编制实施 14 个"五年规划（计划）"。这充分说明：许多国家政党在打你死我活的拳击赛，而中国共产党在跑一棒接一棒的接力赛。"五年规划（计划）"高瞻远瞩、大智兴邦，彰显了中国共产党集思广益、民主集中的科学决策能力，让每一个中国人都能从中看到梦想和希望。

（二）高效协同：坚持全国一盘棋，集中力量办大事

与许多国家相比，中国拥有单一制国家的独特制度优势，那就是

全国一盘棋，集中力量办大事，能够以强大执行力高效协同完成各种原本不可能完成的艰巨任务。

2012~2020 年，8 年的时间，让 1 亿左右贫困人口实现脱贫，世界上恐怕再没有哪一个国家能在这么短的时间内做到。中国共产党带领亿万人民打赢了脱贫攻坚伟大决战，提前 10 年实现联合国《2030 年可持续发展议程》的减贫目标。自 2013 年，中国各级政府向贫困村选派第一书记和驻村工作队，到 2015 年，实现每个贫困村都有驻村工作队、每个贫困户都有帮扶责任人。据统计，截至 2020 年底，全国累计选派 25.5 万个驻村工作队、300 多万名第一书记和驻村干部，同近 200 万名乡镇干部和数百万村干部一道奋战在扶贫一线[25]。

在基础设施领域，今天中国堪称世界级的"超级工程"比比皆是，我们已经拥有世界最长的跨海大桥、最快的高速铁路、最大的集装箱港口。世界最高桥梁前 100 名中，有 83 座在中国，而在排名前 20 名的桥梁中，有 14 座集中在中国贵州省[26]。贵州，过去流传着"天无三日晴、地无三尺平、人无三分银"的说法，曾经是中国人均 GDP 最低的省份。今天脱贫攻坚让贵州撕掉了绝对贫困的标签，GDP 增速保持全国前列，实现了"一桥飞架南北、天堑变通途"的跨越式发展。

为什么中国能够高效协同？究其根本原因，是因为在党的集中统一领导下，各类国家治理主体是一个有机整体，能够发挥全国一盘棋、集中力量办大事的优势。各类组织既合理分工，又密切协作；既充分发扬民主，又有效进行集中，克服了议而不决、决而不行的问题，避免了相互掣肘、效率低下的弊端。

（三）改革创新：推动党和国家事业与时俱进、自我完善

改革创新是一个民族进步的灵魂，是一个国家兴旺发达的不竭动力，也是一个政党永葆生机的源泉。从建党到建立新中国，从社会主义建设到改革开放，中国共产党人超越了"洋教条"、打破了"土教条"，走出了把马克思主义基本原理与中国具体实际相结合的康庄大道。

1980 年，党和国家批准设立四个经济特区。邓小平同志明确指出："（中央）可以给些政策，你们自己去搞，杀出一条血路来。"[27] 40 多年来经济特区先行先试、大胆探索，发挥了制度创新"试验田"作用，为全国改革开放和现代化建设提供了可复制可推广的经验。

2018 年，习近平郑重宣布，支持海南省逐步探索、稳步推进中国特色自由贸易港建设。自由贸易港是当今世界最高水平的开放形态。建成之后，3.5 万平方公里的海南岛将成为全球最大自由贸易港，创造中国高水平对外开放的新奇迹。

2021 年，"跟党一起创业"的主题标语遍布深圳的大街小巷。"跟党一起创业"——这是深圳市探索党建引领企业创新创业提出的新理念。遵循这个理念，深圳基层党组织加强对企业的服务和引领，党建工作在高科技企业、产业园区开展得有声有色，成为创新创业的强大助推器。

有人可能觉得深圳的标语很新鲜，但其实最早讲述中国共产党创业故事的人是毛泽东。1948 年，毛泽东亲自写信给身处于国统区的中共一大代表、马克思主义理论家李达，信中说"吾兄系本公司发起人之一，现公司生意兴隆，望速前来参与经营"[28]，邀请李达北上

共谋建国大业。

为什么中国共产党能够100多年来不断改革创新，带领人民创造彪炳青史的不朽业绩？其实答案就藏在《中国共产党章程》里。党章总纲部分明确指出，全党必须"积极探索，大胆试验，开拓创新，创造性地开展工作，不断研究新情况，总结新经验，解决新问题"[29]。党的十九届六中全会系统总结了党的百年奋斗积累的十条宝贵历史经验，其中"坚持理论创新"和"坚持开拓创新"占了两条，"创新"可谓贯穿于党的百年奋斗历程的关键主题。

三　推进国家治理体系深刻变革与组织重塑

党和国家机构是国家治理体系的力量构成要素，是推进国家治理现代化的关键主体。党的十九届三中全会着眼于完善国家治理体系、提升国家治理能力，作出深化党和国家机构改革重大决策部署，对党和国家组织结构和管理体制进行了一次系统性、整体性重构，实现了国家治理体系的组织变革重塑。

根据党的十九届三中全会深化党和国家机构改革的决定，可以将中国国家治理组织体系概括为"4＋X"体系。一是总揽全局、协调各方的党的领导体系。中国共产党是中国国家治理的核心领导力量，要不断增强党的领导力。二是职责明确、依法行政的政府治理体系。政府是现代公共事务治理的重要主体，履行经济调节、市场监管、社会管理、公共服务、生态环境保护等职能，要不断提升政府执行力。三是中国特色、世界一流的武装力量体系。武装力量是国家强制力的根本保障，要增强人民军队战斗力。四是联系广泛、服务群众的群团工作体系。要通过体制机制改革，激发群团组织和社会组织活力，更好地发挥群团组织作为党和政府联系人民群众的桥梁和纽带作用。"X"是指在中国共产党统一领导下，人大、政府、政协、监察机关、审判机关、检察机关、人民团体、企事业单位、社会组织等各类组织共同构成的有机衔接、相互协调的协同治理体系。

习近平在深化党和国家机构改革总结会议上强调，"适应新时代要求的党和国家机构职能体系主体框架初步建立，为完善和发展中国特色社会主义制度、推进国家治理体系和治理能力现代化提供了有力组织保障"[30]。深化党和国家机构改革在推进国家治理组织体系变革方面实现了一系列重大成效。

（一）加强党的全面领导得到有效落实，维护党的集中统一领导的机构职能体系更加健全

本轮机构改革注重完善党对重大工作的领导体制机制，优化党中央决策议事协调机构。组建中央全面依法治国委员会、中央审计委员会，中央全面深化改革领导小组、中央网络安全和信息化领导小组、中央财经领导小组、中央外事工作领导小组改为委员会，新组建中央教育工作领导小组。原来存在的议事协调机构更名为决策议事协调机构，凸显委员会和领导小组的首要职能是服务重大决策，承担党和国家重大工作的顶层设计、总体布局任务。四个领导小组改为委员会意味着这些机构实现了由任务型组织向常规性组织的转变，在党和国家事业中的重要性和影响力进一步提升。

统筹设置党政机构，构建分工合理、责任明确、运转协调的党政机构职能体系。长期以来，党的组织、宣传、统战等职能部门与

政府序列机构存在机构重叠、职能重复、工作重合现象，导致相关事务工作流程较长、决策执行延宕。此次改革将承担干部管理、宣传和统战方面职能的国务院机构并入党中央职能部门，有效整合资源发挥综合效益。例如，由中央组织部统一管理公务员工作，并入国家公务员局职能，将有助于建立起健全统一规范高效的公务员管理体制。中央宣传部并入原国家新闻出版广电总局的新闻出版管理和电影管理职责，对外加挂相应牌子，将促进中国特色社会主义出版事业、电影事业繁荣发展。中央统战部并入原国家宗教事务局和原国务院侨务办公室职责，实现对宗教工作、侨务工作的统一管理。值得注意的是，改革中有一些承担审批、监管和执法等行政管理职能的行政机关并入党的职能部门，采取了加挂牌子的方式保证党的机构作出的相关行政行为具备合法性。机构改革后，中央组织部统一管理公务员工作，中央宣传部统一管理新闻出版和电影工作，中央统战部统一管理宗教工作和侨务工作。更好地发挥党的职能部门归口协调作用，机构改革后形成了大组织、大宣传、大统战的归口管理格局。中央组织部统一管理中央编办，中央统战部统一领导国家民委，整合组建中央和国家机关工委，中央宣传部归口领导中央广播电视总台。

（二）确保党和国家机构履职更加顺畅高效，推动各类机构设置和职能配置更加适应改革需要

根据"一类事项原则上由一个部门统筹、一件事情原则上由一个部门负责"[31]的思路，通过梳理各部门事权类型和特点，整合职责相近或联系紧密的职能职责组建新机构。自然资源部整合了原分属国

土、水利、农业、林业等部门的自然资源管理职责，应急管理部整合了原分散于国家安监总局、国务院办公厅、公安部、民政部等十余个部门的职责，国家市场监督管理总局整合了原工商、质检和食品药品监管部门的主要职责。这些新机构设置和职责划转打破了既得利益格局，体现了机构改革的科学性，有利于提升国务院机构的行政效率和履职能力。

以增强人民群众获得感为导向，通过机构改革满足人民日益增长的美好生活需要。近年来，生态环境、医疗卫生、食品药品安全和金融风险等问题引发人民群众高度关注，本次国务院机构改革突出问题导向，在市场监管和公共服务供给等方面下大力气破解难题。例如，生态环境部整合了多部门环境保护职责，统一行使生态和城乡各类污染物排放的监管和执法职责，有利于打赢污染防治的全民攻坚战。产品质量安全、食品安全牵动人心，整合工商、质检、食品药品监管部门职责组建国家市场监督管理总局，将减少监管真空地带、提升监管效率。机构改革前城镇职工和城镇居民基本医疗保险、生育保险、新型农村合作医疗等职责分散于人社部、卫计委，此次改革组建国家医疗保障局，有利于理顺政府管理体制，统筹推进医疗、医保、医药"三医联动"改革，为老百姓提供更加公平可及的医疗卫生服务。

以国家中长期发展战略为指引，前瞻性谋划和组建新的政府机构。例如，人口老龄化已成为当代中国不可逆转的趋势性挑战，科学应对人口老龄化迫切需要在顶层设计和政府职能配置上进行统筹布局。新组建的国家卫生健康委员会整合全国老龄办相关职能，按照健康中国战略部署为国民提供全周期健康服务，有利于应对老龄化，使医养结合的相关政策措施务实管用。为更好地实施乡村振兴战略助力脱贫攻坚，农业农村部整合了原中央农村工作领导小组办公室、农业部和其他四个部委涉农项目职责，集中力量和资源形成做好"三农"工作的合力。设置国际发展合作署和国家移民局这两个具有"国际范"的新机构，反映出中国走向世界舞台中央的现实需要，将对构建人类命运共同体和加快"一带一路"互联互通提供有益帮助。

此外，国务院机构改革还对学界业界争论多年的国税地税征管体制、社会保险费征收机构等问题一锤定音。省级和省级以下国税地税机构合并有利于为纳税人提供更加优质高效的便利服务，提升税收征管效率，夯实国家治理的财政基础。长期以来基本养老保险费、基本医疗保险费、失业保险费等各项社会保险费在全国各地征收体制不统一，有的地区是税务部门征收，有的地区是专门的社会保险经办机构征收。本次改革明确由税务部门统一征收社会保险费，税务部门更强的征管能力和更多的执法手段将提高社会保险资金征管效率。

（三）推动实现省市县主要机构设置和职能配置同中央保持基本对应，构建运行顺畅、充满活力的央地工作体系

地方机构改革既要完成中央明确部署的"规定动作"，也要发挥好省级及以下机构设置自主权，在一定范围内因地制宜设置机构和配置职能。省、市、县各级涉及党中央集中统一领导和国家法制统一、政令统一、市场统一的机构职能与中央基本对应，确保机构职能履行上下贯通、执行有力。应急管理、退役军人事务、医疗保障等重点领域新组建机构，实现了从中央到省、市、县（区）四级上下一致对应设置。此外，各地还运用自主权在优化决策议事协调机构、加大党政机构合并设立或合署办公力度、根据新形势任务设置地方特色机构等方面完成了一系列"自选动作"。

（四）增强机构改革的整体性、系统性、协同性，形成党领导下的社会主义国家制度合力

整体性推进中央和地方各级机构改革，根据时间表、任务图确保中央和省市县改革有机衔接、有序推进。坚持党政军群机构改革协同推进，健全党的领导体系、政府治理体系、武装力量体系、群团工作体系。发挥党总揽全局、协调各方作用，推动人大、政府、政协、监察机关、审判机关、检察机关、人民团体、企事业单位、社会组织等在党统一领导下协调行动、增强合力。构建系统完备、科学规范、运行高效的党和国家机构职能体系，系统性增强党的领导力、政府执行力、武装力量战斗力和群团组织活力。

党的十九届三中全会以来，深化党和国家机构改革取得了明显成效，充分体现出全党高度的思想自觉、政治自觉、行动自觉，充分反映出全面从严治党产生的良好政治效应，充分彰显了党的集中统一领导和我国社会主义制度的政治优势。归纳而言，坚持和完善国家治理组织体系的宝贵经验主要有以下四个方面。

第一，坚持党对机构改革的集中统一领导。本轮机构改革以坚持和加强党的全面领导为统领，各地区各部门坚决维护以习近平同志为核心的党中央权威和集中统一领导，自觉在思想上政治上行动上同党中央保持高度一致。涉改部门坚决服从和执行党中央深化机构改革的决定，切实做到讲政治、顾大局、守纪律、促改革、尽责任，积极拥护、支持、参与、服务改革，在改革过程中保持思想不乱、工作不断、队伍不散、干劲不减。

第二，坚持推动机构职能优化协同高效。本轮机构改革强调优化

协同高效原则，总体上解决了长期存在的政出多门、责任不明、推诿扯皮等现象，党和国家机构职能体系更加健全完备。把加强党对一切工作的领导贯穿于机构改革各方面和全过程，确保党的领导更加坚强有力。聚焦发展所需、基层所盼、民心所向，合理设置机构、科学配置职能，确保机构设置符合实际需要、符合客观规律。坚持有统有分、有主有次，理顺党政机构职责关系，加强相关部门配合联动，使权责更加协同、监管更加有力。

第三，坚持中央和地方一盘棋。本轮机构改革在坚持党中央集中统一领导前提下发挥好中央和地方两个积极性，理顺中央和地方职责关系，构建从中央到地方运行顺畅、充满活力、令行禁止的工作体系。赋予地方更多自主权，省、市、县可以根据社会管理和公共服务需要在一些领域因地制宜设置机构和配置职能。既允许"一对多"，由一个基层机构承接多个上级机构的任务，也允许"多对一"，由基层不同机构向同一个上级机构请示汇报。

第四，坚持改革和法治相统一相协调。本轮机构改革明确提出要加快推进机构、职能、权限、程序和责任法定化。立法机关在改革进程中根据实际需要完成相关重大改革任务的法律授权。有关部门针对涉改法律法规进行全面系统梳理，通过立改废释更好地实现改革决策和立法决策相统一、相衔接。注重在改革中加强法治建设，既做到重大改革于法有据，同时也通过机构改革促进全面依法治国落到实处。

习近平强调，"完成组织架构重建、实现机构职能调整，只是解决了'面'上的问题，真正要发生'化学反应'，还有大量工作要做"[32]。深化党和国家机构改革的前半篇文章已经全面收官，改革后的各类机构正在履行全新职责、释放改革红利。写好机构改革的后半篇文章，关键是要强化制度执行力，把党中央机构改革决策部署与推进国家治理体系和治理能力现代化结合起来，促进党和国家机构职能体系重组发生"化学反应"，从整体上推动各项制度更加成熟更加定型。

一要处理好机构改革后部门职能履行过程中出现的新问题新现象，实现机构职责查缺补漏、动态调整。深化党和国家机构改革中央部委层面有近80个部门涉及职责调整或机构整合，"三定"规定中对职责的列举存在挂一漏万的可能性。新机构在履职过程中如发现了个别职责遗漏或职责交叉情况，应及时与相关机构进行协商，报请中央机构编制委员会办公室按规定程序调整，避免出现职责真空。

二要处理好机构改革进程中出现的行政审批、监管、执法和技术支持辅助职能错位现象，尽快理顺各部门单位职责关系，做到职责互补、协调一致。由于机构改革多采取由易到难分步骤进行的渐进改革策略，在一些领域出现了行政审批、日常监督管理和执法职能分别由不同部门行使的现象。例如，城乡规划管理职能已由住建部划转入自然资源部，但指导全国规划执法的职能仍然由住建部行使。有的部委中承担关键性辅助和技术支持职能的事业单位没有随内设机构划转到新机构。为避免出现信息不共享和职责推诿等问题，迫切需要加强业务全流程的跨部门衔接协同。因此，应当加快完善公务协作制度和监督约束机制，建立跨部门协作配合的信息沟通机制，实现行政审批、监管、执法和支持辅助机构之间的信息互通、资源共享、行动协同。

三要处理好机构整合后的职能融合、人员融合、文化融合问题，坚持五湖四海、任人唯贤原则，避免因以某一机构为主整合其他机构导致的"一家独大"现象。要严肃党内政治生活，坚决杜绝整合前机构的"圈子文化"。

四要完善相关配套改革，落实公务员职务与职级并行政策，为机构改革后各层级干部创造职业发展通道，更好激励干部担当作为。多个机构整合组建新机构后，中层及以下工作人员的发展空间在一定程度上被压缩，晋升的机会减少、晋升时间拉长，对干部职工心理造成一定影响，容易引起思想波动。因此，持续推进机构职能体系改革一方面要重视对中层及以下工作人员的心理疏导；另一方面也要不断优化公务员职务与职级并行政策，为各层级公务员创造多种职业发展通道。

四　创新国家治理，塑造中国政治文明新形态

习近平指出："我国今天的国家治理体系，是在我国历史传承、文化传统、经济社会发展的基础上长期发展、渐进改进、内生性演化的结果。"[33] 中国国家治理体系建立在四个"独一无二"的国家特质之上："中国形成了统一的多民族、拥有 13 亿多人口而又精神上文化上高度团结统一的国家，这在世界上是独一无二的。中国连绵几千年发展至今的历史从未中断，形成了独具特色、博大精深的价值观念和文明体系，这在世界上是独一无二的。中国形成了适合我国实际、符合时代特点的中国特色社会主义并取得了巨大成功，这在世界上是独一无二的。中国形成了全心全意为人民服务、拥有 8900 多万名党员、紧密组织起来的中国共产党并在中国长期执政，这在世界上是独一无二的。"[34] 新中国成立以来，中国共产党不断探索完善国家治理体系，塑造了中国政治文明新形态，为人类制度文明发展贡献中国智慧、提供中国方案。

（一）总揽全局、协调各方的政治领导力量

"党政军民学，东西南北中，党是领导一切的。"[35] 中国共产党的领导是中国国家治理体系和治理文明最鲜明的特征。习近平强调：

"我国社会主义政治制度优越性的一个突出特点是党总揽全局、协调各方的领导核心作用，形象地说是'众星捧月'，这个'月'就是中国共产党。"[36]在中国国家治理体系改革发展的大棋局中，党中央就是坐镇中军帐的"帅"，车马炮各展其长，一盘棋大局分明，这是中国共产党的独特优势所在。历史和实践反复证明，党的领导是新中国成立70多年来取得辉煌成就的制胜法宝，也是推进国家治理体系和治理能力现代化的根本保证。

党的十八大以来，在推进国家治理现代化进程中，党的集体统一领导体制机制更加健全，党的全面领导更加健全有力。党的领导制度体系不断优化，党领导人大、政府、政协、监察机关、审判机关、检察机关、武装力量、人民团体、企事业单位、基层群众性自治组织、社会组织等制度扎实落地，确保党在各种组织中发挥领导作用。坚持民主集中制，健全党对重大工作的领导体制，强化党中央决策议事协调机构职能作用，完善推动党中央重大决策落实机制。更好地发挥党总揽全局、协调各方作用，把党的领导落实到国家治理各领域各方面各环节。改进完善党的领导方式和执政方式，既要坚持党对一切工作的领导，也要避免陷入把党领导一切等同于党事无巨细管理一切的认识误区，提高党把方向、谋大局、定政策、促改革的能力。加快推进党领导下国家治理各类主体关系制度化，在坚持和加强党的全面领导的前提下，支持人大、政府、政协等各类组织依法履行职能、充分发挥作用、形成治理合力。进入新时代，党中央权威和集中统一领导得到有力保证，党的领导制度体系不断完善，党的领导方式更加科学，全党思想上更加统一、政治上更加团结、行动上更加一致，党的政治领导力、思想引领力、群众组织力、社会号召力显著增强。

（二）有机统一、高效协同的整体性治理机制

20 世纪 90 年代以来，主要发达国家兴起了一场整体性治理的公共部门治理模式革命。整体性治理强调以机构职能整合和信息技术变革应对公共部门治理碎片化现象，要求打破部门之间藩篱，强化中央和地方协调配合，实现政府、市场和社会协同，在政策制定、市场监管、社会治理和公共服务供给等方面打造一个整体性政府，更好地回应民众需求。整体性治理通过跨部门的数据共享、流程再造和业务协同，打通和整合分散于各政府部门的职能，使群众和企业办事从"找部门"转变为"找政府"，推动政府服务方式从"碎片化"转变为"一体化"，实现政府部门协同高效运作。

推进国家治理体系和治理能力现代化为构建中国特色整体性治理提供了崭新方案。中国特色社会主义进入新时代，我国国家治理体系同统筹推进"五位一体"总体布局、协调推进"四个全面"战略布局的要求还不完全适应。党中央从新时代治国理政的实际出发，在全面、系统梳理和审视现有党和国家机构及其职能的基础上，深化党和国家机构改革，统筹调整党政军群企各类机构设置、优化职能配置，形成有机统一、相互关联、覆盖全面的党和国家机构职能体系，实现了我国国家权力结构和运行的重大理论创新。优化协同高效是中国特色整体性治理的基本原则。优化就是要科学合理、权责一致，坚持一类事项原则上由一个部门统筹、一件事情原则上由一个部门负责，使设置更加科学、职能更加优化，避免政出多门、责任不明、推诿扯皮等现象。协同就是要有统有分、有主有次，既保证党集中统一领导，理顺党政机构职责关系，也加强相关部门配合联动，使权责更加协

同、监督监管更加有力。高效就是要履职到位、流程通畅，进一步提高各类组织机构的运行效率，加强流程公开透明，形成自上而下的高效率组织体系。

（三）为民负责、受民监督的服务型政府理念

全心全意为人民服务是党的根本宗旨，我国各级政府名称前均冠以"人民"二字，立党为公、执政为民必须始终牢记政府前面的"人民"二字。改革开放以来，我国政府逐渐由管理型政府向服务型政府转变，政府的服务理念、服务效能、服务水平不断提升。党的十九届四中全会将"建设人民满意的服务型政府"作为推进行政体制改革的主要目标，强调："必须坚持一切行政机关为人民服务、对人民负责、受人民监督。"[37]近年来，我国职责明确、依法行政的政府治理体系不断完善，服务型政府治理效能得到明显提升。

党的十八大以来，党中央、国务院部署实施"简政放权、放管结合、优化服务"改革，有力地激发了市场和社会活力，得到了企业和人民群众的普遍欢迎。各地政府转变行政理念，以群众和企业办事为视角重塑政府业务流程，注重用户体验，破解"痛点""堵点"问题。浙江等地提出"最多跑一次"理念的改革实践实现了政务流程再造，让群众享受到实实在在的改革红利，获得感显著提升。推动"互联网+改革创新"，破解信息孤岛、部门壁垒、条块分割等历史性改革难题，实现审批更简、监管更强、服务更优。

在公共服务方面，践行以人民为中心的发展思想，不断满足人民美好生活需要。健全幼有所育、学有所教、劳有所得、病有所医、老有所养、住有所居、弱有所扶等方面的国家基本公共服务制度体系，

尽力而为量力而行，注重加强普惠性、基础性、兜底性民生建设。构建服务全民终身学习的教育体系，重点推动城乡义务教育一体化发展，提升教育公共服务均等化水平，加强学前教育、特殊教育保障机制建设。进一步完善覆盖全民的社会保障体系，在可持续性原则下扩大基本养老保险、基本医疗保险覆盖面，逐步提高保障水平。夺取了脱贫攻坚战伟大胜利，在历史性消除绝对贫困的基础上建立解决相对贫困的长效机制。坚持"房住不炒"原则，加快构建多主体供给、多渠道保障、租购并举的住房制度。始终不渝把广大人民群众健康安全摆在首要位置，为人民群众提供生命全周期、健康全过程服务。科学应对新冠肺炎疫情，改革公共卫生防疫和重大传染病防控制度体系，提高应对突发重大公共卫生事件能力。积极应对人口老龄化，提升医养康结合养老服务体系的保障水平。

（四）多元参与、良性互动的基层治理新格局

群团组织是党直接领导的群众组织，承担着组织动员广大人民群众为完成党的中心任务而共同奋斗的重大责任。党的十九届四中全会明确要求："发挥群团组织、社会组织作用，发挥行业协会商会自律功能，实现政府治理和社会调节、居民自治良性互动，夯实基层社会治理基础。"[38]近年来，群团组织和社会组织改革深入推进，在国家治理体系中形成了联系广泛、服务群众的群团工作体系，群团组织活力不断提升。党委统一领导群团工作的制度体系更加健全，群团组织政治性、先进性、群众性显著增强。党政机构同群团组织功能有机衔接，群团组织和社会组织有序承接党委、政府委托的公共职能，团结教育、维护权益、服务群众功能进一步提升，发挥了群团组织作为党

和政府联系人民群众的桥梁和纽带作用，群团组织的吸引力和影响力不断扩大。各地坚持眼睛向下、面向基层，将群团组织力量配备、服务资源向基层倾斜，支持鼓励社会组织参与基层治理，更好适应基层和群众需要的党建引领、多元共治的基层治理新格局得以建立。

（执笔：张　克）

第六章　彰显自我革命伟力的
党和国家监督体系

　　党和国家监督体系是党的自我革命的具体实践形态，是中国共产党在百年奋斗中始终坚持权力监督制约的重要制度成果，也是新时代加强党集中统一领导形成的全面覆盖、权威高效的科学监督体系。党和国家监督体系涵盖党内监督和国家监督，是国家治理体系和治理能力现代化的重要组成部分，也是党在长期执政条件下实现自我净化、自我完善、自我革新、自我提高的重要制度保障。党和国家监督体系的权威高效运行，体现了党以伟大自我革命引领伟大社会革命实现"中国之治"的政治文明新形态。

一　党的自我革命的实践创造

　　在党的建设百年历程中，我们党逐步创造、探索和发展了党和国家监督体系，形成了丰硕的理论成果、组织成果、制度成果、实践成果。尤其是党的十八大以来，以习近平同志为核心的党中央以彻底的自我革命精神，坚定不移推动全面从严治党，持之以恒正风肃纪反腐，把监督制约权力作为永葆党的健康肌体的重要保障，以党内监督为主导，推进其他各类监督贯通协调，形成合力，不断健全党和国家监督体系。实践证明，新时代党和国家监督体系是党在自我革命过程中融合马克思主义监督思想和中华优秀传统政治文化的重要成果，是中国共产党领导中国人民开展伟大斗争的经验总结，是党立足"变局""全局"形成并不断完善的新时代党和国家自我监督的科学制度安排和实践创新。

（一）马克思主义监督思想与中国实际和中华优秀传统政治文化有机结合的重要产物

自觉接受人民监督是无产阶级政权的本质要求。《共产党宣言》指出："无产阶级的运动是绝大多数人的，为绝大多数人谋利益的独立的运动。"[1]共产党人"没有任何同整个无产阶级的利益不同的利益"[2]。"国家是社会在一定发展阶段上的产物……这种从社会中产生但又自居于社会之上并且日益同社会相异化的力量，就是国家。"[3]无产阶级通过革命推翻资产阶级统治，建立人民当家作主的无产阶级专政国家后，为了防止国家机关异化变质，公职人员由社会公仆变成"人民的主人"，必须接受人民的监督。马克思恩格斯总结了巴黎公社建立廉价政府的经验，如在经济层面要求公职人员树立公仆意识，取消特权，领取和普通工人一样的薪酬；赋予工人选举权、罢免权以监督政治权力；成立群众监察委员会，设立群众来信来访制度，重视报刊和群众的监督批评等。

为防止无产阶级政党蜕化变质，必须实行严格的党内监督原则，必须探索党内监督的正确路径与方法，维护党员民主权利，建立党内监督机构。根据马克思恩格斯的思想，代表大会制度是党内监督的最高形式，由代表大会产生的党的机构都要接受代表大会的监督[4]。马克思恩格斯在领导建立工人阶级政党初期就在《共产主义者同盟章程》中明确规定："中央委员会作为同盟的权力执行机关，有义务向代表大会报告工作。"[5]区部委员会和中央委员会的委员由选举产生，党的机构和公职人员由民主选举产生并且可以随时罢免和撤换，"堵塞了任何要求独裁的密谋狂的道路"[6]。1869 年，德国社会民主工党成立大会上，选举产生了一个由 11 人组成的党的监察委员会，这也是无产阶级政党发展史上的第一个专职监督机构。

　　列宁在继承马克思恩格斯关于监督的主要思想的基础上，对无产阶级政党监督理论与实践作出了重大探索。根据列宁的思想，监督是具有阶级性的，严格监督是社会主义的主要特征，他明确提出："无产阶级实现无条件的集中和极严格的纪律，是战胜资产阶级的基本条件之一。"[7]通过民主集中制加强党的监督，通过自上而下的统一领导和党组织对党员的严格约束和监督，保证全党具有铁的纪律是列宁监督思想的重要内容。列宁指出："如果不进行有步骤的和顽强的斗争来改善机构，那我们一定会在社会主义的基础还没有建成以前灭亡。"[8]这就要求"有多种多样的自下而上的监督形式和方法，以便消除苏维埃政权的一切可能发生的弊病"[9]。正是基于这一科学判断，列宁在党和政府中创设了一系列监督机制。为保证党内监督的有效性，列宁强调要建立集独立性、封闭性和权威性于一体的各级监察委员会[10]。他指出："有必要成立一个同中央委员会平行的监察委员会，由受党的培养最多、最有经验、最大公无私并最能严格执行党的监督的同志组成。党的代表大会选出的监察委员会应有权接受一切申诉和审理（经与中央委员会协商）一切申诉，必要时可以同中央委员会举行联席会议或把问题提交党代表大会。"[11] 1917 年 7 月，俄国社会民主工党（布尔什维克）设立检查委员会；1920 年俄共（布）九大决定成立"一个同中央委员会平行的监察委员会"，"由同级党的代表大会选举产生，并向本级代表大会报告工作"。1921 年俄共（布）十大正式设立党的监察委员会[12]。此后苏共进一步拓展各级监察委员会机构和职能，形成了党政统一的监督形式[13]。

中国古代政治传统也高度重视权力监督。在封建皇权专制统治下，秦代以降，历代统治者都极为重视自上而下对文武百官权力的监督。秦朝在中央设立最高监察机构御史府。汉承秦制，汉武帝将全国划分为 13 个监察区。三国魏晋南北朝时期，监察制度因战乱一度低落。隋唐时期，随着皇权再次强化，监察制度发展到鼎盛。唐代在中央设最高监察机构御史台，下设台院、殿院和察院，三院分立，相互牵制，相互配合，形成一个完善严密的中央监察机制。唐玄宗时，增改全国为 15 道监察区，监察和纠弹地方官吏。宋代在地方设"监司"，由中央派转运使、按察使、观察使、通判、走马承受等对地方执行多元交叉的监察。元代监察体制最具特色的是设置地方行御史台。明太祖时废除御史台，在中央新设都察院，完成了自宋元以来监察独立体系的转变。明代废除宰相制度后，六部直属皇帝，在六部各设一都给事中，称"六科给事中"，以加强对六部官员的监督，同时在地方设 13 道监察御史。清沿明制，并将科、道职能合并于都察院[14]。固然，中国古代监察制度在监察和约束国家权力、政府权力、官僚权力，维护政治秩序等方面发挥了积极作用，但有其明显的缺陷。中国古代监察体制的基本出发点是维护以皇权为核心的封建统治。虽然历史上形成了如汉朝的《六条问事》、唐朝的《监察六法》、清朝的《钦定台规》等监察法规制度，也产生了"礼义廉耻，国之四维""廉者，政之本也"，以及"廉善、廉能、廉敬、廉正、廉法、廉辨"的"六廉"考核标准等诸多廉政思想，但依然是忠君和人治的逻辑。监察官只对皇帝负责，监察体制的作用好坏往往取决于皇帝的开明程度。

中国古代监察体系独立于官僚系统，却依附于皇权。而对皇权的监督，在政治文明框架内，一是通过言谏系统匡正君主的过失。这个言谏系统既包括了言官专司谏议，也包括了百官直言进谏。孔子曾提出"天子""诸侯""大夫"必须有几位"诤臣"[15]。中国古代明君如汉高祖刘邦身边有樊哙、张良、周昌、叔孙通，唐太宗李世民有魏徵，宋太宗赵光义有寇准。"诤臣"既忠君又爱民，直谏皇帝时正直无私、不留情面，一定程度上维护了王朝的统治。正如《孝经·谏诤章》所言："昔者天子有诤臣七人，虽无道，不失其天下。"有的贤君为了巩固政权，也强调变法自强。但这都取决于皇帝自身的英明与纳谏肚量，缺乏外部制约。二是靠天道警示，即所谓天灾天谴。此外，随着"为政以德""民贵君轻""君舟民水"民本思想的逐渐成熟，古代仁人志士们认为如果皇帝荒淫无度，失德于天下，失信于民众，"替天行道"者可以通过暴力的极端方式实现朝代更替。如历史上有名的"武王伐纣"。这在中华文化上构建了"革命"的最初内涵。《周易·革卦》记载"天地革而四时成，汤武革命，顺乎天而应乎人"（"顺天"指的是遵循历史发展规律和自然规律，"应人"指的是满足人民的需要），孟子对此的评价也是"闻诛一夫纣矣，未闻弑君也"（《孟子·梁惠王下》）。由此形成了自我革新的内涵和要求[16]，如《大学》记载"汤之《盘铭》曰：'苟日新，日日新，又日新'"。然而，由于中国古代统治者只代表个别阶层的利益，不能代表广大人民群众的利益，故历代王朝均跳不出"治乱兴衰"的

"历史周期率"。

中国共产党充分运用马克思主义监督思想，吸取中国古代政治文明中权力制约与监督的政治智慧，去除封建糟粕，总结历史经验与教训，并在百年奋斗历程的丰富实践中逐步形成和发展了中国特色社会主义权力监督体系。

（二）确保权力为民所用，不断完善权力监督的实践结晶

中国共产党自成立之初就将加强监督作为提升政党生命力、战斗力的重要内容。党的一大党纲明确"党的根本政治目的是实行社会革命"，为确保政治任务的完成，还规定"地方委员会的财务、活动和政策，应受中央执行委员会的监督"，要求到其他地区工作的党员"一定要受地方执行委员会的严格监督"[17]。随着革命洪流高涨，针对党内出现的各种投机腐败现象，我们党于 1926 年发布了第一个惩治贪污腐败的文件——《中央扩大会议通告——关于坚决清洗贪污腐化分子》，要求各级党组织对相关人员进行审查处理。为了增强党的组织纪律性，党的五大反思了革命运动的不足和暴露出的问题，并选举产生了中央监察委员会。在中央苏区，中华苏维埃共和国临时中央政府执行委员会于 1933 年专门发出《关于惩治贪污浪费行为》的训令；先后成立中华苏维埃共和国工农检察人民委员部、工农检察人民委员会等机构对贪污行为进行监督检举。在延安，开展整风运动加强对党员干部的宣传引导和思想纠偏，颁布《陕甘宁边区政府惩治贪污暂行条例》，加强对贪污腐化行为的惩处。党的七大通过的党章，规定了各级监察委员会产生的办法、任务和职权。在新民主主义革命时期，党制定严明的政治纪律、军事纪律和群众纪律，进行严格

的监督，得以由一个弱小且不断遭受"围剿"的革命党，发展到局部执政，最终带领全国人民推翻"三座大山"，取得革命胜利，建立了人民民主专政的新中国的执政党。

新中国成立之初，国家"一穷二白"，面临着恢复国民经济、重建秩序等多重挑战。在调整工商业公私关系、劳资关系、产销关系过程中，党政机关内的贪污、浪费问题逐渐增多；党内脱离群众和脱离实际的官僚主义、宗派主义和主观主义开始滋生蔓延，给党的领导和社会主义建设带来巨大压力，明确组织纪律、强化权力监督迫在眉睫。党中央决定在政权结构基础上逐步重建权力监督机构，党的各级纪律检查委员会负责党内的权力监督，监察部负责政府行政系统内的监督，检察院则在党、政系统之外履行国家法律监督职能。但上述三个机构并行时间不长，1955 年之后即被变更或撤销，未能有效发挥制度化监督作用。我们党还先后开展了反贪污腐化运动和社会主义教育运动，制定包括《中华人民共和国惩治贪污条例》《关于划分浪费与贪污界限的四类标准》《中共中央关于处理贪污浪费问题的若干规定》在内的系列法规制度，以实施监督和整顿纪律。不过，因为受到"左"的思想影响，斗争出现扩大化倾向，社会主义革命和建设时期的权力监督工作受到很大影响[18]。

党的十一届三中全会后，在经济基础较差、民主法制不健全、思想政治工作薄弱等因素综合作用下，各种腐败问题较为严重。我们党坚持一手抓改革开放，一手抓惩治腐败，开始探索通过制度建设和法治方式进行权力监督的有效路径。党内权力监督机关——纪委、政府行政监察机关——监察部、国家法律监督机关——人民检察院逐步恢复或重建，并进行了大幅度调整、改革和充实。1980 年，中共中央明确了纪委的双重领导体制。1993 年，为实现纪检监察工作有效协调，全国各级纪委和监察机构开始探索合署办公。在广东省人民检察院反贪污贿赂工作局的试点基础上，地方各级检察机关陆续成立反贪机构。随着各种权力监督机构的恢复重建，我国的政权结构中初步形成了权力制约与监督的布局。与此同时，中共中央相继颁发了一系列重要的党风廉政法规制度，部署开展领导干部廉洁自律、查处大案要案、纠正部门和行业不正之风的反腐败斗争三项工作。随着市场经济的迅速发展，政府权力极大扩展，权力监督问题日益受到关注。党的多次重大会议都对建立健全权力监督制度作出部署和要求（见表6-1）。2003年12月，党中央印发《中国共产党党内监督条例（试行）》，规定了党委、党委委员、纪委、纪委委员、党员和党的代表大会在党内监督中的职责和作用，明确党内监督十项制度。党的十六届四中全会提出"标本兼治、综合治理、惩防并举、注重预防"的反腐倡廉方针。2005年1月，党中央印发《建立健全教育、制度、监督并重的惩治和预防腐败体系实施纲要》。2008年6月，党中央又印发《建立健全惩治和预防腐败体系2008—2012年工作规划》。这一时期，全国上下致力于构建与社会主义市场经济体制相适应的教育、制度、监督并重的惩治和预防腐败体系，解决了许多矛盾问题，取得了一些成效，但改革中新的矛盾不断出现，腐败与作风问题依然易发多发。

表 6-1　改革开放以来党的重大会议关于权力监督的要求（1986~2007年）

党的重大会议	关于权力监督的要求
1986年党的十二届六中全会	建立和健全党内监督制度和人民监督制度，使各级领导干部得到有效的监督
1990年党的十三届六中全会	建立和完善党内监督与党外监督，自上而下的监督与自下而上的监督的制度

续表

党的重大会议	关于权力监督的要求
1994 年党的十四届四中全会	党内监督的实质是党从人民利益出发，按照从严治党的要求进行自我约束和自我完善。要完善党内监督制度，制定党内监督条例
2001 年党的十五届六中全会	抓紧制定中国共产党党内监督条例
2002 年党的十六大	加强对权力的制约和监督。将"不断完善党内监督制度"写入党章
2004 年党的十六届四中全会	加强对权力运行的制约和监督，保证把人民赋予的权力用来为人民谋利益 提出"标本兼治、综合治理、惩防并举、注重预防"的反腐倡廉方针
2007 年党的十七大	完善制约和监督机制。将党务公开、巡视制度等关乎党建全局的重要制度和举措写入党章

党的十八大以来，以习近平同志为核心的党中央总结和吸取建党以来权力监督理论与实践发展的历史经验，着眼于新时代党的建设新的伟大工程和中国特色社会主义建设新的任务，把全面从严治党纳入"四个全面"战略布局，把党内法规体系建设纳入推进全面依法治国总目标，从关系党生死存亡的高度强调党风廉政建设和反腐败斗争的极端重要性，以坚如磐石的意志品质高压反腐，惩贪除恶，大刀阔斧进行权力制约与监督体制机制改革，谱写了党和国家自我监督的崭新篇章。

（三）加强顶层设计，不断健全体制机制的制度成果

改革开放以来，党和国家事业取得历史性成就，为新时代发展中国特色社会主义事业奠定了坚实基础、创造了有利条件。同时，中国共产党人也清醒冷静务实地认识到，基于社会主义市场经济体制还不够成熟、生产力不够发达、制度不够健全等客观原因，以及党内相当

长一段时间存在的落实党的领导弱化、党的建设缺失、管党治党宽松软等多重原因，党内消极腐败现象蔓延，政治生态出现严重问题，党群干群关系受到损害，党的创造力、凝聚力、战斗力受到削弱，党治国理政面临重大考验。为了解决上述问题，以习近平同志为核心的党中央统筹国内国际两个大局，统揽伟大斗争、伟大工程、伟大事业、伟大梦想，以"永远在路上"的坚定和执着，推进全面从严治党，擘画了新时代坚持和完善党和国家监督体系的顶层设计。

"党和国家监督体系是党在长期执政条件下实现自我净化、自我完善、自我革新、自我提高的重要制度保障。必须健全党统一领导、全面覆盖、权威高效的监督体系，增强监督严肃性、协同性、有效性，形成决策科学、执行坚决、监督有力的权力运行机制，确保党和人民赋予的权力始终用来为人民谋幸福。"[19]党和国家监督体系需要将新时代党的建设伟大工程落到实处，进一步健全完善加强党的长期执政能力建设，坚持和完善党的全面领导、加强党对反腐败集中统一领导的体制机制；进一步健全完善保障人民当家作主，推进党内监督和群众监督有机统一的体制机制等，推动新时代全面从严治党向纵深发展，更好地推进国家治理体系和治理能力现代化。

习近平强调："党要管党、从严治党，'管'和'治'都包含监督。"[20]"全面从严治党是一场自我革命，必须探索出一条党长期执政条件下实现自我净化的有效路径，这关乎党和国家事业成败，关乎我们能不能跳出历史周期率。"[21]我们党全面领导、长期执政，亟须增强党的自我净化能力，根本路径是强化党的自我监督，以党内监督带动其他各方面监督，健全党和国家监督体系，形成发现问题、纠正偏差的有效机制。顺着这一政治逻辑，党的十九届四中全会审议通过的《中共中央关于坚持和完善中国特色社会主义制度推进国家治理体系和治理能力现代化若干重大问题的决定》，从健全党和国家监督制度、完善权力配置和运行制约机制、构建一体推进"不敢腐、不能腐、不想腐"体制机制三大板块对坚持和完善党和国家监督体系作出部署，将监督体系融入加强党的领导、完善党的建设、推进党和国家治理体系中。

二　新时代党和国家监督体系的创新发展

党的十八大以来，党和国家监督体系进入改革的快车道，党在每一个重要时段关键节点上都形成了科学的指导方针。党的十八届三中全会提出要深化党的纪律检查体制改革，以纪律检查体制改革促进构建全面的党内监督体系的改革。党的十八届六中全会决定深化国家监察体制改革。十九届中央纪委三次全会提出一体推进党的纪律检查体制改革、国家监察体制改革、纪检监察机构改革。党的十九届四中全会对坚持和完善党和国家监督体系作出专门部署，随后十九届中央纪委四次全会提出构建一体推进"不敢腐、不能腐、不想腐"体制机制。在党中央集中统一领导下，全面覆盖、权威高效的党和国家监督体系已发展成型。

（一）构建系统完备的党和国家监督格局

新时代，中国共产党在领导人民实践人民民主的过程中，围绕党的领导、执政以及国家权力的运行，全方位构建权力监督体系。[22]从党的十八大报告提到"加强党内监督、民主监督、法律监督、舆论监督"[23]；到党的十九届四中全会对"坚持和完善党和国家监督体系，强化对权力运行的制约和监督"[24]作出专门部署，提出构建以党内监督为主导，健全人大监督、民主监督、行政监督、司法监督、群众监督、舆论监督制度，以及发挥审计监督、统计监督职能作用的"1+8"监督格局；再至十九届中央纪委四次全会增加财会监督，构建"1+9"监督格局，党和国家监督体系的主体框架有效建构，制度建设越来越完备，监督理论与实践达到了新高度。

以党内监督为主导。习近平指出："党的执政地位，决定了党内监督在党和国家各种监督形式中是最基本的、第一位的。只有以党内监督带动其他监督、完善监督体系，才能为全面从严治党提供有力制度保障。"[25]党内监督的主导作用通过"五位一体"党内监督体系、"四项监督"全覆盖等体制机制实现。

党内"五位一体"监督体系健全完备。全面从严治党管全党、靠全党。《中国共产党党内监督条例》第九条提出"建立健全党中央统一领导，党委（党组）全面监督，纪律检查机关专责监督，党的工作部门职能监督，党的基层组织日常监督，党员民主监督的党内监督体系"[26]，从制度层面规定了党内"五位一体"监督体系的构成和运行机制。同时，制定出台《党委（党组）落实全面从严治党主体责任规定》，明确党委（党组）负全面从严治党主体责任，党委（党组）书记是第一责任人，党委（党组）领导班子其他成员根据分工负重要领导责任，纪委履行全面从严治党协助职能和监督责任，构建起覆盖各级各类党组织纵向到底、横向到边、内容完备、要求明确的全面从严治党责任体系。

"四项监督"全覆盖统筹衔接。党的十八届三中全会提出深化党的纪律检查体制改革，推动党的纪律检查工作双重领导体制具体化、程序化、制度化，强化上级纪委对下级纪委的领导，并作出具体部署。党的十九届三中全会把"组建国家监察委员会"列为"深化党中央机构改革"的第一项,将监察部、国家预防腐败局的职责,最高人民检察院查处贪污贿赂、失职渎职以及预防职务犯罪等反腐败相关职责整合,集中反腐败资源,组建国家监察委员会,实现对行使公权力的公职人员监督全覆盖。监委同纪委合署办公,纪检监察机关"一个机构,两块牌子"同时履行纪检、监察两项职责,执纪执法贯通衔接,实现党内监督向国家监督的拓展延伸。实施纪检监察派驻机构改革,以单独派驻或综合派驻等方式实现派驻全覆盖,分层分类授予派驻机构监察权,把纪检监察监督更加有力有效地延伸到各部门、各领域、各层级。将巡视作为党内监督战略性制度安排,赋予其高度权威,明确政治巡视定位,构建以中央巡视为主体,省区市和中央单位巡视为两翼,市县巡察为支撑的巡视巡察上下联动监督网,要求一届内任期巡视全覆盖,发挥全面从严治党利剑作用。"四项监督"实现了对全体党组织和党员,所有行使公权力的公职人员的有形覆盖。以此为基础,各级纪委监委发挥主干作用,制定出台加强纪律监督、监察监督、派驻监督、巡视监督统筹衔接的制度及实施细则,推动"四项监督"在决策部署指挥、资源力量整合、措施手段运用上更加协同,构建上下贯通、左右衔接、内外联动的"一盘棋"党内监督格局。

推动各类监督有机贯通、相互协调。在党内监督主导下,人大监督、民主监督、司法监督、行政监督、群众监督和舆论监督等有机贯通、相互协调形成监督合力(见表6-2)。人大及其常委会依据宪法和有关法律规定对"一府一委两院"行使监督职权。人民政协依照各自章程进行民主监督,提出批评和建议。司法机关独立公正行使审判权和检察权,依法查处领导干部失职渎职、滥用职权等行为。各行政部门在职能范围内开展行政监督，同时统计部门依据统计法开展统计监督；审计部门依托审计项目开展审计监督；各级财政、审计、税务、人民银行、证券监管、保险监管等部门结合履行财政、财务、会计等管理职责开展财会监督。群众监督与舆论监督更趋规范化常态化。其间，各类监督主体既负有监督责任，又需围绕信息沟通、线索移交、措施配合、成果共享等方面建立健全协作配合机制，增进互联互动。

表6-2　党和国家监督体系各类监督的运行机制

监督类型	监督主体	监督对象	监督内容	监督方式
党内监督（国家监察）	党的中央和各级组织、纪委（监委）、党的工作部门、基层党支部、党员	党组织和党员（行使公权力的公职人员）	党规党纪的执行、党的建设、党风廉政建设和反腐败等（依法履职、秉公用权、廉洁从业等）	巡视巡察、党内谈话、领导干部述职述廉、个人有关事项报告、党风廉政意见回复、执纪、问责等（监督、调查、处置）
人大监督	人大	一府一委两院	宪法和法律的实施	询问、质询、执法检查、听取和审议报告
民主监督	民主党派	党和国家机关及其工作人员	政策、决策的制定和贯彻落实情况	提出意见、批评、建议、议案等方式进行协商式监督
司法监督	检察院、法院	国家公权力	公权力依法正确行使情况	司法机关通过独立公正行使审判权和检察权开展监督
行政监督	政府部门	行政机关及其工作人员	行政管理过程中遵纪守法情况	报告工作、执法监督检查、审查批准、备案
审计监督	审计部门	党政机关、财政金融机构、企事业单位和其他组织	财政收支情况和财务收支情况、经济责任	检查、监盘、观察、查询及函证、计算、分析性复核等

监督类型	监督主体	监督对象	监督内容	监督方式
财会监督	财政、审计、税务、人民银行、证券监管、保险监管等部门	党政机关、社会团体、企事业单位和其他组织	财政、财务、会计、管理运行的合规性与有效性	审核、核查、检查、监控、督导、调研、评价等
统计监督	统计部门	国家机关、企事业单位和其他组织	统计数据的真实准确、完整及时	展开统计调查、分析，提供统计资料和统计咨询意见
群众监督	社会公众	一切国家机关和国家工作人员	国家机关施政活动	批评和建议、控告、检举和举报、申诉、信访
舆论监督	社会公众、新闻传媒	一切国家机关和国家工作人员	国家机关施政活动	批评和建议、曝光

经过十年的努力，党对反腐败工作的集中统一领导全面加强，国家监察总体框架已经构建，纪委监委合署办公的组织体系基本稳定，派驻机构改革逐渐深化，政治巡视理论与实践日趋成熟，党内监督主导作用充分显现。国家监督的重点领域和关键环节改革接续实现重大突破，人大监督、民主监督、司法监督、行政监督等"四梁八柱"基本确立。舆论监督、群众监督渠道畅通，影响力越来越明显。新时代党和国家监督格局基本完善并趋向成熟。

（二）完善权力科学配置和运行制约机制

党的十九大报告强调："要加强对权力运行的制约和监督，让人民监督权力，让权力在阳光下运行，把权力关进制度的笼子。"[27]党在自身建设和执政实践中不断总结权力配置的经验做法，在党的集中统一领导下，坚持决策权、执行权、监督权既合理分工又协调制约原则，形成了科学的权力结构和运行机制。

完善权力配置，规范权力运行。党的十九届三中全会审议通过《中共中央关于深化党和国家机构改革的决定》和《深化党和国家机构改革方案》，对党和国家组织结构和管理体制进行系统性重构，对政府机构设置和职能配置进行整体性优化，构建起从中央到地方协调顺畅、充满活力的权力运行体系。党和国家机构改革坚持权责法定原则，首次采用党内法规条目的方式对各部门"三定方案"作出规定，健全分事行权、分岗设权、分级授权、定期轮岗制度，将不同性质的权力授予不同部门、单位、岗位规范行使，把党的领导和监督融入党和国家机关所有机构履行职责全过程。通过全面深化改革，建立权力运行规程、明确权力归属、划清权力界限、厘清权力清单，将权力关进制度的笼子里。

坚持权责透明，推动用权公开。党中央确立并不断强化"公开为常态、不公开为例外"的原则，2016 年 2 月中共中央办公室、国务院办公室印发《关于全面推进政务公开工作的意见》，2017 年 12 月党中央印发《中国共产党党务公开条例（试行）》，为权力公开透明运行提供制度保障。各地政府建设政务（行政）服务中心，实现大部分政务公开和政务服务事项依托电子政务平台公开，运用大数据、信息化技术开展监督，建立健全相应的听证制度、查询和咨询制度等，为群众提供优质高效的服务；同时以行政决策、财政预算、工程建设等重点领域为抓手，实现政务公开新突破。司法透明度持续提升，实现立案公开、庭审公开、执行公开、听证公开、文书公开、审务公开；建立审判流程、庭审活动、裁判文书、执行信息四大公开平台，形成多样化司法公开格局。通过建立权力运行可查询、可追溯的反馈机制，实现规则公开、程序公开、结果公开，让"暗箱操作"寸步难行，让权力在阳光下运行。

坚持权责统一，力图精准问责。党的十八大以来，各地各部门认真执行民主集中制，坚持集体领导和个人分工负责相结合；完善"三重一大"决策监督机制，严格执行领导班子议事决策规则；严把选人用人的政治关、廉洁关，严防"带病提拔"，将责任这一完善权力配置和运行制约机制的要害落到实处。不断健全督促检查、绩效考核等制度，促使各级党政机关和领导干部依照法定权限和法定程序行使职权、履行职责，让权力在规范轨道上自律而有效地运行。压实全面从严治党主体责任和监督责任，强化近距离、全天候、常态化监督，把日常监督和信访举报、巡视巡察结合起来，在授权、用权、制权的全流程和各环节都建立发现问题、纠正偏差、精准问责的有效机制。通过切实提升制度执行力，做到有权必有责、用权受监督、失职要问责、违法要追究。

加强对"关键少数"特别是"一把手"的监督。2015年党中央印发《中国共产党廉洁自律准则》，对全体党员领导干部发出正面倡导。党的十八届六中全会审议通过的《关于新形势下党内政治生活的若干准则》，对党员领导干部特别是高级领导干部遵纪守规、秉公用权作出严肃规定。针对"一把手"权力集中，是腐败"重灾区"并严重污染政治生态的问题，党中央于2021年专门印发《中共中央关于加强对"一把手"和领导班子监督的意见》，要求加强党组织自上而下的监督、严格执行全面从严治党责任制度、贯彻执行民主集中制、突出巡视巡察监督重点、建立健全述责述廉制度、开展批评和自我批评，发挥纪委监委专责监督作用，为监督"一把手"和领导班子打下了制度基础。在实践中，还需各级党委、纪委同向发力，主体责任和监督责任一体落实，将上级监督做深，同级监督做实，下级监督通畅，形成监督合力，真正有效破解对"一把手"的监督难题。

（三）构建一体推进"三不腐"体制机制

一体推进"不敢腐、不能腐、不想腐"是党中央审时度势开展反腐败斗争的战略部署，并已成为全面从严治党的重要方略和战略目标，旨在将正风肃纪反腐与全面深化改革、完善制度约束、促进治理成效贯通起来；把惩治的威慑力与制度的约束力、政策的感召力、文化的影响力叠加起来，将党风廉政建设和反腐败斗争融入管党治党战略全局。

党的十八大以来，党中央清醒认识到腐败的严峻性和复杂性，不断蔓延的腐败将"对党造成致命伤害，甚至亡党亡国"[28]。在对反腐败斗争形势分析研判基础上，党中央对之前"标本兼治、综合治理、惩防并举、注重预防"[29]的反腐倡廉方针作出重大调整，采取"从治标入手，为治本赢得时间"[30]的策略，强力反腐，严肃查处大量腐败案件、紧盯违反中央八项规定精神和"四风"问题，有效遏制腐败问题的高发与蔓延势头。治标主要以惩治腐败、提高腐败查处率为抓手。然而反腐败斗争的成效并不仅仅是抓了多少人，打下多少"大老虎"、拍掉多少"苍蝇"，更重要的是清除腐败产生的土壤。随着反腐败斗争的深化，党中央在保持惩治腐败高压态势的同时，把治标寓于治本之中，对反腐败"标本兼治"的本质和机理进一步深入剖析，提出构建一体推进"不敢腐、不能腐、不想腐"体制机制，安排切实可行的实施路径，让党员干部因敬畏而"不敢"，因制度而"不能"，因觉悟而"不想"。习近平在 2013 年十八届中央纪委二次全会上提出："要加强对权力运行的制约和监督，把权力关进制度的笼子里，形成不敢腐的惩戒机制、不能腐的防范机制、不易腐的保障机制。"[31] 2014 年 10 月，党的十八届四中全会出台《中共中央关于全面推进依法治国若干重大问题的决定》，对反腐败斗争"三不腐"体制机制进行科学概括，强调："加快推进反腐败国家立法，完善惩治和预防腐败体系，形成不敢腐、不能腐、不想腐的有效机制，坚决遏制和预防腐败现象。"[32] 一体推进"三不腐"体制机制成为党中央推进全面从严治党和反腐败斗争的顶层设计。

此后，党的十九大报告提出："强化不敢腐的震慑，扎牢不能腐的笼子，增强不想腐的自觉。"[33] 十九届中央纪委四次全会首次把一体推进"三不腐"上升到反腐败斗争的基本方针和新时代全面从严治党的重要方略。十九届中央纪委五次全会把一体推进"三不腐"确立为全面从严治党战略目标，标志着中国共产党人对管党治党和反腐败斗争科学规律的认识、把握和运用达到了新境界、新高度。2021年 4 月，习近平在广西考察时强调，要始终抓好党风廉政建设，使"不敢腐、不能腐、不想腐"一体化推进有更多的制度性成果和更大的治理成效[34]，赋予了党风廉政建设和反腐败斗争更重要的责任使命。2022 年 1 月，十九届中央纪委六次全会再次强调"保持反腐败政治定力，继续实现'不敢腐、不能腐、不想腐'一体推进的战略目标"[35]。2022 年 6 月，习近平在十九届中央政治局第四十次集体学习时强调"反腐败斗争关系民心这个最大的政治，是一场输不起也决不能输的重大政治斗争。要加深对新形势下党风廉政建设和反腐败斗争的认识，提高一体推进不敢腐、不能腐、不想腐能力和水平，全面打赢反腐败斗争攻坚战、持久战"[36]。

构建反腐败工作体制机制。党的十八大以来，我们逐步构建起党统一领导、各级党委统筹指挥、纪委监委组织协调、职能部门高效协同、人民群众参与支持的反腐败工作体制机制[37]。新时代反腐败工作体制机制对党的十五大提出的"党委统一领导，党政齐抓共管，纪委组织协调，部门各负其责，依靠群众的支持和参与"[38]的反腐败工作体制机制作出了重大创新，明确了党对反腐败工作的集中统一领导，纪委监委的组织协调职责、职能部门的协同义务，以及反腐败的群众路线，集中体现了党的十八大以来全面从严治党战略部署、党的纪律检查体制改革、国家监察体制改革等一系列全面深化改革成果，体现了以系统思维、系统施治开展反腐败斗争的科学理念，是坚持一体推进"不敢腐、不能腐、不想腐"的组织保障。

保持惩治腐败高压态势，夺取反腐败斗争压倒性胜利并全面巩固。党的十八大以来，我们党以壮士断腕、刮骨疗毒的决心，以雷霆万钧之势，坚定不移"打虎""拍蝇""猎狐"，严肃查处大量腐败案件。从党的十八大至 2022 年 4 月底，全国纪检监察机关共立案审查调查 438.8 万件、470.9 万人；查处违反中央八项规定精神问题 72.3 万起，给予党纪政务处分 64.4 万人，全国共有 7.4 万人主动向纪检监察机关投案[39]。在查办腐败案件发挥"不敢腐"震慑效应的同时，各级党组织和纪检监察机关深刻总结案件暴露出的制度漏洞、打通"不敢腐、不能腐、不想腐"之间的内在联系，一方面注重以案促改，深度剖析个案，系统总结各类型和领域中的违纪违法问题，深挖问题根源，改进制度，最大限度拓展查办案件的成效；另一方面注重以案促教，围绕查处的典型案例，开展警示教育，推动党员干部以案为鉴、闻警自省。通过坚持严的主基调不动摇，以零容忍态度惩治腐败，有效遏制了腐败增量，削减了腐败存量。

强化对权力的制约和监督，将不能腐的制度笼子越扎越牢。

"不能腐"旨在加强对公权力运行的约束，杜绝腐败发生的潜在可能，构建预防腐败的制度防线。进入新时代，党中央积极稳妥推进全面深化改革，在谋划经济社会等各项事业发展、部门重组重构、职能分工、流程再造、制度设计、人员调配等过程中，充分吸取腐败案件教训，提前将党风廉政建设、防治腐败的理念嵌入其中，科学配置权力和职能职责。纪检监察机关在查办案件的同时，注重发挥案件的促改、促治、促鉴功能，推动办案、整改、治理贯通融合；重点加强与发展改革、自然资源、审计等部门协作配合，推动土地审批、工程建设、资源开发利用等领域严格行业监管，就完善金融机构监管、推进司法体制改革等提出纪检监察建议，开展疫情防控监督推动国家公共卫生应急管理体系建设，努力做到查处一案、警示一片、治理一域。2021 年 9 月，中央纪委国家监委与有关部门联合印发《关于进一步推进受贿行贿一起查的意见》，对涉案企业人员区别情况精准运用政策，重点查处多次行贿、巨额行贿、向多人行贿等行为，指导有关地区依法探索建立行贿人"黑名单"制度，推动构建亲清政商关系，压减权力设租寻租空间。党的十八大以来，党中央高度重视党内法规制度体系建设，加强反腐败国家立法，贯通执纪执法，增强制度刚性，确保各项法规制度落地生根，约束权力的制度笼子越扎越紧。

加强理想信念教育，筑牢不想腐的思想堤坝。"不想腐"是马克思主义政党的根本要求，是建立"为人民执政，靠人民执政"制度的思想前提，旨在让党员领导干部主观上自觉抵制腐败，荣廉耻腐。党中央先后开展党的群众路线教育实践活动、"三严三实"专题教育、"两学一做"学习教育、"不忘初心、牢记使命"主题教育、党史学习教育等活动，让党员干部在活动中锻造党性、淬炼作风；出台

《关于加强新时代廉洁文化建设的意见》《关于进一步加强家庭家教家风建设的实施意见》等文件增强党员领导干部廉洁从政、廉洁用权、廉洁修身、廉洁齐家的思想自觉。纪检监察机关汇编违纪违法干部忏悔录，深化以案促教、以案为鉴；制作播出《巡视利剑》《零容忍》等电视专题片，强化"以廉为荣，以腐为耻"的社会舆论氛围。通过理想信念教育固本强基、用党的创新理论武装全党，用优秀传统文化正心明德，努力使党员干部补足精神之"钙"，浇铸思想之"魂"，筑牢拒腐防变的思想防线[40]。

一体推进"不敢腐、不能腐、不想腐"体制机制是顺应全面从严治党形势发展、反腐败斗争常态化的内在需要，是新时代标本兼治深化反腐败斗争的方法论，标志着我们党对腐败症结的成因分析日益深入，治理腐败的政策措施更加系统，消灭腐败、强党兴党的政治决心更加坚定。

三 党和国家监督体系的中国特色

权力监督是一项基础性制度安排，是保障国家权力正常运行、治理体系有效运转的关键。新时代党和国家监督体系始终坚持以人民为中心的党性原则，"刀刃向内、立破并举"的革命精神，在党集中统一领导下系统施治形成监督合力，在一体推进贯通协调中彰显制度刚性，开辟出一条中国特色社会主义权力监督的新路。

（一）以人民为中心的党性原则

党性是一个政党的本质属性，是阶级性最高和最集中的表现。党性说到底是立场问题。中国共产党是用科学理论武装起来的马克思主义政党，来自人民，为人民而生，因人民而兴，始终与人民血肉联系、根脉相连，团结奋斗、砥砺前行。从党的七大开始，我们党就把全心全意为人民服务作为党的根本宗旨载入党章。宪法中也规定，中华人民共和国是人民民主专政的国家，国家的一切权力属于人民。习近平在党的十九大报告中指出"坚持以人民为中心。人民是历史的创造者，是决定党和国家前途命运的根本力量"[41]，他在庆祝中国共产党成立100周年大会上的讲话中强调："中国共产党始终代表最广大人民根本利益，与人民休戚与共、生死相依，没有任何自己特殊的利益，从来不代表任何利益集团、任何权势团体、任何特权阶层的利益。"[42]实践充分表明，中国共产党的党性和人民性是高度一致的。

以人民为中心是我们党和国家权力的本质特性，也必然是权力监督的本质特性。我们党和国家的权力来源于人民。权力膨胀和扩张的天然属性决定了必须要对其加强监督与约束，确保权力始终对人民负责，为人民服务。习近平强调："国家之权乃是'神器'，是个神圣的东西。公权力姓公，也必须为公。只要公权力存在，就必须有制约和监督。"[43]这是中国共产党人加强权力监督的价值基础。

党和国家监督体系致力于加强党的建设，维护党的团结统一，巩固党的领导。中国特色社会主义最本质的特征和最大优势在于中国共产党的领导。办好中国的事，关键在党，关键在党要管党、全面从严治党。进入新发展阶段，面对各种新矛盾、新问题、新风险、新挑战，必须以强有力的监督保障党的路线方针政策落到实处，使党的基本理论、基本纲领、基本方略创造性地转化为各地区各部门推动发展的具体行动。为此，党需要以强有力的监督检视存在的各种问题，实现自我纠偏，保持党的先进性和纯洁性，把党建设得更加有力；需要以强有力的监督巩固党的领导，筑牢党和国家事业兴旺发达的核心基石。

社会主义国家的一切权力属于人民。党的性质宗旨、初心使命决定了党和国家监督体系必然要致力于维护人民当家作主的政权本色。党和国家监督体系始终坚持人民至上的价值取向，秉持维护人民根本利益、提升人民监督意识与能力的政治自觉和历史主动，凡是群众反映强烈的问题都严肃认真对待，不符合人民利益的都及时纠偏，以全面从严治党实际成效赢得人民信赖和支持。党中央开展"脱贫攻坚专项巡视"及"回头看"，带动省区市、中央国家机关、市县各级巡视巡察紧盯脱贫攻坚政治责任开展监督检查，确保每一名群众都能共享改革与发展的成果，为如期打赢脱贫攻坚战、实现全面建成小康社会战略部署提供了有力保障。实践证明，只要党始终坚定人民立场，以无私亦无畏的担当、"刀刃向内"的勇气强化自我监督，推进自我革命，致力于满足人民对美好生活的新期待，就能够解决中国特色社会主义发展过程中的各种矛盾和问题，确保党和人民赋予的权力始终用来为人民谋幸福。

让人民监督权力是健全党和国家监督体系的基本内容和重要路径。权力监督体系解决的是谁来监督权力、在谁的领导下监督权力的问题。我们党历史悠久、规模庞大、长期执政，如何跳出治乱兴衰的"历史周期率"？毛泽东给出的答案是"让人民来监督政府"[44]。党的性质和社会主义的本质决定了人民群众是党和国家监督体系根本性的支持与参与力量。《中国共产党章程》《中国共产党党内监督条例》等党内法规和《中华人民共和国宪法》《中华人民共和国监察法》等法律中均有专门条款保障党员、群众的监督权利。中央和各级党委巡视巡察组广泛谈话，主动公布联系信箱电话、设置情况反映箱、下沉调研，鼓励群众反映问题线索，有效提升了群众监督的意识和能力。出台《纪检监察机关处理检举控告工作规则》，建设覆盖全国纪检监察系统的检举举报平台，畅通检举控告渠道，主动关注网络舆情，积极回应群众关切。这些举措为人民监督公权力运行提供了重要渠道和制度保障。

党和国家监督体系始终坚持以人民为中心的党性原则，以坚强有力、科学规范的监督，保障党的健康肌体，提升党的先进性、纯洁性，巩固党的执政根基；保障人民赋予的权力为人民所用，确保党不变质、不变色、不变味。

（二）刀刃向内、立破并举的自我革命精神

中国共产党和中国人民不但善于破坏一个旧世界，也善于建设一个新世界。监督的价值和意义不仅在于摧枯拉朽，更在于去腐生肌、除旧布新。

革命性是党和国家监督体系的基本特征。这也是党克服体制机制弊端、防范精神懈怠的根本。腐败是政治的毒瘤，是党长期执政的最大威胁。反腐败是一场输不起也决不能输的重大政治斗争，是党和国家监督体系最艰巨的任务，是最为彻底的自我革命。中国共产党在领导中国革命、建设、改革的历程中，立足马克思主义基本原理与中国国情，从坚决反对贪污浪费腐化，到坚定不移开展党风廉政建设和反腐败斗争，走出了一条适合中国国情的反腐道路。新时代，党中央以不负 14 亿人民的鲜明态度，深入推进全面从严治党，全方位正风肃纪反腐，开展重点领域反腐专项行动，集中削减腐败存量，坚决遏制腐败增量，坚持无禁区、全覆盖、零容忍，坚持重遏制、强高压、长

震慑，一体推进"不敢腐、不能腐、不想腐"，以刮骨疗毒、壮士断腕的革命精神，夺取了反腐败斗争压倒性胜利并全面巩固。

监督具有很强的支持、推动、保障和建设功能。中国共产党的伟大之处不在于不犯错误，而在于从不讳疾忌医，敢于自我监督和直面问题，故而有极强的自我修复和建设能力。党的宗旨和使命要求中国共产党拥有自我革命和领导社会革命的能力，善于以自己的方式去腐生肌、祛邪扶正、补钙壮骨、凝神铸魂，保持先进性和纯洁性，增强生命力和战斗力，实现国家治理体系与治理能力现代化。这一理念贯通了党的领导、党的建设和党的监督全过程。党中央深化政治监督，对金融、工程项目、国有企业、脱贫攻坚衔接乡村振兴等重点领域开展专项检查，对重大事项决策、重大项目投资决策、大额资金使用等开展重点监督，防范腐败风险，查找制度漏洞，督促构建系统完备、科学规范、运行有效的制度体系。党和国家监督体系的各类监督主体不断优化监督理念、健全监督机制、完善监督技术，将监督与支持相结合，发现问题与促进完善相结合，使监督有机融入改革发展，嵌入治理体系，推动"同题共答"，推动党领导的经济社会各项事业稳步发展。

以"刀刃向内、破立并举"的革命精神坚持和完善党和国家监督体系，一方面需要以刮骨疗毒、壮士断腕的勇气向腐败和作风问题开刀，坚定不移开展党风廉政建设和反腐败斗争；另一方面需要推动建章立制、移风易俗，以永不懈怠精神提升党的自我净化、自我完善、自我革新、自我提高能力，使党在革命性锻造中更加坚强，党领导的社会革命更加成功。

（三）统筹谋划、系统施治的制度特征

新时代，党中央对之前监督力量分散、覆盖不全、协同不够的局面进行全方位改革，创新方式方法，理顺体制机制，优化监督力量，集成监督信息，将分散的监督资源进行重新整合，构建起以党内监督为主导，各类监督有机贯通、相互协调的党和国家监督体系。

系统性是党和国家权力监督的发展方向与内在要求。在新中国成立初期，并没有体系化的监督设计，监督制度分散在一些决议或决定等党内文件中。改革开放后，为了适应新形势新要求，党中央将加强党内监督和密切联系群众提上重要议程。2003 年党中央印发《中国共产党党内监督条例（试行）》，首次系统集成了党内监督十项制度。党的十八届六中全会通过的《中国共产党党内监督条例》对党内"五位一体"监督运行作出详细规定，党内监督系统化程度进一步提升。党的十九大后，为了将全面从严治党引向深入，我们党完善反腐败工作体制机制，构建"1+9"党和国家监督格局，深化改革，加强对权力的制约和监督，一体推进"不敢腐、不能腐、不想腐"体制机制，以高远的站位和宏阔的视角系统建设党和国家监督体系。这一科学理论指导和创造性实践中的监督体系，党内监督、人大监督、民主监督、行政监督、司法监督、群众监督、舆论监督几大类别层次清晰、机制健全；结构上既有纵向自上而下的组织监督以及自下而上的民主监督，又有横向的同级监督；各类监督授权明确，渠道畅通，既分工明晰，又彼此关联，在组织化、制度化、结构化等方面体现了监督的整体性和系统化水平。

坚持党对权力监督体系的统一领导。党领导人民进行革命建设改

革的历史实践和我国的国家性质及政体决定了党始终是最高政治领导力量，是全国人民和中华民族的"主心骨"。加强和改进党的全面领导，提高党的长期执政能力，亟须加强党的建设，建设科学、权威、高效的监督体系。党的十八大以来，党中央将全面从严治党纳入"四个全面"战略部署，完善新时代党的建设新的伟大工程；明确各级党组织负有全面从严治党主体责任；以政治建设为统领，强调纪律建设；部署和深化国家监察体制改革，强化党对反腐败工作的集中统一领导；明晰反腐败工作格局，完善党委统一领导下的反腐败协调小组等工作机制，要求各成员单位既分工负责又协同配合；明确党内监督在党和国家监督体系中的主导地位，党委（党组）在党内"五位一体"监督体系中的首要地位和全面监督责任。党通过加强政治领导、实现制度融合、鼓励社会参与三大机制[45]，在横向上协同调动各类其他监督主体，在纵向维度上贯穿自上而下各个层级，对已有的监督体制机制进行革命性重造，为推进党的自我革命和党领导的社会革命，巩固党的长期执政地位提供了有力支撑。

党和国家监督体系在党的集中统一领导下，统筹谋划、系统施治、重点突出、层次清晰，党内监督主导地位和作用日益凸显，全面覆盖、运行规范、权威高效的发展态势已经形成。

（四）有机衔接、有效贯通的治理优势

党和国家监督体系超越了传统的权力监督模式。党中央制定出台了一系列法规制度保障各类监督刚性自主有效运行，又通过一系列改革重构实现了各类监督的有机贯通、相互协同、同向同时综合发力，推动全面从严治党向纵深推进。

各类监督依规依纪依法刚性运行。在习近平法治思想的指导下，我们党既注重宏观层面权力制约监督的顶层设计，又注重微观层面监督制度的健全完善。在党中央集中统一领导下全面确立了决策权、执行权、监督权三大权力分工明确的权力运行格局，在国家层面形成了由人大产生并接受人大监督的行政权、监察权、审判权、检察权相互配合、相互制约的权力结构。在党的集中统一领导下，党内监督权威高效，履行全面从严治党主体责任和监督责任；人大机关、政协机关、司法部门根据政治定位开展监督，以规范政治权力运行；审计、统计、财政等部门在职责范围开展职能监督，为权力监督提供技术支持；舆论监督和群众监督通过电视问政、网络舆情、热线电话、信访举报平台等各种机制，为权力监督夯实民意基础。党和国家监督体系各类监督主体依照授权和制度规范履责、刚性运行，充分发挥监督优势，释放监督威力。

监督体系统筹衔接贯通协调。体系的高效运行需要各组成要素间相互联系、相互作用成为一个整体。党和国家监督体系统筹谋划，建立起了一系列有机衔接、有效贯通的途径和机制。一是发挥巡视战略作用，授予巡视组"12+N"种发现问题的方式方法，通过资源调度机制、信息集成机制、成果共用机制、协同契合机制等路径，统合党和国家监督体系中的各类监督资源[46]。二是纪检监察机关立足"监督的再监督"定位，开展"室组"联动监督、"室组地"联合办案，在监督执纪执法时，对问题严重的案发部门、领域或行业，制发工作提示函、下发纪检监察建议，推动职能部门履行监管职责。三是坚持纪法双施双守、法法衔接，对涉嫌违纪、职务违法、职务犯罪问题实施一体审查调查，在线索处置、协助调查、提前介入、案件移送等方面加强纪检监察机关与司法机关的衔接配合，提高监督效能。四是以专项监督为抓手，建立联合督查机制，发挥行政主管部门业务监管职能以及财政、税务、审计、统计等部门职能监督职能，形成"联动监督"效应。五是以"电视问政"为窗口，引入人大专题询问、政协专题议政、栏目访谈问政、综合问政等多种方式，构建党委主导，政府搭台，人大、政协、群众和舆论共同参与的融合监督平台。六是探索"大数据监督"模式，利用互联网、云计算、人工智能等信息技术充分挖掘公安、财政、金融、国土、审计、民政、卫生等公共平台信息，通过数据关联使各类监督信息共享，提升监督效力。这一系列创新举措的综合运用大大提升了党和国家监督体系的贯通性、协调性、整体性，凝聚成巨大的监督合力。

党和国家监督体系在各项监督制度刚性运行基础上贯通协调，既发挥各类监督的独特优势、释放监督威力，又推动各类监督密切协作配合、情况互通、力量互补、工作互助，把制度优势、组织优势、系统优势转化为监督效能。

四 跳出"历史周期率"的政治文明新形态

党和国家监督体系在全面从严治党中的利剑作用日益凸显，彰显出自我革命的思想张力与行动伟力。党的十八大以来，以习近平同志为核心的党中央继承和发展马克思主义建党学说，总结运用党的百年奋斗历史经验，深入推进管党治党实践创新、理论创新、制度创新，以自我革命精神构建出一套超越西方国家三权分立、国民党五权宪法以及传统政治监督逻辑，着眼于党长期执政、促进中国特色社会主义国家治理体系和治理能力现代化的党和国家监督体系，为中国政治文明的创新发展提供了前进动力，发挥了引领保障功能。

（一）开辟了百年大党自我革命的全新境界

勇于自我革命是党百年奋斗培育的鲜明品格，是中国共产党区别于其他政党的显著标志，也是党掌握历史主动、破解"历史周期率"难题的关键。马克思曾指出："每一次革命都破坏旧社会，就这一点来说，它是社会的。每一次革命都推翻旧政权，就这一点来说，它是政治的。"[47]勇于自我革命体现了马克思主义执政党坚守初心使命、坚定信仰信念、坚持人民至上、敢于善于斗争的精神禀赋。

党的十九届六中全会通过的《中共中央关于党的百年奋斗重大成就和历史经验的决议》总结党领导人民百年奋斗所取得的重大成就，形成了十条经验。其中包括坚持敢于斗争，坚持自我革命。敢于斗争和自我革命是马克思主义执政党的基因禀赋，是确保党的生机活力和党的事业胜利的保证和动力。进入新时代，作为自我革命实践形态的全面从严治党，在锻造强盛马克思主义执政党的过程中也开辟了自我革命的新境界。在管党治党实践中，我们党就推进反腐败斗争提出一系列新理念新思想新战略，"把全面从严治党纳入'四个全面'战略布局，以前所未有的勇气和定力推进党风廉政建设和反腐败斗争，刹住了一些多年未刹住的歪风邪气，解决了许多长期没有解决的顽瘴痼疾，清除了党、国家、军队内部存在的严重隐患，管党治党宽松软得到根本扭转，探索出依靠党的自我革命跳出历史周期率的成功路径"[48]。党通过前所未有的反腐倡廉斗争，保持了同人民群众的血肉联系、赢得了人民的衷心拥护，掌握了带领人民实现中华民族伟大复兴的历史主动。习近平深刻总结新时代党的建设历史经验，创造性地作出"党的自我革命"这一跳出治乱兴衰"历史周期率"的第二个答案，强调"坚持以伟大自我革命引领伟大社会革命"[49]，深刻阐明了中国道路的政治逻辑和科学社会主义的真理所在——"中国共产党为什么能，中国特色社会主义为什么好，归根到底是因为马克思主义行"[50]；马克思主义之所以行，就在于党不断推进马克思主义中国化时代化并用以指导实践。

习近平在十九届中央纪委六次全会上的重要讲话中强调："全面从严治党是新时代党的自我革命的伟大实践，开辟了百年大党自我革命的新境界。"[51]他还总结了党的自我革命"六个必须"的成功经验和规律认识："必须坚持以党的政治建设为统领，坚守自我革命根本政治方向；必须坚持把思想建设作为党的基础性建设，淬炼自我革命锐利思想武器；必须坚决落实中央八项规定精神、以严明纪律整饬作风，丰富自我革命有效途径；必须坚持以雷霆之势反腐惩恶，打好自我革命攻坚战、持久战；必须坚持增强党组织政治功能和组织力凝聚力，锻造敢于善于斗争、勇于自我革命的干部队伍；必须坚持构建自我净化、自我完善、自我革新、自我提高的制度规范体系，为推进伟大自我革命提供制度保障。"[52]"六个必须"既是新时代全面从严治党的重要特征，也是开辟百年大党自我革命新境界的奥秘所在，更是新的伟大征程上坚持以自我革命推进伟大社会革命的基本遵循。党的十八大以来，我们党不断健全党内监督各项制度，实现党内监督全覆盖；推进和深化国家监察体制改革，实现对所有行使公权力的公职人员监察全覆盖；坚持以党内监督带动其他监督，提升监督整体合力；修订完善大量党内法规和国家法律，权力运行更加科学顺畅；坚持一体推进"不敢腐、不能腐、不想腐"体制机制，标本兼治深化反腐败斗争；更加突出发挥监督治理效能，使监督体系更好地融入国家治理体系。党和国家监督体系的健全完善，为"六个必须"提供了任务落实的执行主体，提供了调向纠偏的制度依据，提供了革命逻辑的运行载体，提供了战略实施的策略组合。党和国家监督体系以其深厚的理论、完备的组织、丰富的实践提升了全面从严治党的科学性、规范性、系统性和实效性，保障了全面从严治党政治引领和政治保障作用的充分发挥，将百年大党的伟大自我革命推向全新境界。

（二）推动中国特色监督之路越走越宽广

监督是治理的内在要素，是国家制度和治理体系有效运转的重要支撑，在管党治党、治国理政中居于基础性、保障性地位。党和国家监督体系积极融入国家治理，契合并维护了党的领导体制，促进了治理体系高效运转，释放出巨大的治理效能。这是中国特色的自我监督之路，也是完善中国特色社会主义监督制度、提升监督治理效能的必由之路。

在宏观层面，党和国家监督体系有助于提升国家整体法治水平。中国共产党是坚持马克思主义基本原理、肩负伟大历史使命的先锋型政党。党内法规制度体系将党的科学理念、创新实践固化为制度成果，具有先导性、表率性和引领性。党规党纪严于国家法律，党的路线、方针、政策是国家法律的先导和指引。党和国家监督体系紧扣中国特色社会主义根本制度、基本制度、重要制度、方针政策等党规党纪执行情况开展监督检查，让党的先进制度在社会主义建设实践过程中检验生效、与时俱进，并进一步固化为国家法律，使党的主张成为国家意志。在党领导下"政府—社会—市场"协同一体的治理框架中，以党内监督为主导的党和国家监督体系在保证党内法规制度执行的同时，也有力推动了依规治党、依法执政、依法行政、依法治国一体推进逻辑的实现，党和国家各方面的制度优势由此充分发挥，既提升了管党治党水平，也提升了治国理政水平，促进了国家治理体系和治理能力现代化。

在微观层面，党和国家监督体系优化具体制度设计。治理是一个不断丰富发展和提升的演进过程，制度优化是治理效能的必要前提。监督具有发现、评价、纠偏、完善等多种功能。党和国家监督体系将监督发现的各种风险、漏洞反馈给决策和执行机构，督促其及时修补和完善相关制度设计，以监督保障执行，促进完善发展。党和国家监督体系，以一体推进"不敢腐、不能腐、不想腐"为战略目标，将正风肃纪反腐与深化改革、健全制度、促进治理、完善发展有效贯通，督促构建起系统完备、科学规范、运行有效的制度体系，在治理中发挥监督作用，在监督中提升治理效能。

（三）以伟大自我革命引领伟大社会革命

一个政党最难的就是历经沧桑而初心不改、饱经风霜而本色依旧。加强权力监督，坚持和完善党和国家监督体系，推进全面从严治党，深化自我革命是马克思主义政党的内在需求，也是党领导人民进行伟大社会革命的客观需要。100 年来，我们党以伟大自我革命引领伟大社会革命，深刻把握、深化运用共产党执政规律、社会主义建设规律、人类社会发展规律，取得了许多重大成就和历史经验，开辟了以党的自我革命引领社会革命的新境界。

中国共产党的领导是中国特色社会主义的最大优势。中国共产党的自我革命过程，就是国家最高政治领导力量的自我锻造过程。沧桑巨变，大道如砥，党始终秉持自我革命的高度自觉，强化监督及时纠正党内修正主义、教条主义、官僚主义、形式主义等各种错误和偏差，在守正创新中永葆生机活力，永葆先进纯洁，永葆坚强伟大。中国共产党以强大的政治优势、组织优势、制度优势和监督保障，汇集社会资源，凝聚社会力量，带领全体中国人民开展新民主主义革命，推翻帝国主义、封建主义、官僚资本主义三座大山；开展社会主义革命和建设，完成对农业、手工业和资本主义工商业的三大社会主义改造，确立社会主义基本制度；改革开放发展社会主义市场经济，全面建成小康社会，推进新时代中国特色社会主义建设，走出了一条具有中国特色的发展道路，中华民族实现了从站起来、富起来到强起来的历史性飞跃。

在党的坚强领导下，经济社会各项事业兴旺发达，人民生活水平大幅提高，社会主义制度进一步发展完善。面对世界百年未有之大变局和中华民族伟大复兴战略全局，面对新时代人民日益增长的美好生活需要和不平衡不充分的发展之间新的社会矛盾，面对人民群众在民主、法治、公平、正义、安全、环境等方面日益增长的要求，面对依然严峻复杂的反腐败斗争形势，以习近平同志为核心的党中央坚决贯彻党的自我革命战略思想，强化自我革命战略能力，坚持全面从严治党战略方针，坚持和完善党和国家监督体系，系统推进新时代党的建设新的伟大工程，以刮骨疗毒、壮士断腕的勇气向党内顽瘴痼疾开刀，以坚如磐石的意志正风肃纪反腐，党风政风焕然一新，社风民风更加向上向好，确保了党始终走在时代前列。监督保障执行、促进完善发展。党和国家监督体系使全面从严治党的政治引领和政治保障作用充分发挥，为统筹推进"五位一体"总体布局和协调推进"四个全面"战略布局、全面建成小康社会、实现第一个百年奋斗目标提供了坚强后盾。党和国家监督体系确保党领导的事业与人民群众的幸福期待高度统一，强化党和人民群众之间的血肉联系，使伟大自我革命引领的伟大社会革命拥有不竭动力和光辉前景。

在实现第二个百年奋斗目标新的赶考路上，腐败和反腐败较量还在激烈进行并呈现出"四个任重道远"[53]新的阶段性特征。必须始终坚持以习近平新时代中国特色社会主义思想为指导，把党的自我革命战略思想贯彻落实在党和国家监督体系建设全过程中，不断增强党的自我净化、自我完善、自我革新、自我提高能力，以一体推进"三不腐"的系统运行落实反腐败斗争标本兼治的战略目标；以纪检监察工作的高质量确保全面从严治党的高质量；以党自我革命的不竭驱力提供社会革命的宏伟动力；以党永不变质确保红色江山永不变色，在带领全体中国人民实现中华民族伟大复兴中国梦的伟大实践中推动人类政治文明新发展。

（执笔：蔡志强、刘诗林）

第七章　平等团结互助和谐的
社会主义民族关系

　　一部中国史，就是一部各民族交融汇聚成多元一体中华民族的历史，就是一部各民族共同缔造、发展、巩固统一的伟大祖国的历史。在历史长河的演进中，形成了中华民族多元一体的格局，构筑起中华民族共有精神家园，建立了社会主义民族关系。这是丰厚的文化遗产，也是巨大的制度优势。

　　社会主义民族关系，是在社会主义制度下建立起来的新型民族关系。在我国，经历了新民主主义革命，完成社会主义革命和社会主义改造后，各民族之间的新型关系逐步形成。其基本内涵是：各民族都已摆脱阶级剥削制度，产生民族对抗的阶级根源已不存在；占民族人口绝大多数的劳动人民已成为民族命运的主宰，民族之间的关系基本上是各族劳动人民之间的关系，是平等团结互助和谐的关系；各民族都统一在马克思主义政党和人民民主专政的领导之下；各民族的指导思想是马克思列宁主义、毛泽东思想、邓小平理论、"三个代表"重要思想、科学发展观、习近平新时代中国特色社会主义思想；各民族的奋斗目标是一致的，即共同建设中国特色社会主义、实现中华民族伟大复兴。

2018 年 3 月，十三届全国人大一次会议通过的宪法修正案，将总纲中的"维护和发展各民族的平等、团结、互助关系"，修改为"维护和发展各民族的平等团结互助和谐关系"。党的十八大以来，以习近平同志为核心的党中央高度重视民族工作，形成了我们党关于加强和改进民族工作的重要思想，将铸牢中华民族共同体意识明确为新时代党的民族工作的"纲"，高度重视和巩固发展平等团结互助和谐的民族关系，为新时代坚持和发展中国特色社会主义、实现中华民族伟大复兴指明了方向、提供了遵循。

一　社会主义民族关系具有坚实的历史文化基础

民族关系的构建和形塑是一个长期的、复杂的、历史的过程，社会主义民族关系奠基于中华民族 5000 多年文明历史所孕育的中华民族历史文化，熔铸于党领导人民在革命、建设、改革中创造的革命文化和社会主义先进文化，植根于中国特色社会主义伟大实践，有着深厚的历史基础、文化基础、实践基础、制度基础。

（一）中华民族多元一体的深厚历史文化基因

社会主义民族关系是在中华民族多元一体的格局中衍生变化、渐进发展起来的。几千年来，各民族在广袤的中华大地上繁衍生息，在漫长的历史时期中相互影响、相互促进、相互融合，形成了中华民族共同体意识，为社会主义民族关系奠定了广泛而深厚的历史文化根基。可以说，从历史到现实，我国民族关系发展的历史传统和沿革发展，对于中华民族多元一体格局的形成和塑造具有极其重要的作用。同时，也恰恰是在中华民族多元一体的建设发展进程中，各民族交往交流交融的作用愈加凸显、意义更为显著。这是一个空间的、动态的、历时的过程，也是一个时间的、交互的、共时的过程。在根本上，中华民族多元一体标注着我国民族关系的文化属性和价值意义，是社会主义民族关系的集中体现和高度凝练，具体表现为四种形态[1]。

一是空间形态。承载中华民族多元一体的"辽阔的疆域是各民族共同开拓的……各族先民……共同开发了祖国的锦绣河山"，在空间发展上结成了密切联系，在历史传承中你来我往、频繁互动；"自秦代以来，既有汉民屯边，又有边民内迁，历经几次民族大融合，各民族你中有我、我中有你，共同开拓着脚下的土地。秦代设置南海郡、桂林郡管理岭南地区，汉代设立西域都护府统辖新疆，唐代创设了800多个羁縻州府经略边疆，元代设宣政院管理西藏，明代清代在西南地区改土归流，历朝历代的各族人民都对今日中国疆域的形成作出了重要贡献"[2]，也为民族关系找到了可以落地生根、赖以生存发展的锦绣河山。

二是历史形态。承载中华民族多元一体的"悠久的历史是各民族共同书写的。早在先秦时期，我国就逐渐形成了以炎黄华夏为凝聚核心、'五方之民'共天下的交融格局。秦国'书同文，车同轨，量同衡，行同伦'，开启了中国统一的多民族国家发展的历程。此后，无论哪个民族入主中原，都以统一天下为己任，都以中华文化的正统自居。分立如南北朝，都自诩中华正统；对峙如宋辽夏金，都被称为'桃花石'；统一如秦汉、隋唐、元明清，更是'六合同风，九州共贯'。秦汉雄风、大唐气象、康乾盛世，都是各民族共同铸就的历史"[3]，为民族关系提供了深厚的文化底蕴。

三是文化形态。承载中华民族多元一体的灿烂文化是各民族共同创造的。一方面，中华文化兼收并蓄、博大精深，是各民族文化的集大成。"我国各民族创作了诗经、楚辞、汉赋、唐诗、宋词、元曲、明清小说等伟大作品，传承了格萨尔王、玛纳斯、江格尔等震撼人心的伟大史诗，建设了万里长城、都江堰、大运河、故宫、布达拉宫、坎儿井等伟大工程"[4]。另一方面，各民族文化特色鲜明、亮点纷呈，普遍为中华文化作出了积极贡献。"从赵武灵王胡服骑射，到北魏孝文帝汉化改革；从'洛阳家家学胡乐'到'万里羌人尽汉歌'；从边疆民族习用'上衣下裳''雅歌儒服'，到中原盛行'上衣下裤'、胡衣胡帽，以及今天随处可见的舞狮、胡琴、旗袍等，展现了各民族文化的互鉴融通。各族文化交相辉映，中华文化历久弥新"[5]，为民族关系提供了文化自信的强大支撑。

四是精神形态。承载中华民族多元一体的伟大精神是由各民族共同培育的。无论是农耕文明、草原文明还是海洋文明，无论是昭君出塞、文成公主进藏、凉州会盟还是瓦氏夫人抗倭、土尔扈特万里东归、锡伯族万里戍边，"源源不断注入中华民族的特质和禀赋，共同熔铸了以爱国主义为核心的伟大民族精神。……近代以后，面对亡国灭种的空前危机，各族人民共御外侮、同赴国难……其中涌现出一大批少数民族的卫国英烈、建党先驱、工农运动领袖、抗日英雄、开国将领……各族人民血流到了一起、心聚在了一起，共同体意识空前增强，中华民族实现了从自在到自觉的伟大转变"[6]。中华民族精神是各族人民共同培育、继承、发展起来的，已深深融进了各族人民的血液和灵魂，成为民族关系的根本价值。

（二）党的百年奋斗积累了丰富经验、探索了正确道路

对于一个多民族国家而言，建立什么样的民族关系来处理国内民族问题，关系到国家的长治久安和民族的前途命运。经过百年奋斗，党领导人民坚持和运用马克思主义民族理论的基本原理，在理论和实践上进行了极大丰富和发展，探索出一条中国特色解决民族问题的正确道路，确立、巩固和发展了社会主义新型民族关系。

革命时期，中国共产党积极探索符合马克思主义基本原理、适合中国国情的民族关系。1922 年 7 月，党的二大提出："只有打倒资本帝国主义以后，才能实现平等和自决。"[7] 1931 年 11 月，《中华苏维埃共和国宪法大纲》规定："不分男女、种族……宗教，在苏维埃法律前一律平等，皆为苏维埃共和国的公民。"[8] 1935 年 5 月《总政治部关于争取少数民族工作的训令》指出："野战军今后的机动和战斗，都密切的关连着争取少数民族的问题。这个问题之解决，对于实现我们的战略任务，有决定的意义。因之，各军团政治部必须立即把这个问题提到最重要的地位。"[9]

新中国的成立，开创了我国民族关系的历史新纪元。1949 年 9 月制定的《中国人民政治协商会议共同纲领》规定："中华人民共和国境内各民族，均有平等的权利和义务。"[10] 1953 年 3 月，毛泽东在《批判大汉族主义》中强调："有些地方民族关系很不正常。此种情形，对于共产党人说来，是不能容忍的。必须深刻批评我们党内在很多党员和干部中存在着的严重的大汉族主义思想，即地主阶级和资产阶级在民族关系上表现出来的反动思想，即是国民党思想，必须立刻

着手改正这一方面的错误。"[11]根据党中央指示，1952 年和 1956 年，在全国范围进行了两次民族政策执行情况的大检查，及时纠正了民族工作中的缺点和失误，确保党的民族政策落到实处，在各族干部群众中产生了良好影响。

社会主义制度的确立，奠定了我国民族关系的根本基础。党的十九届六中全会通过的《中共中央关于党的百年奋斗重大成就和历史经验的决议》在总结党的百年奋斗的历史经验时，在第二部分"完成社会主义革命和推进社会主义建设"中强调："党领导实现和巩固了全国各族人民的大团结，形成和发展各民族平等互助的社会主义民族关系。"[12]1957 年 2 月，毛泽东在《关于正确处理人民内部矛盾的问题》中强调："汉族和少数民族的关系一定要搞好。这个问题的关键是克服大汉族主义。在存在有地方民族主义的少数民族中间，则应当同时克服地方民族主义。"[13]同年 8 月，周恩来在全国人民代表大会民族委员会召开的民族工作座谈会上发表《关于我国民族政策的几个问题》的重要讲话中，就新中国民族政策的几个原则问题从理论和实践上做了全面系统的阐述，尤其强调"我们反对两种民族主义，就是既反对大民族主义（在中国主要是反对大汉族主义），也反对地方民族主义"，强调要在建设社会主义现代化国家这个"新的基础上达到我们各民族间进一步的团结"[14]。

改革开放时期，进一步巩固和发展了社会主义民族关系。1981年 6 月，党的十一届六中全会通过的《关于建国以来党的若干历史问题的决议》，提出了"平等互助的社会主义民族关系"这一概念。1982 年颁布实施的宪法与党章将"平等互助的社会主义民族关系"发展为"平等、团结、互助的社会主义民族关系"，第一次在国家根本大法和党内根本大法的高度对民族关系予以明确。1987 年 4 月中共中央、国务院批转中央统战部、国家民族事务委员会《关于民族工作几个重要问题的报告》，将这一关系概括为"社会主义的新型民族关系"[15]。1999 年 9 月江泽民在中央民族工作会议暨国务院第三次全国民族团结进步表彰大会上的讲话中指出："毛泽东同志、邓小平同志等老一辈无产阶级革命家，审时度势，高瞻远瞩，创造性地把马克思主义的民族理论与中国民族问题的实际相结合，确立了平等、团结、互助的社会主义民族关系。"[16]2005 年 5 月，胡锦涛在中央民族工作会议暨国务院第四次全国民族团结进步表彰大会上的讲话中，将民族关系表述为"各民族平等、团结、互助、和谐"[17]。2007 年和 2012 年两次党章修改，都沿用了这一表述。

进入新时代，社会主义民族关系得到了新的丰富和发展。以习近平同志为核心的党中央站在中华民族伟大复兴战略全局和世界百年未有之大变局的高度，注重强调中华民族大家庭、中华民族共同体、铸牢中华民族共同体意识等理念，既一脉相承又与时俱进贯彻党的民族理论和民族政策，积累了把握民族问题、做好民族工作的宝贵经验，形成了关于加强和改进民族工作的重要思想，平等团结互助和谐的社会主义民族关系是其中的重要组成部分。这一思想科学回答了新时代民族工作举什么旗、走什么路等重大问题，明确了以铸牢中华民族共同体意识为主线推进新时代党的民族工作高质量发展的指导思想、战略目标、重点任务、政策举措，是党的民族工作实践的最新总结，是马克思主义民族理论中国化的最新成果，是做好新时代民族工作的根本遵循。2018 年宪法修改，将民族关系的最新表述写入宪法，充分表明了社会主义民族关系在民族工作中的重要地位和重大意义。2021 年党的十九届六中全会通过的《中共中央关于党的百年奋斗重大成就和历史经验的决议》在第四部分"开创中国特色社会主义新时代"中强调"巩固和发展平等团结互助和谐的社会主义民族关系，促进各民族共同团结奋斗、共同繁荣发展"，并在第六部分"中国共产党百年奋斗的历史经验"第九条"坚持统一战线"中专门对促进民族关系加以强调。

二 社会主义民族关系的鲜明特征[18]

（一）坚持各民族一律平等

民族平等，是我国的宪法原则，构成社会主义民族关系的基石。宪法规定："中华人民共和国各民族一律平等。"民族区域自治法等法律法规对民族平等进行了具体而明确的规定。我国各民族一律平等有三层含义：各民族不论人口多少，历史长短，居住地域大小，经济发展程度如何，语言文字、宗教信仰和风俗习惯是否相同，政治地位一律平等；各民族不仅在政治、法律上平等，而且在经济、文化、社会生活等所有领域平等；各民族公民在法律面前一律平等，享有相同的权利，承担相同的义务。邓小平指出："我们的民族政策是正确的，是真正的民族平等。我们十分注意照顾少数民族的利益。中国一个很重要的特点就是没有大的民族纠纷。"[19]

各民族一律平等，其基本内涵主要包括以下几个方面[20]。

（1）人身自由和人身权利不受侵犯。新中国成立前，四川等地彝族地区大约100万人口保留着奴隶制度，西藏、云南西双版纳等地区大约有400万人口保留着封建农奴制度[21]。新中国成立后，于20

世纪 50 年代对这些地区进行了民主改革，废除了奴隶制和封建农奴制，广大农奴和奴隶获得了人身自由，成为新社会的主人。

（2）法律面前一律平等。民事诉讼法等规定，各民族公民都有用本民族语言、文字进行民事诉讼的权利。在少数民族聚居或者多民族共同居住的地区，人民法院应当用当地民族通用的语言、文字进行审理和发布法律文书。人民法院应当对不通晓当地民族通用的语言、文字的诉讼参与人提供翻译。

（3）平等地享有管理国家事务的权利。按照全国人民代表大会和地方各级人民代表大会选举法规定，在同一少数民族人口不到当地总人口的 15% 时，少数民族每一代表所代表的人口数可以适当少于当地人民代表大会每一代表所代表的人口数，人口特别少的民族至少也应有一名代表。在历届全国人民代表大会中，少数民族代表人数占全国人民代表大会代表总人数的比例，均高于同期少数民族人口占全国总人口的比例。

（4）平等地享有宗教信仰自由。在中国，宗教信仰自由，指每个公民既有信仰宗教的自由，也有不信仰宗教的自由；有信仰这种宗教的自由，也有信仰那种宗教的自由；有过去不信教而现在信教的自由，也有过去信教而现在不信教的自由。各民族信教群众的正常宗教活动都受到法律的保护，宗教活动场所分布各地，基本满足了信教群众宗教生活的需要。

（5）享有使用和发展本民族语言文字的权利。全国人民代表大会、中国人民政治协商会议等重要会议都提供蒙古族、藏族、维吾尔族、哈萨克族、朝鲜族、彝族、壮族等民族语言文字的文件或语言翻译。人民币主币除使用汉字之外，还使用了蒙古族、藏族、维吾尔族、壮族四种少数民族文字。民族自治地方的自治机关在执行公务时，都使用当地通用的一种或几种文字。少数民族语言文字在教育、新闻出版、广播影视、网络电信等诸多领域，都得到了广泛的应用和发展。

（6）享有保持或改革本民族风俗习惯的自由。对少数民族服饰、饮食、居住、婚姻、节庆、礼仪、丧葬等风俗习惯，给予了充分尊重和切实保障；法律规定民族自治地方人民政府可以按照有关少数民族的习惯制定放假办法；少数民族职工参加本民族重大节日活动，可以按照国家有关规定放假，并照发工资；为了防止发生侵犯少数民族风俗习惯的问题，法律法规对新闻、出版、文艺、学术研究等有关单位和从业人员提出明确要求；刑法专门设有"侵犯少数民族风俗习惯罪"，对侵犯少数民族风俗习惯的违法行为依法进行追究。

（二）坚持各民族大团结

民族团结，是中国处理民族问题的根本原则，也是中国民族政策的核心内容。民族团结包括汉族和少数民族之间的团结，各少数民族之间的团结，以及同一少数民族内部成员之间的团结。维护民族团结，就是在统一的祖国大家庭里，在一律平等的基础上，各民族互相尊重、互相信任、互相学习、互助合作，同呼吸、共命运、心连心，推动各民族和睦相处、和衷共济、和谐发展。在我国这样一个多民族国家，维护民族团结有着特别重要的意义。其一，这是国家统一的重要保证。只有实现了民族团结，才能维护国家统一。没有民族团结，必然是民族矛盾、冲突不断，导致国家四分五裂、一盘散沙。其二，这是社会稳定的重要前提。只有实现了民族团结，社会才能安定和谐，人民才能安居乐业，国家才能长治久安。其三，这是各项社会事业发展的重要保障。各民族只有团结一心，才能聚精会神搞建设，一心一意谋发展，使经济社会取得长足进步、各族人民生活不断得到改善。

多年来，我国在坚持各民族大团结上采取了一系列行之有效的措施。主要包括以下几个方面[22]。

（1）着力消除历史遗留下来的民族歧视和民族隔阂，促进各民族团结发展。禁止对任何民族的歧视和压迫，禁止破坏民族团结和制造民族分裂的行为。既反对大民族主义，主要是大汉族主义，也反对地方民族主义。多次开展全国范围的民族政策执行情况的大检查，推动民族政策的全面贯彻落实。

（2）完善促进民族团结的制度机制。在坚持和完善民族区域自治制度基础上，适应各民族人口流动频繁、城市化散居化趋势明显的态势，制定实施《城市民族工作条例》《民族乡行政工作条例》等法律法规，切实加强服务与管理，帮助他们发展生产、改善生活，满足他们在节庆、饮食、丧葬等方面的需要。

（3）不断加强民族团结的宣传教育。把民族团结教育纳入公民道德教育的全过程，纳入社会主义精神文明建设的全过程。坚持不懈地在各族干部群众中进行民族理论、民族政策、民族法律法规和民族知识的教育，注重增强教育的针对性和实效性。不仅教育群众，更注重教育干部；不仅教育少数民族干部，更注重教育汉族干部；不仅教育一般干部，更注重教育领导干部。特别重视在青少年中进行民族团结教育，要求民族团结教育进学校、进课堂、进教材，使民族大团结的优良传统代代相传。注意加强对出版物、广播影视作品和互联网的管理，防止出现伤害民族感情、损害民族团结的内容。

（4）积极开展民族团结进步创建和表彰活动。通过多次召开全国民族团结进步表彰大会、"民族团结宣传教育月"等形式，开展民族团结进步创建活动，制定实施《全国民族团结进步模范评选表彰办法》，在全社会树立典型，弘扬正气，推动形成了以维护民族团结为荣、以损害民族团结为耻的社会风尚。如新疆维吾尔自治区将每年5月、内蒙古自治区将每年9月、吉林延边朝鲜族自治州将每年9月、贵州黔东南苗族侗族自治州将每年7月定为"民族团结月"。

（5）妥善处置影响民族团结的矛盾和问题。坚持团结、教育、疏导、化解为主的方针，具体问题具体分析，是什么问题就解决什么问题，避免事态扩大和矛盾激化。维护法律尊严，维护人民利益，凡属违法犯罪的，不论涉及哪个民族、信仰何种宗教，都依法处理。近年来，从中央到地方普遍建立处理影响民族团结问题的长效机制和应急预案，及时妥善地处置了各种影响民族团结的矛盾纠纷和事件，维护了民族团结和社会大局稳定。

（三）坚持民族区域自治

民族区域自治，即在国家统一领导下，各少数民族聚居地方实行区域自治、设立自治机关、行使自治权，这是我国解决民族问题的基本政策，也是我国的一项基本政治制度。实行民族区域自治，是尊重历史、合乎国情、顺应民心的必然选择，有利于把国家的集中、统一与各民族的自主、平等结合起来，有利于把国家的法律政策与民族自治地方的具体实际、特殊情况结合起来，有利于把国家的富强民主文明和谐与各民族的团结进步繁荣发展结合起来，有利于把各族人民热爱祖国的感情与热爱自己民族的感情结合起来。在统一的祖国大家庭里，各民族既和睦相处、和衷共济、和谐发展，又各得其所、各尽其能、各展所长。

多年来，我国一以贯之坚持民族区域自治，与时俱进完善民族区域自治，取得了显著成就，主要体现在以下几个方面[23]。

（1）民族自治地方普遍建立。早在新中国成立之前的 1947 年，在中国共产党领导下，中国就建立了第一个省级民族自治地方——内蒙古自治区。新中国成立后，根据宪法和法律的规定，中国政府开始在少数民族聚居的地方全面推行民族区域自治。1955 年 10 月，新疆维吾尔自治区成立；1958 年 3 月，广西壮族自治区成立；1958 年 10 月，宁夏回族自治区成立；1965 年 9 月，西藏自治区成立。截至 2008 年底，全国共建立了 155 个民族自治地方，包括 5 个自治区、30 个自治州、120 个自治县（旗）。2000 年第五次全国人口普查表明，55 个少数民族中，有 44 个建立了自治地方，实行区域自治的少数民族人口占少数民族总人口的 71%，民族自治地方的面积占全国国土面积的 64%。此外，还建立了 1100 多个民族乡，作为民族区域自治制度的补充。

（2）民族区域自治法律制度不断完善。1949 年中国人民政治协商会议通过的具有临时宪法作用的《中国人民政治协商会议共同纲领》，将民族区域自治确定为新中国的一项基本政策。1952 年中央人民政府委员会颁布《民族区域自治实施纲要》，对民族自治地方的建立、自治机关的组成、自治机关的自治权利等重要事项作出明确规定。1954 年全国人民代表大会通过的宪法，以根本法形式确认了这一制度，并一直坚持实行这一制度。1984 年，在总结民族区域自治历史经验的基础上，第六届全国人民代表大会第二次会议通过《民族区域自治法》，至此，中国的民族区域自治实现了政策、制度、法律的三位一体。《民族区域自治法》是实施宪法规定的民族区域自治制度的基本法律，规范了中央和民族自治地方的关系以及民族自治地

方各民族之间的关系，其法律效力不只限于民族自治地方，全国各族
人民和一切国家机关都必须遵守、执行这项法律。

（3）民族自治地方有效行使自治权。一是自主管理本民族、本
地区的内部事务。民族自治地方各民族人民行使宪法和法律赋予的选
举权和被选举权，通过选举出人民代表大会代表，组成自治机关，行
使管理本民族、本地区内部事务的权利。目前，155 个民族自治地方
的人民代表大会常务委员会中都有实行区域自治的民族的公民担任主
任或者副主任。自治区主席、自治州州长、自治县县长全部由实行区
域自治的民族的公民担任。二是享有制定自治条例和单行条例的权
力。《民族区域自治法》规定：民族自治地方的人民代表大会有权依
照当地民族的政治、经济和文化的特点，制定自治条例和单行条例。
《立法法》还规定：自治条例和单行条例可以依照当地民族的特点，
对法律和行政法规的规定作出变通规定。民族自治地方根据本地实
际，对国家颁布的婚姻法、继承法、选举法、土地法、草原法等多项
法律作出变通和补充规定。三是自主安排、管理、发展经济建设事
业。在国家计划或规划的指导下，民族自治地方的自治机关根据本地
条件，自主地制订经济社会发展计划、规划或目标，安排地方基本建
设项目。民族自治地方依照国家规定，经国务院批准，可以开辟对外
贸易口岸，民族自治地方的自治机关在对外经济贸易活动中，享受国
家的优惠政策。四是自主发展各项文化社会事业。民族自治地方的自
治机关根据国家教育方针，依照法律的规定，决定本地方的教育规
划，各级各类学校的设置、学制、办学形式、教学内容和招生办法。
民族自治地方的自治机关自主地发展具有民族形式和民族特点的文
学、艺术、新闻、出版、广播、电影、电视等民族文化产业。民族自
治地方的自治机关组织、支持有关方面搜集、整理、翻译和出版民族

历史文化书籍，保护名胜古迹、珍贵文物和其他重要历史文化遗产，继承和发展优秀民族传统文化。

（四）坚持各民族共同繁荣发展

脱贫攻坚极大地促进了各民族共同繁荣发展，是精神和物质同时并存、相互转化的范例，也为多样性语言文化和中华民族共有精神家园辩证统一提供了生动的实践例证。时至今日，脱贫攻坚已载入了党史国史、中华民族史，同时也载入了世界历史。党的十八大以来，经过 8 年持续奋斗，到 2020 年底，我国"现行标准下 9899 万农村贫困人口全部脱贫，832 个贫困县全部摘帽，12.8 万个贫困村全部出列，区域性整体贫困得到解决"[24]。占世界人口近 1/5 的中国全面消除绝对贫困，"提前 10 年实现《联合国 2030 年可持续发展议程》减贫目标"[25]，不仅是中华民族发展史上具有里程碑意义的大事件，也是人类减贫史乃至人类发展史上的大事件，为全球减贫事业和人类发展进步作出了重大贡献。

脱贫攻坚对少数民族和民族地区的改变是历史性的、全方位的，是少数民族和民族地区的又一次伟大革命，深刻改变了少数民族和民族地区的发展面貌，显著提升了各族群众的生活水平。2016 年至 2020 年，内蒙古自治区、广西壮族自治区、西藏自治区、宁夏回族自治区、新疆维吾尔自治区和贵州、云南、青海三个多民族省份贫困人口累计减少 1560 万人，2018 年至 2020 年的总体经济增长幅度超过全国平均水平，居民人均可支配收入从 1978 年的 150 多元增长到 2020 年的 24534 元。28 个人口较少民族全部实现整族脱贫，一些新中国成立后"一步跨千年"进入社会主义社会的"直过民族"，又实现了从贫穷落后到全面小康的第二次历史性跨越[26]。

随着脱贫攻坚的胜利，少数民族和民族地区教育事业快速发展。通过发展民族地区各级各类学校，举办预科班、民族班，在广大农牧区推行寄宿制教育，着力办好民族地区高等教育等举措，促进教育公平，少数民族受教育权利得到有效保障。民族地区已全面普及从小学到初中9年义务教育，西藏自治区和新疆维吾尔自治区的南疆阿克苏地区、克孜勒苏柯尔克孜自治州、喀什地区、和田地区四地州实现了从学前到高中阶段15年免费义务教育。同时，文化事业蓬勃发展，截至2020年，民族自治地方共设置广播电台、电视台、广播电视台等播出机构729个，全国各级播出机构共开办民族语电视频道279套、民族语广播188套。我国入选联合国教科文组织人类非物质文化遗产名录（名册）的42项非物质文化遗产中，少数民族项目有15项，占37.5%[27]。经过一系列努力，民族文化得以保护、传承和弘扬，既促进了少数民族和民族地区群众增收致富，也延续了文脉、留住了乡愁。

正是在脱贫攻坚这场深刻的物质革命中，各族群众也经历了一场深刻的思想革命，不仅取得了物质上的丰硕成果，也取得了精神上的丰硕成果。而且，恰恰是在上下齐心、共同奋斗中，物质成果得以发展和转化，精神世界得以充实和升华，产生了从内而外的深刻改变。具体体现在以下几个方面。一是心气更足了。脱贫攻坚不仅使各族群众拓宽了增收渠道、增加了收入，而且唤醒了对美好生活的追求，极大提振和重塑了自力更生、自强不息、创业干事、创优争先的精气神，增强了过上好日子的信心和劲头。"好日子是干出来的"[28]，大家比着把日子往好里过，依靠自己的辛勤劳动摆脱贫困，形成了你追我赶奔小康的浓厚氛围。二是眼界更宽了。打开了民族地区通往外部世界的大门：交通基础设施的改善畅通了民族地区与外界的联系，公共文化事业的发展丰富了各族群众的精神文化生活，网络的普及让大家增长了见识、开阔了视野。各族群众的开放意识、创新意识、科技意识、规则意识、市场意识等显著增强，脱贫致富的点子越来越多、路子越来越宽。三是生活更现代化了。通过开展移风易俗行动，开展弘扬好家风、"星级文明户"评选、寻找"最美家庭"等，文明程度显著提升，更多人追求环保、讲究卫生，科学、健康、文明的生活方式成为新追求，婚事新办、丧事简办、孝亲敬老、邻里和睦、扶危济困、扶弱助残等社会风尚广泛弘扬，既有乡土气息又有现代时尚的新时代文明新风正在形成。

概言之，随着少数民族和民族地区同全国一道实现全面小康，各民族共同繁荣发展的物质基础越来越雄厚，各族群众实现美好生活的意愿越来越强烈，为巩固发展社会主义民族关系提供了坚实基础，从而赋予了脱贫攻坚以彰显中华民族共同体意识的重大意义、以构筑中华民族共有精神家园的重大意义。

三 社会主义民族关系的多维历史构建

（一）时代主题中的民族问题

社会主义民族关系不是无源之水、无本之木，其所针对的民族问题，一直内生于中国革命、建设、改革和新时代的重大主题之中，既受到各个历史时期主要矛盾和中心任务的支配和决定，同时也是这些历史时期主要矛盾和中心任务的组成部分。因此，社会主义民族关系的构建和形塑，本质上必须还原到对民族问题和时代主题之间关系的理解之中，也必然是对二者关系的一种直观的、必然的反映。

新民主主义革命时期，我国社会主要矛盾是帝国主义和中华民族的矛盾、封建主义和人民大众的矛盾；主要任务是，反对帝国主义、封建主义、官僚资本主义，争取民族独立、人民解放。由此，对外而言就是中华民族的独立自主，对内而言就是中国人民的自由解放，民族问题是置于其中理解和把握的，是在新民主主义革命中一并得到解决的。正是在"中国人民站起来了"的新纪元宣示中，民族问题作为中国革命问题的一部分也得到了真正的解决，民族关系具有了被真正重新规范和界定的可能性和现实性。

社会主义革命和建设时期，主要任务是，实现从新民主主义到社会主义的转变，进行社会主义革命，推进社会主义建设。在根本上，社会主义革命对于中华民族和中国人民具有重大而深远的历史意义，意味着一切剥削制度的消灭，实现了中华民族有史以来最为广泛而深刻的社会变革；意味着社会主义制度在中国的建立，实现了"一穷二白"人口众多的东方大国迈进社会主义社会的伟大飞跃。正是在社会主义革命以及所确立的社会主义制度基础上，民族问题进入了社会主义意义的崭新境界：全国各族人民的大团结得以实现和巩固，各民族平等互助的社会主义民族关系得以形成和发展。如果说新中国的成立为民族问题的解决和民族关系的规范创造了根本社会条件，那么社会主义革命的胜利则为之提供了根本政治前提和制度基础，民族关系由此而具有了社会主义的性质。

改革开放和社会主义现代化时期，我国社会的主要矛盾是人民日益增长的物质文化需要同落后的社会生产之间的矛盾，主要任务是继续探索中国建设社会主义的正确道路，解放和发展生产力，使人民摆脱贫困、尽快富裕起来。正是基于对时代主题的重大判断和决策部署，社会主义民族关系的内涵得到了进一步的凝练和总结。从邓小平强调，在实现四个现代化的进程中，我国各民族"结成了社会主义团结友爱、互助合作的新型民族关系"[29]，到江泽民强调"反对任何民族压迫和民族歧视，对各少数民族聚居的地方实行民族区域自治，在各民族之间建立和不断发展平等、团结、互助的社会主义新型民族关系"[30]，再到胡锦涛强调"全面正确贯彻落实党的民族政策，巩固和发展平等团结互助和谐的社会主义民族关系"[31]，民族关系的表述经过了从阐发论述到基本定型再到巩固发展的过程，凝结了几代中国共产党人的不懈探索。

中国特色社会主义进入新时代，我国社会主要矛盾是人民日益增长的美好生活需要和不平衡不充分的发展之间的矛盾，主要任务是，实现第一个百年奋斗目标，开启实现第二个百年奋斗目标新征程，朝着实现中华民族伟大复兴的宏伟目标继续前进。与之相应的是，对民族问题的提法和民族关系的规范赋予了崭新的时代内涵，最重要的是2021年中央民族工作会议从12个方面提出了党关于加强和改进民族工作的重要思想，可以说是新时代党的民族工作的根本遵循，为刻画和描述民族关系作出了总体部署和明确指导。特别是强调要以铸牢中华民族共同体意识为主线，这是新时代做好民族工作的"纲"，是加强和巩固民族团结的基础，对国家统一、民族团结和凝聚精神力量具有重要意义。由此，为民族关系赋予了超越民族关系之上的"根"与"魂"，民族关系从平等团结互助和谐的"相互性"中找到了何以"相互性"的原则和规范。

概言之，党领导人民解决民族问题和明确民族关系的过程，是一个紧紧围绕不同历史时期的社会主要矛盾和主要任务而进行探索实践、提炼总结的过程。革命、建设、改革和新时代，民族问题和民族关系都要服务并服从于社会主要矛盾和主要任务，也恰恰是在大局大势之中，被赋予了时代内涵，获得了具体规定，从而形成并塑造了解决民族问题和规范民族关系的历史嬗变。

（二）中国道路中的民族关系

当我们爬梳社会主义民族关系发展演变的概念史，其中有一个同政治文明建设密切相关的要点，就是民族关系的社会主义属性。改革开放以降，更为凸显"新型"民族关系，就是在对民族关系的内涵阐述上做"加法"，但一以贯之的是，始终坚持对民族关系的社会主义界定。这是为什么？其中的意蕴何在？这就需要理解和把握社会主义民族关系同"一条道路""两个反对""三个离不开"的内在关联。

一条道路，即中国特色解决民族问题的正确道路。如果将社会主义民族关系的确立理解为马克思主义民族理论中国化的过程，那么，民族关系的社会主义属性是对于马克思主义民族理论的坚持和继承，是在巩固和发展时所必须坚持的路线、方针和原则，是将我国的民族关系同其他国家的民族关系区别开来的显著标志。对于民族关系的社会主义属性的理解和把握，一定要同社会主义在中国的发展紧密联系起来，一定要同中国特色社会主义紧密联系起来，一定要同中国特色解决民族问题的正确道路的深刻内涵紧密联系起来。毋庸置疑，中国特色解决民族问题的正确道路，是中国特色社会主义道路的重要组成部分，是确保各民族共同团结奋斗、共同繁荣发展的正确道路。其基本内涵包括：坚持中国共产党领导，坚持中国特色社会主义道路，坚持维护祖国统一，坚持各民族一律平等，坚持和完善民族区域自治制度，坚持打牢中华民族共同体的思想基础，坚持依法治国，等等。历史和实践充分证明，中国特色解决民族问题的正确道路彰显了我国国家制度和治理体系的显著优势，正是因为始终坚持中国特色解决民族问题的正确道路，"70 年沧海桑田、波澜壮阔，少数民族的面貌、民族地区的面貌、民族关系的面貌、中华民族的面貌都发生了翻天覆地的历史性巨变"[32]。

两个反对，即"反对大民族主义和狭隘民族主义"[33]。有研究指出，"两个反对"的理论源头可以追溯到列宁、斯大林的有关论述，也是中国共产党长期以来民族政策的重要内容。在历史上，对两种民族主义分别使用过"传统""倾向""残余""做法""主义"等表述，充分表现出社会主义民族关系的确立和规范始终是同两种民族主义的斗争相伴生的。列宁晚年在研究民族问题时提出："抽象地提民族主义问题是极不恰当的。必须把压迫民族的民族主义和被压迫民族的民族主义，大民族的民族主义和小民族的民族主义区别开来。"[34]1949 年，《共同纲领》第五十条明确规定"反对大民族主义和狭隘民族主义"。1954 年宪法序言中规定："我国各民族已经团结成为一个自由平等的民族大家庭。在发扬各民族间的友爱互助、反对帝国主义、反对各民族内部的人民公敌、反对大民族主义和地方民族主义的基础上，我国的民族团结将继续加强。国家在经济建设和文化建设的过程中将照顾各民族的需要，而在社会主义改造的问题上将充分注意各民族发展的特点。"[35]可见，在中国革命进程和新中国成立伊始，我们党就对民族关系上容易出现的两种错误倾向进行了严肃的反对和抵制，这对于社会主义民族关系的界定和规范起到了正本清源的重要作用，从而使中华民族共同体建设同社会主义统一的多民族国家建构紧密联系起来。习近平强调："反对'两种主义'的问题，从共同纲领到现行宪法都作了规定。大汉族主义要不得，狭隘民族主义也要不得，它们都是民族团结的大敌。大汉族主义错误发展下去容易产生民族歧视，狭隘民族主义错误发展下去容易滋生离心倾向，最终都会造成民族隔阂和对立，严重的还会被敌对势力利用。当然，人民内部、同志之间真正能上升到主义层面的分歧并不多，要防止无限上纲上线，把'两种主义'变成内耗工具。要各去所偏、归于一是，引导各族干部群众自觉维护国家最高利益和民族团结大局。"[36]

三个离不开，即"汉族离不开少数民族，少数民族离不开汉族，各少数民族之间也相互离不开"[37]。这是对平等团结互助和谐的民族关系的形象概括，也是凝练表达。"三个离不开"成为党和国家处理社会主义民族关系的一项重要原则，是党处理民族关系的科学总结，具有重要而深远的意义。

四　社会主义民族关系的政治文明构建

（一）一与多：正确处理统一性和多样性的关系

我国是统一的多民族国家，这是我国的基本国情。一与多，成为社会主义民族关系要处理的基本命题。中华民族多元一体，这是5000多年来中华文明的宝贵传统，也是我国发展的巨大优势。所谓多，就是多民族、多文化、多语言。我国有56个民族，73种语言，30个有文字的民族共有55种现行文字，其中正在使用的26种[38]，这些都是历史形成的客观存在，并不以人的意志为转移的客观存在。

处理好多民族、多文化、多语言的关系，是国家政治生活极为重要的内容。所谓一，就是大一统、统一性、一体性。正是在多民族基础上形成了统一国家，在各民族交往交流交融中凝聚形成了中华民族，由此才有了人类历史上绵延 5000 多年至今未曾中断的中华文明，才有了中华民族多元一体格局。由此，在充分认知统一的多民族国情基础上，一与多的关系具有了深厚的价值内涵，多元一体亦蕴含着丰富的文明考量。

多元一体彰显了中华民族在文明意义上的创生演进。这是中国各民族相互接触、斗争、混杂、融合的过程，也是各民族共生互补、融合会通的过程。经由长期历史演进和各民族共同努力，构建起"分布上交错杂居、文化上兼收并蓄、经济上相互依存、情感上相互亲近"，"你中有我、我中有你，谁也离不开谁的多元一体格局"[39]。这是一个休戚与共、不可分割的命运共同体，既非经过人为建构而成的"民族联合体"，又非在头脑中虚拟的"想象共同体"，而且具有深厚的历史文化根基和文明基因，呈现出辩证融合、有机统一的总体结构。正所谓"一体包含多元，多元组成一体，一体离不开多元，多元也离不开一体，一体是主线和方向，多元是要素和动力，两者辩证统一"[40]。那么，更进一步的，在一体和多元的关系上，从多元到一体，就是从多向一的运动和聚合，是多对一的丰富和发展；而从一体到多元，就是一对多的牵引和带动，是一对多的促进和整合，这是一和多之间辩证法的生动呈现，也是二者之间价值关系的内在关联。

不仅如此，梳理社会主义民族关系在新时代的发展进步可以发现，多元一体格局对于中华民族族际关系形成了新阐述、赋予了新内涵，就是将各民族关系放在中华民族下观照理解，强调中华民族和各民族之间"是一个大家庭和家庭成员的关系"[41]，"让各族群众在中

华民族大家庭中手足相亲、守望相助"[42]，以及引用率最高的那句话
"各民族像石榴籽一样紧紧抱在一起"[43]。这些表述，将平等团结互
助和谐的社会主义民族关系放在"中华民族"这个"多元一体"的
格局中，使相互之间的民族关系获得了中华民族整体上的构成性意
义，由此更加强调铸牢中华民族共同体意识、构建中华民族共有精神
家园，更加强调各族群众对伟大祖国、中华民族、中华文化、中国共
产党、中国特色社会主义的认同等"五个认同"。

（二）同与异：正确处理共同性和差异性的关系

同与异，是社会主义民族关系需要处理的又一对基本范畴。就其
价值指向而言，平等、团结、互助、和谐的相互关系内在预设了各民
族都具有属于自身的主体意义，恰是基于民族平等的主体地位，才有
交往交流交融、互助和谐团结的主体间关系。这就意味着，对于平等
的各民族主体而言，其差异性是客观存在的，理应受到"平等"的
尊重和保护。但是被赋予了权利的差异性却并非一成不变、一劳永逸
的，是可以随着时间推移和条件改变有所变化的，这就是所谓的
"共同性"。在某种意义上，共同性所指的不仅仅是对平等的具有差
异的各民族之间的"最大公约数"，而且是能够赋予各民族共同的发
展目标、共同的美好愿景、共同的繁荣发展等一系列共通的"善"
和"好"，这是超越了相互性意义的民族关系，进而发展为标注着中
华民族整体发展的共同性的民族关系。概言之，平等互助的具有差异
性的民族关系，需要进入团结和谐的具有共同性的民族关系中；亦
即，在中华民族的整体视域中，强调增进共同性、尊重和包容差异
性。这一论述的要害之处在于，旗帜鲜明地提出，共同性先于差异

性，增进共同性先于尊重和包容差异性。诚然，这是对其逻辑关系优先性的强调，并不意味着对于差异性以及尊重和包容差异性的削弱。

社会主义民族关系在新时代的理论发展和实践创新充分表明，在中华民族伟大复兴战略全局和世界百年未有之大变局的时代背景下，共同性和差异性的关系得到了根本上的澄清和辨明，正所谓正本清源、培根固本。正是在民族关系的文化属性和价值指向上，蕴含着对美好生活向往的共同性获得了普遍的价值意义，这是基于对各种平等的差异性的承认、尊重和包容，这是对于超越差异性的共同性的认同和追求。因此，共同性就不仅是差异性之间的"最大公约数"，而是超越了差异性并且能够赋予差异性以崭新意义和远景目标的"共同性"，比如我国社会主要矛盾中的"人民日益增长的美好生活需要"，并不会因为各民族有所差异而否认需要的共同性和一致性；又如"全面建成小康社会""全面建设现代化"等表述，不会因为各民族差异而在目标定位上有所不同，而是反复强调"一个民族都不能少"。因此，社会主义民族关系在新时代就进入了这样一种崭新阶段，各民族平等的差异性不仅可以"求同存异"，还会产生朝向更加普遍的美好生活、更具共同性的价值意义的发展变化，即"超异促同"，从而更加强调各民族共同团结奋斗、共同繁荣发展，更加强调"推动中华民族走向包容性更强、凝聚力更大的命运共同体"[44]。

党的十八大以来，习近平提出中华民族伟大复兴的中国梦，并将中华民族伟大复兴概括为中华民族百年奋斗的一大主题，这是各族人民的共同期盼和福祉所在，凝聚着中华民族发展奋斗的共同愿景和使命，体现了国家、民族和个人诸层面的价值意义，彰显了各民族的共同奋斗，实现了过去、现在和未来的贯通。正是在中华民族伟大复兴这一愿景目标的统摄下，中华文明的传统性和现代性得以赓续绵延、守正创新，社会主义民族关系的内涵在历史性贯通中得以凝练和升华。也正是在中华民族伟大复兴这一新的宏伟蓝图的擘画中，中华民族一家亲、同心共筑中国梦成为全体中华儿女的共同心愿，成为全国各族人民的共同目标。可以说，中华民族伟大复兴作为一种文明考量，为平等团结互助和谐的社会主义民族关系标注了新的历史方位，为全国各族人民大团结注入了新的生机活力，为建设人类文明新形态提供了强大的正能量。

（执笔：龙国贻）

第八章　为人类政治文明贡献中国智慧

习近平在庆祝中国共产党成立 100 周年大会上向世界庄严宣告："我们坚持和发展中国特色社会主义，推动物质文明、政治文明、精神文明、社会文明、生态文明协调发展，创造了中国式现代化新道路，创造了人类文明新形态。"[1]这是习近平站在人类发展与文明演进的高度，对中国共产党百年奋斗创造的伟大成就的高度概括。政治文明是人类文明的重要组成部分，是衡量人类发展、社会进步的重要维度，是世界各国人民共同创造的伟大政治成果。中国共产党团结带领全国各族人民在百年政治文明探索实践中，坚持把马克思主义基本原理同中国具体实际相结合，在吸收中华优秀传统政治文化的基础上，成功开辟了一条中国特色社会主义政治发展道路，形成了一种能够充分反映人民整体意志、代表人民根本利益、体现全人类共同价值的政治文明新形态。中国特色社会主义政治发展道路和中国政治文明新形态，极大地丰富和拓展了发展中国家实现民族独立和政治现代化的途径，为人类政治文明进步提供了中国智慧。

一 深刻认识中国政治文明新形态的丰富内涵

政治文明是人类在改造社会过程中所形成的具有持续生命力的政治成果的总和。其中，与生产力和生产关系相适应的国家政治制度与政治思想是政治文明的核心。中国政治文明新形态源自中华民族5000多年所孕育的中华优秀传统政治文化，形成于中国共产党领导全国各族人民在革命、建设、改革过程中的伟大实践，具有鲜明的中国特色、时代特征和理论特性，具有丰富的内涵。

坚持中国共产党的领导。中国政治文明新形态是中国共产党领导中国人民在百年奋斗实践中创造的伟大政治成果。中国共产党一经成立，就始终高举人民民主的光辉旗帜，团结带领中国人民进行了艰苦探索、英勇斗争，作出了巨大牺牲，在一个有着几千年封建历史、近代又饱受帝国主义侵略的土地上建立了工人阶级领导的、以工农联盟为基础的人民民主专政的国家新政权，使中国人民第一次真正掌握了国家权力。新中国成立后，中国共产党团结带领中国人民通过社会主义革命建立了符合我国基本国情的社会主义基本制度，顺利地完成了中华民族有史以来最广泛、最深刻的社会变革，为当代中国各领域、各方面的发展进步奠定了根本政治前提和制度基础。在社会主义革命和建设的探索过程中，中国共产党领导中国人民建立了人民代表大会制度、中国共产党领导的多党合作和政治协商制度、民族区域自治制度等政治制度，制定了新中国第一部《宪法》，实现和巩固了全国各族人民的大团结，形成和发展各民族平等互助的社会主义民族关系，实现和巩固全国工人、农民、知识分子和其他各阶层人民的大团结，加强和扩大了广泛统一战线。改革开放以后，中国共产党深刻总结新中国成立以来正反两方面经验，围绕什么是社会主义、怎样建设社会主义这一根本问题，借鉴世界社会主义历史经验，确立了社会主义初级阶段基本路线，明确提出走自己的路、建设中国特色社会主义，科学回答了建设中国特色社会主义的一系列基本问题，团结带领中国人民成功开辟了中国特色社会主义政治发展道路，坚持党的领导、人民当家作主、依法治国有机统一，发展社会主义民主政治，建设社会主义政治文明，积极稳妥推进政治体制改革，坚持依法治国和以德治国相结合，制定新宪法，建设社会主义法治国家，形成中国特色社会主义法律体系，尊重和保障人权，巩固和发展最广泛的爱国统一战线。党的十八大以来，中国共产党坚持以人民为中心的发展思想，坚持人民主体地位，全面推进社会主义民主政治制度化、规范化、程序化建设，积极发展全过程人民民主，健全全面、广泛、有机衔接的人民当家作主制度体系，构建多样、畅通、有序的民主渠道，丰富民主形式，从各层次各领域扩大人民有序政治参与，社会主义民主政治制度化、规范化、程序化全面推进，中国特色社会主义政治制度优越性得到更好发挥，生动活泼、安定团结的政治局面得到巩固和发展。历史和现实已经昭示，中国共产党是中国人民和中华民族的先锋队，是中国特色社会主义事业的领导核心和国家最高政治领导力量，是中国特色社会主义政治发展道路的开辟者和中国政治文明新形态的缔造者。发展社会主义政治文明，必须始终坚持中国共产党的领导。

坚持人民当家作主。人民当家作主是中国政治文明新形态的本质特征，也是中国国家制度和国家治理体系的显著优势。中国宪法规定，中国是工人阶级领导的、以工农联盟为基础的人民民主专政的社会主义国家，国家的一切权力属于人民。在中国，"人民"的范畴很广泛，包括工人、农民、知识分子、全体社会主义劳动者、拥护社会主义的爱国者和拥护祖国统一的爱国者在内的亿万人民。凡年满 18 周岁的公民，除依照法律被剥夺政治权利的人以外，不分民族、种族、性别、职业、家庭出身、宗教信仰、教育程度、财产状况、居住期限，都有选举权、被选举权等各项平等权利，并且这些权利都具有坚实的经济基础、法律和制度保障。新中国成立后，中国共产党立足本国历史条件、社会环境和文化传统，不照搬照抄他国政治制度模式，而是独立自主地构建起一整套具有鲜明中国特色又切实保障人民当家作主的制度体系，包括人民代表大会制度、中国共产党领导的多党合作和政治协商制度、民族区域自治制度和基层群众自治制度等。人民代表大会制度是人民当家作主的根本途径和最高实现形式，有效保证了人民依法实行民主选举、民主协商、民主决策、民主管理、民主监督，确保国家机关协调高效运转，切实维护国家统一、民族团结、社会稳定，推动国家法律法规和制度体系更加成熟更加定型。中国共产党领导的多党合作和政治协商制度把各个政党和无党派人士紧密团结起来，通过制度化、程序化、规范化的安排集中各种意见和建议，推动决策科学化民主化。民族区域自治制度充分尊重和保障少数民族人民群众的各项合法权利，在维护国家统一、领土完整，加强民族平等团结、促进民族地区发展、增强中华民族凝聚力等方面起到了重要作用。基层群众自治制度有利于及时化解矛盾纠纷，促进社会和谐稳定，使人民当家作主具体地、现实地体现到国家治理、社会治理各个层面和环节，体现到人民对自身利益的实现和发展上来。

　　坚持社会主义方向。中国政治文明新形态从性质上来说是社会主义政治文明形态。科学社会主义是关于人民实现自身解放的理论和思想体系，揭示了人民怎样成为自己的主人、社会的主人、人类社会发展的主人，为探求人类自由解放的道路和最终建立一个没有压迫、没有剥削、人人平等、人人自由的共产主义社会指明了方向。社会主义新中国政权的建立、社会主义政治制度的创立、中国特色社会主义道路的开辟、全过程人民民主重大理念的提出都标志着科学社会主义在中国大地上的成功实践。中国特色社会主义是社会主义而不是其他什么主义，是科学社会主义理论逻辑和中国社会发展历史逻辑的辩证统一，是根植于中国大地、反映中国人民意愿、适应中国和时代发展进步要求的科学社会主义。中国特色社会主义政治发展道路是中国特色社会主义道路的重要组成部分，坚持辩证唯物主义和历史唯物主义的世界观方法论、共产主义的最高理想和价值追求、以工人阶级政党为领导核心、人民主体地位、解放和发展生产力、马克思主义在意识形态领域的指导地位等，体现了科学社会主义的本质特征。可以说，中国政治文明新形态是中国特色社会主义政治发展道路的必然产物，与资本主义政治文明存在根本不同。

坚持民主集中制。民主集中制是我们党的根本组织原则和领导制度，也是中国国家组织形式和活动方式的基本原则。民主集中制是中国特色社会主义制度的最大特点。我国宪法明文规定，中国的国家机构实行民主集中制的原则。党和国家的运行体系中，既有人民民主的内在需求，也有集中运行的刚性需要。在民主与集中的对立统一中，民主是基础和前提，是起决定作用的方面，没有广泛、充分的民主，就难以形成正确的集中。民主从来都是有组织、有领导的，不存在完全自发的民主。只有民主没有集中，或者过度民主、集中不足，那就容易出现议而不决和各自为政的情形。民主与集中的有效平衡，不仅能够提高中国共产党组织的活力，也能够促进国家各级政权的效能发挥和社会主义制度优越性的彰显。民主集中制的最大优势是能够兼顾民主和效率，既能够统筹各阶层、各领域、各方面利益诉求，较好地实现个人与集体、局部与整体、眼前与长远、领导与群众、民主与法制、纪律与自由、权利与义务的正确结合，又能形成全党全国的统一意志，有效整合社会资源并高效率地贯彻执行，避免各种掣肘和牵扯，确保国家重大战略目标的实现。可以说，民主集中制是中国共产党的最大制度优势，也是中国特色社会主义制度和中国政治文明新形态的最大特点。

坚持全面依法治国。法治是人类政治文明的重要成果之一，法治建设的进程深刻反映着政治文明的进程。法治不仅要求系统完备的法律体系、公开透明的执法机制，还要有严格公正的司法程序、普遍守法的法治氛围。法治兴则国家兴，法治衰则国家乱。全面依法治国是坚持走中国特色社会主义政治发展道路的本质要求和重要保障，是中国政治文明新形态的显著特点。改革开放以来，中国共产党把依法治国确定为党领导人民治理国家的基本方略，把依法执政确定为党治国理政的基本方式，推动依法治国取得重大进展，社会主义法治国家建设取得历史性成就。全面依法治国最广泛、最深厚的基础是人民，中国特色社会主义政治道路保证了人民当家作主的主体地位，也保证了人民在全面推进依法治国中的主体地位，把体现人民利益、反映人民愿望、维护人民权益、增进人民福祉落实到全面依法治国各领域全过程，保障和促进社会公平正义，努力让人民群众在每一项法律制度、每一个执法决定、每一宗司法案件中都感受到公平正义。坚持法律面前人人平等，任何国家机构、社会组织和公民个人都必须尊重宪法法律权威，都必须在宪法法律允许的范围内活动，都必须依照宪法法律行使权力或权利，都不得有超越宪法法律的特权。坚持依法治国、依法执政、依法行政共同推进，坚持法治国家、法治政府、法治社会一体建设，实现科学立法、严格执法、公正司法、全民守法，不断把法治中国建设推向前进。

　　坚持爱国统一战线。统一战线是中国特色社会主义民主政治的重要内容，是实现开创中国政治文明新形态的重要法宝，也是中国政治文明区别于西方政治文明的一个重要标志。中国共产党在革命、建设和改革的过程中，始终坚持大团结大联合，团结一切可以团结的力量，调动一切可以调动的积极因素，有效地调适和促进政党关系、民族关系、宗教关系、阶层关系、海内外同胞关系和谐，不断巩固和发展各民族大团结、全国人民大团结、全体中华儿女大团结，最大限度地凝聚起共同奋斗的力量。铸牢中华民族共同体意识，形成海内外全体中华儿女心往一处想、劲往一处使的生动局面。在国家治理的具体实践中，统一战线对统战成员平等相待，照顾统战成员利益，促使统战成员自觉顾全大局，确保国家治理进程中各种事项能够有序推动。同时统战成员也要以大局为重，在实现自身利益最大化之余力求保障相关方利益，争取在协调互助的前提下实现多方共同发展。[2]统一战线是兼具"一致性"和"多样性"的多元统一体，这体现了统一战线"求同存异，和而不同"的包容理念。在阶层、利益、文化多元并存的社会背景下，社会不同主体之间必然存在矛盾和差异，客观认识不同主体的差异性，充分尊重不同主体的利益诉求，才能调动他们服务于国家治理的积极性。统一战线坚持包容差异、增进共识的原则，统战对象不分派别、职业、信仰等，都能够在共同的政治基础上享有充分表达不同思想观念的平等权利，这是社会主义民主政治的集中反映，也是国家治理得以与时俱进、创新发展的内在要求。

　　坚持全过程人民民主。全过程人民民主是中国政治文明新形态的突出特征。全过程人民民主，是中国人民追求民主、发展民主和实现民主的伟大创举，有着鲜明的中国特色，也体现了全人类对民主这一全人类共同价值的共同追求。党的十八大以来，中国共产党深刻总结在长期革命、建设和改革过程中在民主政治建设领域积累的宝贵经验和丰富实践，进一步将民主价值和理念转化为科学有效的制度安排，转化为具体现实的民主实践，实现了历史和现实、理论和实践、形式和内容的有机统一，不断完善人民民主的体制机制和方式方法，并用全过程人民民主对我国社会主义民主理论和实践进行了全新概括。全过程人民民主是实现民主形式和民主效能相互统一、民主和集中相互结合的高质量民主。这种全过程人民民主实现了过程民主和成果民主、程序民主和实质民主、直接民主和间接民主、人民民主和国家意志相统一，是全链条、全方位、全覆盖的民主，是最广泛、最真实、最管用的社会主义民主。全过程人民民主不搞民主形式主义，不追求表面的华丽和做作，而是将民主选举、民主决策、民主管理、民主监督彼此贯通起来，以在政治生活中实实在在解决人民群众关心的事，实现人民对美好生活的向往，是维护人民根本利益的最广泛、最真实、最管用的民主。

坚持深深扎根中国社会土壤。中国政治文明新形态是从中国社会土壤中生长起来的政治文明。五四运动前后，中国许多怀抱着救国图强理想的思想先驱将民主的思想引入中国，并试图把西方的民主政治模式移植到中国。君主立宪制、议会制、总统制，但无论是哪种政治模式和政治制度，照搬照抄的结果都是失败。中国共产党和中国人民深刻认识到，在中国这样一个大国，如果不能把亿万人民的意志凝聚在一起，就什么事也办不成，设计和发展中国的国家政治制度和政治模式，必须注重历史和现实、理论和实践、形式和内容有机统一，必须与这个国家的历史文化、时代特征和基本国情相适应，只有扎根本国土壤、汲取充沛养分的制度，才最可靠，也最管用。中国共产党把马克思主义基本原理同中国具体实际相结合，将民主集中制作为根本组织原则和领导制度，带领中国人民探索建立了人民当家作主的新的国家政权和新型政治制度。中国共产党总揽全局、协调各方，国家机关合理分工、权责匹配。同时，在中国共产党的统一领导下，充分发挥地方积极性主动性创造性，保证国家统一高效推进各项事业发展。中国特色社会主义政治发展道路和中国政治文明新形态一直生长在中国的社会土壤之中，未来要继续完善和发展，也必须深深扎根于中国的社会土壤。

坚持传承和发展中华优秀传统政治文化。中国政治文明新形态植根于源远流长的中华优秀传统政治文化，是在对中华优秀传统文化中蕴涵的许多有助于治国理政、安邦济世的思想进行创造性转化和创新性发展中形成的。中华民族自古就推崇"以民为本""以和为贵""兼收并蓄""协和万邦"等朴素的政治观念、人文精神、道德规范，这些不仅是我们中国人思想和精神的内核，对解决人类问题也有重要价值。与此同时，中国传统政治文化在其形成和发展过程中，不可避免地会受到当时人们的认识水平、时代条件、社会制度的局限性的制约和影响，因而也不可避免地会存在一些陈旧过时或已成为糟粕的产物。需要"有鉴别地加以对待，有扬弃地予以继承"[3]，使中华优秀传统政治文化与当代中国政治体制相适应，与现代社会价值理念相协调。中国共产党按照时代特点和要求，对那些至今仍有借鉴价值的内涵和陈旧的表现形式加以改造，赋予其新的时代内涵和现代表达形式，激活其生命力，实现了中华优秀传统政治文化创造性转化、创新性发展。例如，中国共产党为中国人民谋幸福、为中华民族谋复兴的初心使命就是对"天下为公"的创造性转化，以人民为中心的发展思想就是对"以民为本"优秀传统政治文化的创新性发展，还有

"美美与共""以和为贵""协和万邦"等优秀传统政治文化都在中国政治文明新形态中以现代化的形式得到了体现。

坚持与时俱进推动政治文明发展进步。中国政治文明新形态是中国特色社会主义政治发展的必然结果,也必将随着社会主义政治发展进步而更加成熟定型并与时俱进。习近平在纪念马克思诞辰 200 周年大会上的讲话中指出:"理论的生命力在于不断创新,推动马克思主义不断发展是中国共产党人的神圣职责。"[4]改革开放以来,我们在完善和发展根本政治制度、基本政治制度的基础上,不断深化政治体制改革,推进制度体系完善和发展,为坚持和发展中国特色社会主义提供了重要体制机制保障,中国特色社会主义政治发展道路和中国政治文明新形态在中国大地上焕发出强大的生命力,但并不意味着中国政治制度和中国政治模式就完美无缺了,就不需要进一步完善和发展了。中国特色社会主义政治体制和政治模式必须坚持与日俱新、与时俱进,充分吸收和借鉴人类优秀的政治文明新成果,不断推动社会主义政治制度化、规范化、程序化,保证人民依法通过各种途径和形式管理国家事务,管理经济文化事业,管理社会事务,巩固和发展生动活泼、安定团结的政治局面。

二 社会主义政治发展的实践结晶与必然结果

中国政治文明新形态是近代以来中国人民在立足本国独特的文化传统和特殊的基本国情基础上长期奋斗的政治结晶,具有清晰的历史逻辑、理论逻辑和实践逻辑。

（一）社会主义政治发展的历史逻辑

马克思指出，人们并不是随心所欲地创造自己的历史，也不是在他们自己选定的条件下创造，而是在直接碰到的、既定的、从过去承继下来的条件下进行创造[5]。一个国家的政治发展不能完全舍弃和脱离本国的政治传统而生搬硬套他国的政治制度模式，而是要在尊重本国历史条件的基础上，按照人类政治发展规律有意识地进行发展和进步。中国共产党带领中国人民创造的社会主义政治发展道路、形成的社会主义政治文明，就是立足本国传统政治、顺应人类政治发展规律的历史演进的必然结果。

中国选择何种政治道路，关键要看这条道路能否真正解决中国面临的历史性课题。1840 年鸦片战争以后，清政府统治下的中国逐渐沦为半殖民地半封建社会，中华民族和中国人民遭受了深重的屈辱和苦难。拯救民族危亡、争取民族独立、实现民族复兴，成为近代中国的历史性课题和无数仁人志士不懈追求的政治目标，近代中国政治发展的重大关键事件、重大历史选择、重大制度建构都与挽救民族危亡、争取民族独立和实现民族复兴紧密相关。在此背景下，各种政治势力及其代表人物纷纷登上历史舞台，围绕实行什么样的政治制度和政权组织形式提出各种主张、试验各种方案。清朝末期的维新派代表康有为、梁启超等曾寄希望通过自上而下的变法，仿照西方国家的政治模式在中国建立君主立宪制的政治体制，因受到封建势力的强力阻挠而失败；孙中山、黄兴等革命先驱领导的资产阶级民族主义革命虽然推翻了两千多年的封建帝制并建立了中华民国，但没有通过彻底的社会革命改变中国传统的社会结构和社会性质，没有最终实现中华民族的独立解放和民族复兴。长期且艰苦的探索和斗争使中国先进的知识分子和中国人民逐渐认识到，如果没有真正动员基层人民群众参加革命，不对中国传统的社会结构和社会性质进行彻底的改变，盲目地照搬或模仿西方政治制度模式，是无法真正解决中国面临的历史性课题的。

十月革命一声炮响，给中国送来了马克思列宁主义。1921 年中国共产党的诞生，掀开了中国历史进程的新篇章。在中国共产党的领导下，中国人民经过 28 年浴血奋战，打败了日本帝国主义，推翻了"三座大山"，完成了新民主主义革命，彻底结束了旧中国半殖民地半封建社会的历史，建立了中华人民共和国，实现了中国从几千年封建专制政治向人民民主的伟大飞跃。随后，中国共产党团结带领中国人民完成社会主义革命，完成了中华民族有史以来最为广泛而深刻的社会变革，建立起了人民代表大会的根本政治制度和中国共产党领导的多党合作和政治协商制度、民族区域自治制度、基层群众自治制度等基本政治制度，颁布了新中国第一部宪法，加强和扩大了广泛统一战线。改革开放后，我国深刻总结新中国成立以来正反两方面经验，并借鉴世界社会主义历史经验，成功开辟了中国特色社会主义政治发展道路，坚持党的领导、人民当家作主、依法治国有机统一，制定新宪法，建设社会主义法治国家，尊重和保障人权，巩固和发展最广泛的爱国统一战线。

党的十八大以后，中国特色社会主义进入新时代。中国坚持以人民为中心的发展思想，坚持人民主体地位，全面推进社会主义民主政治制度化、规范化、程序化建设，大力推进全面依法治国建设，积极发展全过程人民民主，健全全面、广泛、有机衔接的人民当家作主制度体系，构建多样、畅通、有序的民主渠道，丰富民主形式，从各层次各领域扩大人民有序政治参与，社会主义民主政治制度化、规范化、程序化全面推进，中国特色社会主义政治制度优越性得到更好发挥，生动活泼、安定团结的政治局面得到巩固和发展。中国特色社会主义政治发展道路越走越宽广，社会主义民主政治展现出更加强大的生命力，为我国经济实力、综合国力、人民生活水平不断跨上新台阶，为不断战胜前进道路上各种艰难险阻提供了政治制度保证。历史充分证明，中国特色社会主义政治发展道路是符合中国国情、保证人民当家作主的正确道路，是历史的选择、人民的选择，是符合中国国情、实现人民当家作主的唯一正确道路，中国政治文明新形态是中国特色社会主义政治发展的历史必然。

（二）社会主义政治发展的理论逻辑

科学理论是正确行动的先决条件。人类政治的发展和政治文明的形成有其自身理论逻辑和客观规律，并随着社会生产力和生产水平的不断提高而向前演进。习近平指出："中国特色社会主义，是科学社会主义理论逻辑和中国社会发展历史逻辑的辩证统一。"[6]中国政治文明新形态是马克思主义政治学说在中国的生动实践，是科学社会主义原则在中国的创新发展。

社会主义 500 年，经过了从空想到科学、从理论到实践、从一国实践到多国发展的历程。19 世纪中叶，马克思、恩格斯深入考察资本主义经济、政治、社会状况，在批判继承德国古典哲学、英国古典政治经济学和法国、英国空想社会主义的合理成分的基础上，创造性地提出唯物史观和剩余价值学说，给社会主义思想奠定了科学理论基础，创立了科学社会主义，社会主义由此从空想走向科学。列宁把马克思主义基本原理同俄国具体实际相结合，领导十月革命取得成功，建立了世界上第一个社会主义国家，科学社会主义由此从理论走向实践。第二次世界大战结束后，一批社会主义国家诞生，特别是我们党领导人民建立了社会主义新中国，科学社会主义由此从一国实践走向多国发展。可以说，科学社会主义是人民实现自身解放的思想体系，在人类历史上第一次站在人民立场上探寻人类自由解放的道路，并以科学的理论为建立一个人人平等自由、没有压迫和剥削的理想社会提供了科学理论指导。

中国共产党将马克思主义作为立党立国的根本指导思想，将人民立场作为根本政治立场和中国特色社会主义政治发展道路的理论逻辑起点。长期以来，中国共产党始终高举人民民主的旗帜，把马克思主义基本原理同中国具体实际和时代特征结合起来，在吸取我国和苏联社会主义政治建设经验教训的基础上，开创和发展了中国特色社会主义政治发展道路，逐步形成了中国政治文明新形态。总之，中国政治文明新形态既有科学的指导思想，又有严谨的制度安排，充分体现了人民民主专政的国家性质和人民民主的社会主义本质特征。

（三）社会主义政治发展的实践逻辑

实践是检验真理的唯一标准。中国特色社会主义政治发展道路和中国政治文明新形态，是中国共产党团结带领中国人民、立足中国政治实际进行长期不懈奋斗的实践创造，是人类政治发展史上具有标志性意义的伟大创举。

中国共产党带领中国人民经过长期实践探索，在不断总结自身经验和借鉴国外有益经验的基础上，回答和解决了在我国发展社会主义民主政治的根本问题。这就是坚持中国特色社会主义政治发展道路，关键是坚持党的领导、人民当家作主、依法治国有机统一。改革开放40多年来，在中国共产党的领导下，中国社会主义民主政治建设取得了历史性成就。党的十八大以来，中国共产党不断推进社会主义民主政治建设，丰富和发展了中国特色社会主义政治发展道路的理论和实践。中国特色社会主义政治发展道路，有效保证人民享有更加广泛、更加充实的权利和自由，保证人民广泛参加国家治理和社会治理；有效调节国家政治关系，增强民族凝聚力，形成安定团结的政治局面；集中力量办大事，有效促进社会生产力解放和发展，促进现代化建设各项事业，促进人民生活质量和水平不断提高；有效维护国家独立自主，有力维护国家主权、安全、发展利益，维护中国人民和中华民族的福祉。这样的政治发展道路，是中国特色社会主义伟大事业不断取得辉煌成就的政治基础和制度保证。

中国特色社会主义政治发展道路的正确性和中国政治文明的优越性，也日益被世界范围内的政治实践所证明。近年来以美国为首的西方资本主义国家政治乱象频发，政坛斗争加剧，社会分裂加深，经济持续低迷，逆全球化和民粹主义思潮不断蔓延，西方资本主义国家的政治模式正面临严峻挑战。而某些盲目照搬西方政治制度的国家更是内部不稳、治理缺失。而中国在面对西方国家围堵的情况下仍然能够维持政治稳定、经济发展、治理有效的繁荣景象。现在，国际上越来越多的友人摒弃意识形态的观念，对中国的认知更趋全面、客观，理解和认同我国的制度优势。中国的成功政治实践向世界说明了一个道理：治理国家，推动国家现代化，并不只有西方制度模式的唯一道路，各国完全可以结合历史传统和本国实际探索出适合自己的道路来。

三 为人类政治文明贡献新智慧

"中国共产党是为中国人民谋幸福的政党，也是为人类进步事业而奋斗的政党。中国共产党始终把为人类作出新的更大的贡献作为自己的使命。"[7]中国共产党带领中国人民开创的政治文明新形态为世界各国特别是发展中国家探索新型政治文明贡献了中国智慧。中国政治文明新形态中蕴含的和平、发展、民主、自由、公平、正义等全人类共同价值，深刻反映了世界各国人民普遍认同的价值理念的最大公约数，超越了意识形态、社会制度和发展水平差异，顺应历史潮流，契合时代需要，成为各个国家、各种文明处理好相互关系的价值准绳。

（一）蕴含和平与发展的全人类共同价值

和平与发展是中华民族 5000 多年来一直追求和传承的文明理念，形成了"协和万邦""好战必亡"等一系列有关和平与发展的思想。历史无数次证明，一旦强权国家推崇文明冲突、恃强凌弱的外交政策，世界和平就必然得不到有效保障，共同发展也必将沦为空谈。近代以来，中国社会和中国人民深受战火频频、兵燹不断、内外战乱和外敌入侵循环发生的苦难和屈辱，对弱肉强食的丛林法则和强盗逻辑坚决抵制和强烈反对，自始至终坚定反对不义之战，积极维护世界和平，把和平与发展视为文明存续的共同价值。

中国政治文明新形态植根于源远流长的中华优秀传统政治文化，立足于把握和塑造人类共同未来的大视野、大格局，充分尊重人类文明多样性，坚持以文明共存、文明交流和文明互鉴超越文明隔阂、文明冲突和文明优越，积极守护弘扬和平与发展的基本价值。新中国成立之初，百废待兴，百业待举，中国人民无比渴望和平安宁。新中国成立后，中国共产党坚持走和平发展道路，带领中国人民创造了经济快速发展和社会长期稳定"两大奇迹"，同时以自身发展给世界创造更多机遇，以大党大国的胸怀和担当坚持做世界和平的建设者、全球发展的贡献者、国际秩序的维护者，为世界和平安宁作出巨大贡献。

"中国特色社会主义，是不断发展社会生产力的社会主义，是主张和平的社会主义。"[8]习近平指出："中国共产党所做的一切，就是为中国人民谋幸福、为中华民族谋复兴、为人类谋和平与发展。"[9]文明差异不应该成为世界冲突的根源，而应该成为人类文明进步的动力。不同文明拥有不同的历史，不同的历史决定了不同国家的发展道路。现代文明特别是政治文明的共存共生，一定要有宽广博大的情怀，兼容多样的发展道路和不同的政治文明形态。

（二）蕴含民主与自由的全人类共同价值

人民是否真正当家作主是衡量一个国家民主程度的关键因素。中国政治文明新形态践行的是以人民为中心的发展思想的全过程人民民主，是全链条、全方位、全覆盖的民主，是最广泛、最真实、最管用的民主，实现了过程民主和成果民主、程序民主和实质民主、直接民主和间接民主、人民民主和国家意志的统一。在中国共产党领导下，中国人均国内生产总值从新中国成立之初的不到120元增长到2021年的80976元，人均预期寿命从新中国成立初期的35岁增长到2021年的77.3岁，成功实现了从贫困到温饱再到小康的历史性跨越，建成了世界上最大规模的教育体系、社会保障体系、医疗保障体系和基层民主选举体系[10]。

　　中国共产党和中国人民对于民主本质的理解，就是寻求社会全体人民的最大公约数，保证政治生活能够代表最广大人民群众的利益，不在于特定的"民主制度"形式。社会主义性质决定的自由是社会全体的自由，而非孤立个体的自由，只有在社会权利得到全面保障的条件下，才能实现实质的自由。在国际政治领域，一方面是以国家为单位，各国平等、普遍地参与到世界事务中来；另一方面是只有国家主权独立，人民才能真正实现普遍自由的权利。民主和自由作为社会主义核心价值观的重要组成部分，被中国人民广泛而真实地充分享有。新中国成立以来所取得的巨大成就说明，中国实行的人民民主具有强大的生命力，是中国民主政治发展的正确方向。与一些直接套用西式民主导致国家动荡不安、人民流离失所的情况相比，中国的协商民主与经济发展和社会稳定相结合，能够充分保障人民的基本权利。

　　推广民主价值、推进国际关系民主化也是中国长期以来的主张，"世界的命运必须由各国人民共同掌握。各国主权范围内的事情只能由本国政府和人民去管，世界上的事情只能由各国政府和人民共同商量来办"[11]，国际社会的民主价值体现在协商一致的民主原则上，绝不存在也不应该存在干涉、强迫甚至危害他国政治发展的变异民主。

（三）蕴含公平和正义的全人类共同价值

　　公平正义是人类社会最古老的价值目标，是全世界历史发展的基本价值理念。公平正义是全世界人民一直追求的理想，具有共同性。中华优秀传统文化所蕴含的"和合"理念，为推动全球公平正义，建立和平、合理的全球新秩序提供了重要的思想智慧。"和合"理念在中华优秀传统文化中极具价值标识性。古语云："乐者为同，礼者为异。同则相亲，异则相敬"（《礼记》）、"和也者，天下之达道也"（《中庸》）、"万物并育而不相害，道并行而不相悖"（《中庸》）。这些思想鲜明地呈现了中国理解世界的方式，其价值趋向正在于认为万物竞相生长而无须彼此伤害，各自遵循自身的发展规律且互不冲突，体现了中国人合作共赢、共同发展、互相尊重这一开放性的价值观念。

中国共产党人以人民的根本利益为出发点、以维护社会公平正义为己任。先是经过新民主主义革命的艰苦斗争，推翻了帝国主义、封建主义、官僚资本主义三座大山，建立起了社会主义制度，奠定了实现社会公平正义的基础。接下来，经过社会主义建设尤其是改革开放，社会各个方面的建设取得了巨大成就，公平正义程度得到不断提高和完善。邓小平提出的社会主义本质理论，即"解放生产力，发展生产力，消灭剥削，消除两极分化，最终达到共同富裕"[12]，反映了社会主义条件下注重效率与兼顾公平的有机统一，从各个方面体现了社会公平正义原则。新时代，我们党始终把实现社会公平正义作为中国特色社会主义的重大任务和内在要求，努力营造公平的社会环境，保证人民平等参与、平等发展权利，使全体人民逐步实现共同富裕，使中华民族早日实现伟大复兴。

四　为当代政治发展增添新内涵

当今世界正处于大变革、大调整、大动荡的百年未有之大变局，正处在一个关键的十字路口。中国特色社会主义的成功彰显了人类文明发展的多样性，为人类对更好社会制度的探索提供了中国方案，打破了世界对西方发展模式的盲目崇拜和路径依赖,为广大发展中国家摆脱贫困落后局面作出了示范。

作为一个人口占全球近 1/5、拥有 14 亿多人的超大规模国家,中国的社会主义现代化道路无先例可循。同既有的一些现代化模式相比,中国的现代化道路没有对外侵略和扩张、没有在海外建立殖民地、没有牺牲他国利益、没有掠夺海外资源、没有建立自己的势力范围,完全是在坚持社会主义基本原则的基础上,通过自身改革创新,探索出在实现自身发展的同时,与外部世界保持合作共赢、共同发展的一种新型现代化模式。这条道路迥然有别于近代以来一些国家通过海外殖民和扩张实现现代化的模式,既对世界和平发展作出了贡献,也为其他想要加快发展的国家提供了新的参考和借鉴。作为政治上层建筑,人民当家作主的政治文明根源于中国追求和实现社会主义现代化的伟大实践,但又反作用于实践,为中国式现代化道路行稳致远提供了强大政治保障。这一政治文明形态植根中国大地和中华文明,但包含着深厚的全人类共同价值关怀,深刻回应了人类社会面临的普遍难题。一言以蔽之,人民当家作主的政治文明为当代中国政治发展乃至世界政治发展增添了新的内涵与重要启示。

(一)开创了自主探索的政治发展道路

民主是全人类共同价值,但各国国情不同,因此民主又是具体的、发展的、多样的。作为具体的民主政治形态,它根植于不同国家的历史文化传统,受益于各国人民的实践探索和智慧创造。在很大程度上,民主是一个国家历史传承、文化传统、经济社会发展的基础上长期发展、改进和内生性演化的结果。中国的社会主义民主作为政治文明新形态，最鲜明的特征和最独特的优势集中体现在中国的社会主义民主政治发展之路。回顾这条道路，中国坚持从国情出发、从实际出发发展自己的民主，立足自身文化传统和历史传承，合理借鉴其他文明政治发展成果，但不照搬照抄他国政治制度，形成了符合中国实际、独具中国特色的民主制度。中国特色社会主义民主有着典型的中国风格和中国气派，是从中国的社会土壤中生长起来的内生性民主。

发展社会主义民主政治，最关键的是要立足本国国情、坚持实践标准。中国是超大人口规模的发展中国家，治理难度举世罕见，发展民主要有利于社会稳定和国家治理。这是坚持以人民为中心的真谛，也是符合最广大人民利益的最根本要求、最现实选择。改革开放以来，中国在发展民主政治的实践探索中，充分发挥中国特色社会主义制度优势，将快速实现国家工业化、现代化目标同保障人民广泛社会权利和不断激发社会活力的目标相结合，选举民主和协商民主相结合，不断创新民主的制度和法治保障体系，形成了民主的多种制度安排和实现形式。实践证明，中国的民主是符合我国基本国情、适应我国发展要求、体现人民意志的民主。

习近平指出："中国特色社会主义民主是个新事物，也是个好事物。"[13]中国的民主从来都不是静态、一成不变和停滞不前的，而是在不断的创新中丰富、发展和进步。中国特色社会主义政治制度过去和现在一直生长在中国的文化土壤和社会土壤之中，未来要继续茁壮成长，也必须深深扎根于中国土壤。要立足从人民的真实情感和实际需求出发，尊重人民现实需要，遵循社会发展规律，不断创新民主的实现形式和渠道，探索中国民主的多样化实现形式。

（二）提升了人民民主理论的新境界

党的十八大以来，中国共产党在不断深化对人类民主政治建设规律认识的基础上，深刻总结中国特色社会主义民主政治发展的生动实践，提出发展全过程人民民主的重大理念。全过程人民民主这一重大命题的提出，集中展现出中国共产党对民主理论的认识达到一个新高度，提升了党把握和驾驭社会主义民主政治建设规律的水平。2021年10月，习近平在中央人大工作会议上的重要讲话中，系统阐释了全过程人民民主的科学内涵、主要特征和发展战略，形成了较为完整的全过程人民民主理论，这是中国共产党关于发展全过程人民民主重要论述成熟定型的重要标志。"我国全过程人民民主不仅有完整的制度程序，而且有完整的参与实践……实现了过程民主和成果民主、程序民主和实质民主、直接民主和间接民主、人民民主和国家意志相统一，是全链条、全方位、全覆盖的民主，是最广泛、最真实、最管用的社会主义民主。"[14]全过程人民民主以系统性超越间断性、以贯通性超越单一性，是一种既不同于西方式自由主义民主，又不同于巴黎公社、苏维埃等治理形式的新型民主模式。全过程人民民主为评价一个国家政治制度民主性和有效性提供了八条重要标准，包括"国家领导层能否依法有序更替，全体人民能否依法管理国家事务和社会事务、管理经济和文化事业，人民群众能否畅通表达利益要求，社会各方面能否有效参与国家政治生活，国家决策能否实现科学化、民主化，各方面人才能否通过公平竞争进入国家领导和管理体系，执政党能否依照宪法法律规定实现对国家事务的领导，权力运用能否得到有效制约和监督"[15]。

（三）丰富了协商民主理论与实践

协商民主是一种决策过程中的民主机制，强调要通过制度、机制、程序和技术让公民参与到决策过程当中，以此来激发普通公民参与政治的积极性，进而改善和提高民主的质量。协商民主强调理性和参与，社会主义协商民主作为人民民主的重要形式，具备最为广泛的政治参与基础，对于彰显民主精神具有重要意义。社会主义协商民主是中国共产党在领导革命、建设、改革过程中逐步发展起来的。通过理性对话、讨论和协商解决政治生活当中存在的问题和分歧，是现代政治的本质特征。新中国成立后，中国人民政治协商会议曾代行全国人民代表大会职权，后来发展成为社会主义协商民主的重要渠道和专门协商机构，人民政协协商成为社会主义协商民主的基本形式之一。随着中国共产党领导的多党合作和政治协商制度被确立为国家的基本政治制度之一，社会主义协商民主实现了制度化发展。习近平指出："在中国社会主义制度下，有事好商量，众人的事情由众人商量，找到全社会意愿和要求的最大公约数，是人民民主的真谛。"[16] 经过长期探索，我国建立起符合我国国情的中国特色社会主义民主政治制度，创造了社会主义协商民主这一独特民主形式。社会主义协商民主是在党的领导下，人民内部各方面围绕改革发展稳定的重大问题和涉及群众切身利益的实际问题，在决策之前和决策实施之中开展广泛协商，努力形成共识的重要民主形式。它丰富了民主形式，拓宽了民主渠道，深化了民主内涵，在我们国家有根、有源、有生命力。

相较西方式民主，中国社会主义协商民主的最大优势，在于谋求最大限度地实现良政善治，是探索追求"实质民主"的有效方式。同时，协商民主是一种"共识型民主"，充分尊重少数人的意见和权利，这与西方竞争性选举所实现的"多数决民主"有明显区别。协商民主强调大众要通过公共协商和公共讨论，理性地参与政治，参与的形式是对话和讨论，以此提高公民的理性和政治辨别力，反映真实的民意。在社会主义社会，人民当家作主的权利，不仅包括独立地参加投票和选举，而且包括参加日常事务的管理，即经常讨论协商公共事务。在我国，人民是管理国家的主体，决定国家事务。中国特色社会主义民主政治强调的是最大多数人的民主，而不是少数人的民主。中国共产党在坚持和发展选举和投票民主形式基础上，全面发展协商民主形式，不仅完全符合现代民主精神，也是中国特色社会主义民主政治的重要体现。

（四）创新了世界政党理论与实践

中国共产党在带领中国人民进行国家建构和制度建设的过程中，基于中国特定社会历史条件，以马克思主义为理论武器，以中华优秀传统文化为滋养，以解决中国问题为导向，对旧式政党制度进行了历史性反思，创造了本质上不同于欧美资本主义政党制度，也完全区别于苏联和东欧等社会主义国家的政党制度模式。这种新型政党制度既能够充分发挥中国共产党集中统一领导的作用和优势，也能够充分发挥多党合作的作用和优势，通过制度化、程序化、规范化的安排集中各方面意见和建议，推动决策科学化民主化，还能够有效避免西方政党制度中一党缺乏监督或者多党轮流坐庄、恶性竞争的根本缺陷，有效避免西方政党制度囿于党派利益的弊端。

在资本主义社会，代表不同利益集团的各个政党在选举中进行激烈竞争，由取得选举胜利的政党或政党联盟上台执政，而在竞选中遭到失败的政党则成为反对党，对执政党进行制衡和监督，这样就形成了两个或多个政党通过竞选轮流上台执政的局面。两党或多党竞争可以对资产阶级政党产生巨大的压力和动力，有利于维护资产阶级的政治统治。然而多党竞争、轮流执政又存在无法克服的问题。首先，每个政党所代表的只是某一个或部分资本家集团的利益，无论哪个政党上台执政，都必然首先维护支持他们上台的资本家集团的利益，不可能完全公平地对待其他社会力量，而广大劳动人民只不过是他们竞选时利用和拉拢的对象而已。其次，竞争是西方政党关系的本质和主流，这种相互竞争严重影响了政党之间的团结与合作，进而影响和削弱了全社会整体力量的凝聚和发挥。同时，由于西方国家的制衡与监督是建立在政党竞争的基础上，这种制衡与监督具有严重的政党偏见，容易失去对事物判断的客观性和公正性，往往是"你赞成的我就反对，你反对的我就赞成"，致使制衡与监督变成了相互间的攻讦与掣肘。

中国共产党领导的多党合作和政治协商制度，与西方资本主义国家的两党或多党轮流执政制度有着根本的区别。首先，合作共赢是我国政党制度的鲜明属性。社会主义社会不存在阶级对立，全体人民的根本利益是一致的，这构成了政党合作的坚实基础，使多党合作成为可能。社会主义社会各阶层人民的具体利益又存在差别，需要政党来反映这种不同的利益和要求，这种差异性和多样性又使多党合作成为必要。社会主义社会的政党关系，不是资本主义社会那种对立的或者竞争的关系，而是友好合作的关系，各政党团结合作，群策群力，和谐相处，共同为实现全国人民的利益而奋斗。同时又尊重差异、包容多样，重视各阶层人民的不同利益和要求，重视各个政党的不同地位和作用，坚持全国人民根本利益与各阶层人民具体利益的统一，使各阶层人民在为中国特色社会主义事业共同奋斗中互利共赢，使各党派在多党合作中长期共存、共同发展。其次，中国共产党领导和执政是我国政党制度的核心内容。多党合作需要有一个坚强的领导核心，才能长期稳定地向前发展。中国共产党是以马克思主义为指导思想的无产阶级政党，是眼光最远大、胸怀最广阔、政治上最先进的政党，能够团结和带领各民主党派与无党派人士为中国人民的利益共同奋斗，从而保证我国多党合作的正确方向和坚强团结。坚持共产党的领导与发挥民主党派的作用是相辅相成、有机结合的。经过长期的实践和探索，我国已经形成了共产党领导、多党派合作，共产党执政、多党派参政的和谐政党关系格局，创立了中国特色社会主义的新型政党制度模式。最后，民主监督是我国政党制度的突出特征。我国的政党监督是相互合作的友好政党间的民主监督，监督的目的不是出于本党的私利，而是为了共同实现中国人民的利益，这就使彼此的监督具有真诚的、不带偏见的、积极建设的性质，从而避免了西方资本主义政党为了竞争需要而难以克服的相互拆台、相互攻讦、相互掣肘之类的弊端。

（五）发展了社会主义民族理论与实践

当今世界，从民族理论的视角来看，所有国家大致可分为民族国家和多民族国家两种类型。从表象来看，民族国家和多民族国家的分类似乎反映的只是民族的构成，但从本质上来看，反映着两种不同的民族观和解决民族问题的道路。由此，在民族理论上形成了民族国家理论的话语体系和多民族国家理论的话语体系。民族概念的内涵和民族理论的构建就是由这两种话语体系来定义和规定的：在民族国家话语体系中，每一个民族都应该建立自己的国家，每一个民族的成员都应该生活在一个国家里。每一个文明的民族都有自决的权利，都应当通过独立、合并、统一等途径建立本民族的主权国家。总之，所谓"民族国家"，就是指"一个民族，一个国家"。在多民族国家话语体系中，民族与国家是同步产生的，但是民族与国家并不总是同步发展的，也不是单线发展的。人类社会几千年的历史证明，多民族国家是国家形态的常态，每一个民族都对国家的形成和发展作出了贡献，每一个民族都是国家的主人，都对国家未来的发展具有同等重要的意义。

中国民族理论和民族政策的形成和发展是以多民族国家的理论为前提的，多民族国家作为一种国家形态是人类社会发展的常态，始终是人类社会发展进程中国家形态的主要形式。在民族扩张与国家扩张相互交错、相互促进的合力下，一个国家之内拥有众多的民族和一个民族分布在多个国家已成为普遍的历史现象；从现实的角度说，在人类交往关系、交往手段、交往范围历史性大扩展的今天，在全球化进程把世界各地越来越紧密联系到一起的今天，多民族国家是整个人类所要面对的共同现实。"多民族国家"是中国几千年历史发展的必然和真实写照，也是中国 100 多年来历史选择的结果，并由此形成了既区别又超越西方民族国家话语的"家国同构"的中国话语。中华民族与各民族的关系，是整个大家庭与家庭成员的关系；各民族之间的关系，是整个大家庭里不同成员之间的关系。中国坚持铸牢中华民族共同体意识的理论，坚持各民族一律平等，反对任何形式的民族歧视和压迫，坚持各民族在社会生活和交往中平等相待、友好相处、互相尊重、互相帮助，坚持民族区域自治制度，推动各民族共同繁荣。

五 构建丰富多彩的世界政治文明新生态

人类文明的发展正面临着深刻的矛盾和困境：一方面，物质财富不断积累，科技进步日新月异，和平、发展、合作、共赢的时代潮流更加强劲，人类文明的发展达到了历史最高水平；另一方面，世界格局深刻变动，全球性问题更加突出，气候变化、网络安全、公共卫生等全球性挑战层出不穷，一些地方战乱和冲突仍在持续、饥荒和疾病仍在流行、隔阂和对立仍在加深，各国人民追求幸福生活的呼声更加强烈。不同的文明观念及其话语建构此起彼伏、激烈争锋，人类文明发展面临前所未有的矛盾与困境。解决人类文明面临的诸多问题，需要加强人类文明特别是政治文明的交流互鉴，推动构建人类命运共同体。

（一）美美与共，尊重各国政治发展道路

习近平指出："一个和平发展的世界应该承载不同形态的文明，必须兼容走向现代化的多样道路。"[17] 从世界范围来看，政治是历史的、具体的、发展的，根植于本国的历史文化传统，成长于本国人民的实践探索和智慧创造，道路各不相同，形态各具特色。当今世界有 200多个国家和地区、2500 多个民族，不同的历史和国情，不同的民族和习俗，孕育了丰富多彩的世界。文明具有多样性，就如同自然界物种的多样性一样，一同构成我们这个星球的生命本源。当今世界各个国家政治制度和政治模式各有特色，这是各地区各民族文明及其相互关系历史演进的结果，都是人类政治智慧的结晶。世界上没有完全相同的政治制度模式，一个国家实行什么样的政治制度，走什么样的政治

发展道路，必须与这个国家的国情和性质相适应。习近平在亚洲文明对话大会开幕式的主旨演讲中指出："坚持美人之美、美美与共。每一种文明都是美的结晶，都彰显着创造之美。一切美好的事物都是相通的。"[18]世界是丰富多彩的，多样性是人类文明的魅力所在，更是世界发展的活力和动力之源。文明没有高下、优劣之分，只有特色、地域之别，只有在交流中才能融合，在融合中才能进步。树立大家庭和合作共赢理念，摒弃意识形态争论，跨越文明冲突陷阱，相互尊重各国自主选择的发展道路和模式，让世界多样性成为人类社会进步的不竭动力。

从世界政治发展的实践来看，世界各国的政治模式各具特色，没有完全相同的。许多发展中国家按照西方主流的发展理论和发展模式，照搬了西方国家所谓的民主政治模式后，不但没有取得预期效果，反而导致政治动荡、经济滑坡。墨西哥曾经照搬美国的模式，印度和尼泊尔沿用英国的多党制、议会制、三权分立等模式，但是社会出现了政治不稳、腐败严重甚至爆发内战的悲剧。迄今为止的世界历史表明，任何一种政治模式都离不开本国的历史传统、经济文化发展状况和社会制度。通向民主的道路必须从本国实际出发，不能照搬照抄外国模式。美国政治学家亨廷顿曾经说过："现代化并不意味着西方化，非西方社会在没有放弃它们自己的文化和全盘采用西方价值、体制和实践的前提下，能够实现并已经实现了现代化。西方化确实几乎是不可能的，因为无论非西方文化对现代化造成了什么障碍，与他们对西方化造成的障碍相比都相形见绌。"[19]当今世界，政治现代化已经呈现出一种多样化和多种模式并存的格局，政治现代化不再等同于西方化。英国"脱欧"公投不仅再次质疑和批判了西方的"普世价值"，同时也说明欧洲不可能形成一体化的政治体制[20]。

不同政治文明的相处需要和而不同的精神。只有在多样的政治文明中相互尊重、彼此借鉴、和谐共存，这个世界才能丰富多彩、欣欣向荣。不同政治文明需要相互尊重、取长补短、兼收并蓄、和平相处、和谐共生，对待不同文明需要比天空更宽阔的胸怀。政治文明的交流互鉴不能搞唯我独尊的单一文明霸权。特别要警惕搞以意识形态包装的文明冲突，警惕将西方文明构建为全球"单一的普世文明"，警惕以文明画线"拉帮结伙"、制造对抗。人类历史告诉我们，企图建立单一文明的一统天下，只是一种不切实际的幻想。居高临下对待一种文明，不仅不能参透这种文明的奥妙，而且会与之格格不入。我们要按照习近平提出的文明交流互鉴应当遵循的原则，共同推动人类文明实现创造性发展。

（二）协和万邦，倡导国际关系民主化

中华民族历来秉持天下大同理念和怀柔远人、和谐万邦的天下观。在国家层面，我们注重维护社会公正，促进人的全面发展和社会全面进步。在国际层面，追求公平正义是世界各国人民在国际关系领域的崇高目标。我们坚决主张大小国家一律平等，特别是提升广大发展中国家的代表性和发言权，切实维护国际公平正义。根据联合国宪章，大小国家一律平等，没有任何一个国家拥有居高临下的特权。20世纪50年代以来，中国所倡导的和平共处五项原则已经成为国际关系基本准则的有机组成部分。半个多世纪以来，中国站在正义一边，坚持主权平等，反对干涉内政，反对霸权强权。习近平指出："世界只有一个体系，就是以联合国为核心的国际体系。只有一个秩序，就是以国际法为基础的国际秩序。只有一套规则，就是以联合国宪章宗旨和原则为基础的国际关系基本准则。"[21]中国从不搞意识形态对抗，

从不主张脱钩，从不想称王称霸。中国想的是如何让 14 亿多中国人民过上更好的生活，为全人类作出属于中国的更大贡献。但是，中国也不会坐视本国的国家主权、民族尊严、发展空间受到挤压，会坚定维护本国正当权益，维护国际公平正义。

中国主张引导经济全球化朝着更加开放、包容、普惠、平衡、共赢方向发展，既要做大蛋糕，更要分好蛋糕，着力解决公平公正问题；提升全球发展的公平性、有效性、协同性，反对任何人出于限制别人发展的目的，搞技术封锁、科技鸿沟、发展脱钩；共同推动国际关系法治化，在国际关系中维护国际法和国际秩序的权威性和严肃性，反对由少数人来制定国际规则；确保国际法平等统一适用，不能搞双重标准，不能"合则用、不合则弃"，真正做到"无偏无党，王道荡荡"。这是达成公平正义的现实路径。

（三）为丰富人类政治文明作出更大贡献

1989 年，在东欧剧变的背景下，美国学者福山在其著作《历史的终结及最后之人》中宣称，西方"自由民主制度也许是'人类意识形态发展的终点'和'人类最后一种统治形式'，并因此构成'历史的终结'。换句话说，在此之前的种种政体具有严重的缺陷及不合理的特征从而导致其衰落，而自由民主制度却正如人们所证明的那样不存在这种根本性的内在矛盾"[22]。但是在目睹西方自由民主制度面临根本性缺陷并无法解决当今国际社会面临的普遍问题时，福山于 2017 年 2 月在接受美国媒体采访时承认，"25 年前，我不知道民主制度会如何倒退，也没有理论来谈这个问题。现在我认为，民主制度显然可能倒退。"[23] 福山用"政治衰败"概念来指称当今西方政治制度遭遇的困难和挑战,特别是"作为世界上最早最先进的自由民主制的美国,与其他民主政治体系相比,承受着更为严重的政治衰败"[24]。福山所指的"政治衰败"通常表现为党派利益或者部分利益集团的团体利益凌驾于国家整体利益之上,民主政治成为少数人逐利的"金钱政治",政党政治异化为"政党恶斗",权力制衡演变为"否决政治"。在民主实践乱象丛生的当代世界,中国特色社会主义政治道路的科学性和实践性优势越来越彰显,中国特色社会主义政治体制的制度活力和治理效力,与西方资本主义制度衰败和治理式微形成鲜明对比,用事实宣告了福山"历史终结论"的终结。中国特色社会主义政治发展的理论创新和实践创造,超越了西方政治发展理论和政治制度模式,为人类政治文明确立了新的政治的坐标,其中以全过程人民民主为代表的民主理念对民主政治发展的贡献,给当代世界的政治发展带来了重要启示。

当今世界的政治格局既充满机遇和希望,也面临诸多风险和挑战,人类的前途命运从来没有像现在这样紧密相连、相互依存。政治文明是一个政治共同体在政治领域的文明集合体,蕴含人类共同价值、共同责任和共同使命,反映各国人民的美好向往与追求,昭示人类历史发展的前途方向。回望历史、立足当下、展望未来,只有尊重各国人民自己选择的政治发展道路,坚持和平与发展、维护公平与正义、促进人类进步,才能汇聚起强大的文明合力,引领世界向着更美好的明天迈进。道阻且长,行则将至。世界各国敞开胸怀,携手合作,交流互鉴,推动世界政治文明不断向前发展,推进天下大同,建设持久和平、普遍安全、共同繁荣、开放包容、清洁美丽的世界,必将开创人类历史更加美好的未来!

（执笔：胡登胜）

注　释

第一章　稽古开新的政治文明新形态

［1］《马克思恩格斯文集》第 1 卷，人民出版社，2009，第 685 页。

［2］《马克思恩格斯选集》第 4 卷，人民出版社，2012，第 652 页。

［3］《习近平关于社会主义政治建设论述摘编》，中央文献出版社，2017，第 42 页。

［4］习近平：《在庆祝中国共产党成立 100 周年大会上的讲话》，人民出版社，2021，第 11～12 页。

［5］《习近平谈治国理政》第 3 卷，外文出版社，2020，第 323 页。

［6］习近平：《在纪念毛泽东同志诞辰 120 周年座谈会上的讲话》，人民出版社，2013，第 12 页。

［7］《习近平谈治国理政》第 3 卷，外文出版社，2020，第 139 页。

［8］习近平：《在庆祝中国共产党成立 100 周年大会上的讲话》，人民出版社，2021，第 11～12 页。

［9］《邓小平文选》第 3 卷，人民出版社，1993，第 242 页。

［10］韩文秀：《稳定宏观经济不仅是经济问题，更是政治问题》，《瞭望》2022 年第 1 期。

［11］王红卫：《深入学习贯彻党的十九届六中全会精神　奋力走好新的赶考之路》，《中国司法》2022 年第 1 期。

［12］马建堂：《党领导经济建设的伟大成就和经验启示》，《人民日报》2021 年 7 月 6 日。

［13］《习近平主席在出席世界经济论坛 2017 年年会和访问联合国日内瓦总部时的演讲》，人民出版社，2017，第 28 页。

［14］《习近平谈治国理政》第 3 卷，外文出版社，2020，第 119 页。

［15］同上。

［16］习近平：《在首都各界纪念现行宪法公布施行 30 周年大会上的讲话》，人民出版社，2012，第 4、10 页。

［17］《中国共产党尊重和保障人权的伟大实践》，中国政府网，http：//www.gov.cn/zhengce/2021-06-24/content_5620505.htm。

［18］参见《人民美好生活的法治保障——写在〈中华人民共和国民法典〉诞生之际》，《人民日报》2020 年 5 月 31 日。

［19］全国人大常委会法制工作委员会：《坚持和践行全过程民主 推进新时代立法工作高质量发展》，《求是》2021 年第 13 期。

［20］《马克思恩格斯全集》第 3 卷，人民出版社，2002，第 172 页。

［21］《牢记历史经验历史教训历史警示　为国家治理能力现代化提供有益借鉴》，《人民日报》2014 年 10 月 14 日。

［22］《习近平谈治国理政》第 3 卷，外文出版社，2020，第 119 页。

［23］《习近平谈治国理政》，外文出版社，2014，第 90 页。

［24］同上书，第 93 页。

［25］《习近平谈治国理政》第 2 卷，外文出版社，2017，第 273 页。

[26]《高举中国特色社会主义伟大旗帜 奋力谱写全面建设社会主义现代化国家崭新篇章》,《人民日报》2022年7月28日。

第二章 马克思主义政党缔造和领导的国家

[1]《建国以来重要文献选编》第9册,中央文献出版社,1994,第317页。

[2]《十五大以来重要文献选编》(中),人民出版社,2001,第1395页。

[3]《十六大以来重要文献选编》(上),中央文献出版社,2005,第146页。

[4]《十七大以来重要文献选编》(上),中央文献出版社,2009,第235、22页。

[5]《改革开放三十年重要文献选编》(上),中央文献出版社,2008,第300页。

[6]同上书,第299页。

[7]《毛泽东选集》第4卷,人民出版社,1991,第1469页。

[8]同上书,第1468页。

[9]《马克思恩格斯选集》第3卷,人民出版社,2012,第363页。

[10]参见《列宁专题文集 论马克思主义》,人民出版社,2009,第235页。

[11]《列宁全集》第31卷,人民出版社,2017,第33页。

[12]《毛泽东选集》第4卷,人民出版社,1991,第1475页。

[13]《列宁全集》第31卷,人民出版社,2017,第96页。

[14]《毛泽东选集》第4卷,人民出版社,1991,第1470页。

［15］同上书，第 1471 页。

［16］同上书，第 1472 页。

［17］同上书，第 1477~1478 页。

［18］同上书，第 1478 页。

［19］同上书，第 1471 页。

［20］同上书，第 1475 页。

［21］《十九大以来重要文献选编》（上），中央文献出版社，2019，第 335 页。

［22］《毛泽东选集》第 4 卷，人民出版社，1991，第 1480 页。

［23］同上书，第 1471 页。

［24］同上书，第 1469 页。

［25］习近平：《在庆祝中国共产党成立 100 周年大会上的讲话》，人民出版社，2021，第 9 页。

［26］同上书，第 2 页。

［27］同上书，第 11~12 页。

［28］参见《马克思恩格斯全集》第 3 卷，人民出版社，2002，第 39 页。

［29］《列宁全集》第 31 卷，人民出版社，2017，第 74、86 页。

［30］《毛泽东选集》第 3 卷，人民出版社，1991，第 1031 页。

［31］《毛泽东年谱（1893~1949）（修订本）》（上），中央文献出版社，2013，第 42 页。

［32］《习近平谈治国理政》第 3 卷，外文出版社，2020，第 293 页。

［33］习近平：《在庆祝中国共产党成立 100 周年大会上的讲话》，人民出版社，2021，第 18、18~19 页。

［34］《马克思恩格斯全集》第 3 卷，人民出版社，2002，第 72 页。

［35］《毛泽东年谱（1893～1949）（修订本）》（中），中央文献出版社，2013，第 611 页。

［36］《2021 宪法宣传周｜新中国第一部宪法的诞生：毛泽东领导起草，1.5 亿人参与讨论》，https：//www.163.com/dy/article/GQBGFLDT05372HIN.html。

［37］《习近平：中国的民主是一种全过程的民主》，https：//www.ccps.gov.cn/xtt/201911/t20191103_135416.shtml？from = groupmessage。

［38］习近平：《在庆祝中国共产党成立100周年大会上的讲话》，人民出版社，2021，第 11～12 页。

第三章　广泛真实管用的全过程人民民主

［1］《毛泽东选集》第 2 卷，人民出版社，1991，第 666 页。

［2］《邓小平文选》第 2 卷，人民出版社，1994，第 168 页。

［3］《十八大以来重要文献选编》（下），中央文献出版社，2018，第 355 页。

［4］《习近平关于社会主义政治建设论述摘编》，中央文献出版社，2017，第 41 页。

［5］习近平：《在庆祝中国共产党成立100周年大会上的讲话》，人民出版社，2021，第 11 页。

［6］习近平：《决胜全面建成小康社会　夺取新时代中国特色社会主义伟大胜利——在中国共产党第十九次全国代表大会上的报告》，人民出版社，2017，第 11 页。

［7］《习近平在中央人大工作会议上发表重要讲话》，人民网，http：//

politics. people. com. cn/n1/2021/1014/c1024-32253679. html。

[8] 〔美〕约瑟夫·熊彼特:《资本主义、社会主义与民主》,吴良健译,商务印书馆,1999,第395~396页。

[9]《马克思恩格斯全集》第10卷,人民出版社,1998,第315页。

[10]《习近平谈治国理政》第2卷,外文出版社,2017,第293页。

[11] 同上书,第296页。

[12] 参见〔英〕伯纳德·克里克《民主》,史献芝译,译林出版社,2018。

[13] 参见〔美〕曼瑟·奥尔森《国家的兴衰——经济增长、滞涨和社会僵化》,李增刚译,上海人民出版社,2007。

[14] 习近平:《在庆祝中国共产党成立100周年大会上的讲话》,人民出版社,2021,第11页。

[15] Ray Dalio, "Understanding China's Recent Moves in Its Capital Markets", July 30, 2021, https://www. linkedin. com/pulse/understanding-chinas-recent-moves-its-capital-markets-ray-dalio/.

[16]《十八大以来重要文献选编》(中),中央文献出版社,2016,第55页。

[17]〔英〕迈克尔·奥克肖特著,〔英〕卢克·奥沙利文编《历史是什么》,王加丰、周旭东译,上海财经大学出版社,2009,第42~43页。

[18] George Tsebelis, *Veto Players: How Political Institutions Work*, Princeton, New Jersey: Princeton University Press, 2002, Chapter 3.

[19] 刘俊臣:《深入理解民法典的"三个特色"》,《人民日报》

2020 年 7 月 28 日。

［20］习近平：《关于〈中共中央关于制定国民经济和社会发展第十四个五年规划和二〇三五年远景目标的建议〉的说明》，中国政府网，http：//www.gov.cn/xinwen/2020 - 11/03/content_5556997.htm。

［21］《习近平在中央人大工作会议上发表重要讲话》，人民网，http：//politics.people.com.cn/n1/2021/1014/c1024-32253679.html。

［22］同上。

第四章　植根于中国土壤的新型政党制度

［1］《习近平谈治国理政》第 3 卷，外文出版社，2020，第 119 页。

［2］《坚持多党合作发展社会主义民主政治　为决胜全面建成小康社会而团结奋斗》，《人民日报》2018 年 3 月 5 日。

［3］《毛泽东选集》第 3 卷，人民出版社，1991，第 1056 页。

［4］中华人民共和国国务院新闻办公室：《中国新型政党制度》，《人民日报》2021 年 6 月 26 日。

［5］中共中央党史研究室：《中国共产党历史》第二卷（1949～1978）（上册），中共党史出版社，2011，第 138 页。

［6］《周恩来统一战线文选》，人民出版社，1984，第 171 页。

［7］《坚持多党合作发展社会主义民主政治为决胜全面建成小康社会而团结奋斗》，《人民日报》2018 年 3 月 5 日。

［8］中华人民共和国国务院新闻办公室：《中国新型政党制度》，《人民日报》2021 年 6 月 26 日。

［9］《改革开放三十年重要文献选编》（下），人民出版社，2008，

第 1476 页。

[10]〔美〕拉里·戴蒙德、理查德·冈瑟等：《政党与民主》，徐琳译，上海人民出版社，2017，第 83 页。

[11] 中华人民共和国国务院新闻办公室：《中国新型政党制度》，《人民日报》2021 年 6 月 26 日。

[12] 同上。

[13]《西方政党政治四大乱象》，《人民日报》2018 年 4 月 2 日。

[14]《坚持多党合作发展社会主义民主政治 为决胜全面建成小康社会而团结奋斗》，《人民日报》2018 年 3 月 5 日。

[15] 王邦佐等编著《中国政党制度的社会生态分析》，上海人民出版社，2000，第 183 页。

[16]《习近平同党外人士共迎新春》，《人民日报》2020 年 1 月 15 日。

[17]《中国新型政党制度日渐成熟》，《人民日报》2021 年 6 月 26 日。

[18] 中华人民共和国国务院新闻办公室：《中国新型政党制度》，《人民日报》2021 年 6 月 26 日。

[19] 同上。

[20]《十八大以来重要文献选编》（中），中央文献出版社，2016，第 76 页。

[21]《毛泽东选集》第 2 卷，人民出版社，1991，第 674 页。

[22]《费孝通文集》第 14 卷，群言出版社，1999，第 73 页。

[23] 中共中央宣传部：《习近平新时代中国特色社会主义思想学习纲要》，学习出版社、人民出版社，2019，第 128 页。

[24]《习近平关于社会主义政治建设论述摘编》，中央文献出版社，

2017，第 76 页。

[25] 中华人民共和国国务院新闻办公室：《中国新型政党制度》，《人民日报》2021 年 6 月 26 日。

[26]《习近平谈治国理政》第 2 卷，外文出版社，2017，第 292 页。

[27]《坚持多党合作发展社会主义民主政治　为决胜全面建成小康社会而团结奋斗》，《人民日报》2018 年 3 月 5 日。

[28] 尚同编著《中国新型政党制度概论》，上海人民出版社，2021，第 98 页。

[29]《十九大以来重要文献选编》（中），中央文献出版社，2021，第 275 页。

[30] 同上。

[31] 王小鸿、王彩玲、徐锋、高国升：《新型政党制度与国家治理现代化》，《中央社会主义学院学报》2021 年第 1 期。

[32] 林尚立：《当代中国政治：基础与发展》，中国大百科全书出版社，2017，第 131 页。

[33] 齐卫平：《加强政党协商与推进国家治理现代化》，《社会科学》2017 年第 4 期。

[34]《邓小平文选》第 2 卷，人民出版社，1994，第 267 页。

[35] 中华人民共和国国务院新闻办公室：《中国新型政党制度》，《人民日报》2021 年 6 月 26 日。

[36] 同上。

[37] 同上。

[38]《毛泽东文集》第 7 卷，人民出版社，1999，第 235 页。

[39] 林尚立等：《新中国政党制度研究》，上海人民出版社，2015，第 204 页。

［40］程竹汝、任军锋：《当代中国政党政治的功能性价值》，《政治学研究》2000 年第 4 期。

［41］中华人民共和国国务院新闻办公室：《中国新型政党制度》，《人民日报》2021 年 6 月 26 日。

［42］刘志礼、魏梓桐：《中国新型政党制度的结构优势及效能转化》，《中共中央党校（国家行政学院）学报》2020 年第 6 期。

［43］刘中：《推动人类民主事业发展的崭新路径》，《求是》2022 年第 5 期。

［44］郭定平：《政党中心的国家治理：中国的经验》，《政治学研究》2019 年第 3 期。

［45］柳宝军：《近年来国内学界新型政党制度研究现状与展望》，《社会主义研究》2020 年第 5 期。

［46］林尚立等：《新中国政党制度研究》，上海人民出版社，2015，第 108~109 页。

［47］《习近平谈治国理政》第 2 卷，外文出版社，2018，第 286 页。

［48］〔美〕拉里·戴蒙德、〔美〕理查德·冈瑟等：《政党与民主》，徐琳译，上海人民出版社，2017，第 83 页。

［49］《改革开放三十年重要文献选编》（下），中央文献出版社，2008，第 1476 页。

［50］龚少情：《中国新型政党制度对西方政党制度的双重超越及其类型学意义》，《马克思主义研究》2019 年第 7 期。

［51］《中国新型政党制度日渐成熟》，《人民日报》2021 年 6 月 26 日。

［52］中共中央宣传部：《中国共产党的历史使命与行动价值》，人民出版社，2021，第 56 页。

［53］张书林：《中国共产党党内治理的动因、困境与方略》，《中共

中央党校（国家行政学院）学报》2020 年第 3 期。

［54］唐海军：《世界政党形势变化的新特点及其动因》，《当代世界》2018 年第 2 期。

［55］张春满：《21 世纪国外政党政治研究：理论、前沿与情势》，复旦大学出版社，2019，第 149 页。

［56］〔美〕拉里·戴蒙德、〔美〕理查德·冈瑟等：《政党与民主》，徐琳译，上海人民出版社，2017，第 3 页。

［57］《习近平关于"不忘初心、牢记使命"论述摘编》，中央文献出版社，2019，第 174 页。

［58］《邓小平文选》第 1 卷，人民出版社，1994，第 273 页。

［59］《江泽民文选》第 3 卷，人民出版社，2006，第 146 页。

［60］王彩玲：《新型政党制度：一个中国故事的世界意义》，中国社会科学网，http：//www.cssn.cn/zx/bwyc/202107/t20210729_5350392.shtml。

［61］《改革开放三十年重要文献选编》（下），人民出版社，2008，第 1476 页。

［62］《习近平谈治国理政》第 2 卷，外文出版社，2017，第 292 页。

［63］转引自李拯《书写人类政治文明的中国贡献》，《人民日报》2018 年 3 月 5 日。

［64］柳宝军：《近年来国内学界新型政党制度研究现状与展望》，《社会主义研究》2020 年第 5 期。

第五章　民主集中高效协同的国家治理体系

［1］《十八大以来重要文献选编》（上），中央文献出版社，2014，

第 512 页。

[2] 参见《习近平谈治国理政》，外文出版社，2014，第 91 页。

[3] 参见习近平《决胜全面建成小康社会　夺取新时代中国特色社会主义伟大胜利——在中国共产党第十九次全国代表大会上的报告》，人民出版社，2017，第 27~29 页。

[4] 《十九大以来重要文献选编》（中），中央文献出版社，2021，第 296 页。

[5] 以上为 20 世纪 40 年代流传于延安地区的民谣，生动再现了陕甘宁边区运用"豆选法"进行选举的历史场景，转引自卢毅《"因为边区有民主"：抗战时期中共声望的提升》，《中国延安干部学院学报》2017 年第 2 期。

[6] 杨红运：《"奔向光明"——1949 年民主党派响应新政协的心路历程》，《北京日报》2019 年 10 月 28 日。

[7] 《邓小平文选》第 3 卷，人民出版社，1993，第 258 页。

[8] 参见中央党校采访实录编辑室《习近平在正定》，中共中央党校出版社，2019，第 7~10 页。

[9] 参见《十九大以来重要文献选编》（中），中央文献出版社，2021，第 272 页。

[10] 参见《健康中国：人均预期寿命从 35 岁提升至 77.3 岁》，https：//baijiahao. baidu. com/s？id = 17033533747 78487404&wfr=spider&for=pc。

[11] 《中国人 70 年因交通巨变"时空"感不断被刷新》，新华网，http：//www. xinhuanet. com/2019-09/01/c_1124946302. htm。

[12] 《我国高铁高速公路里程均居世界第一》，https：//baijiahao. baidu. com/s？id=1686820387737726678&wfr=spider&for=pc。

［13］《中国人类发展指数居世界第 85 公平问题最大问题》，http：∥ news. sohu. com/20051230/n241214087. shtml。

［14］《联合国报告里的中国数据：HDI 再提升中国减贫成就贡献世界》，https：∥baijiahao. baidu. com/s？id ＝ 1562716289461511&wfr ＝ spider&for＝pc。

［15］习近平：《在庆祝改革开放 40 周年大会上的讲话》，人民出版社，2018，第 28 页。

［16］《习近平谈治国理政》第 3 卷，外文出版社，2020，第 14 页。

［17］《十九大以来重要文献选编》（中），中央文献出版社，2021，第 270 页。

［18］同上书，第 271 页。

［19］同上书，第 382 页。

［20］《习近平谈治国理政》，外文出版社，2014，第 68 页。

［21］参见《十九大以来重要文献选编》（中），中央文献出版社，2021，第 270~271 页。

［22］《邓小平文选》第 2 卷，人民出版社，1994，第 175 页。

［23］《中共中央政治局召开民主生活会强调树牢"四个意识"坚定"四个自信"坚决做到"两个维护"勇于担当作为以求真务实作风把党中央决策部署落到实处中共中央总书记习近平主持会议并发表重要讲话》，《人民日报》2018 年 12 月 27 日。

［24］参见王绍光、鄢一龙、胡鞍钢《中国中央政府"集思广益型"决策模式——国家"十二五"规划的出台》，《中国软科学》2014 年第 4 期。

［25］《〈人类减贫的中国实践〉白皮书》，https：∥www. ccps. gov. cn/xtt/202104/t202104 06_148296. shtml。

［26］《中国最美公路丨北盘江大桥，架在云端的世界第一高桥》，https：//www. sohu. com/a/556014051_121124406。

［27］《邓小平年谱（一九七五——一九九七）》（上），中央文献出版社，2004，第510页。

［28］汤汉梧、吴权：《毛泽东召唤李达"归队"》，《湘潮》2016年第11期。

［29］《改革开放三十年重要文献选编》（下），人民出版社，2008，第1748页。

［30］《习近平谈治国理政》第3卷，外文出版社，2020，第105页。

［31］《十九大以来重要文献选编》（中），中央文献出版社，2021，第126页。

［32］《习近平谈治国理政》第3卷，外文出版社，2020，第106页。

［33］《习近平谈治国理政》，外文出版社，2014，第105页。

［34］习近平：《在新进中央委员会的委员、候补委员和省部级主要领导干部学习贯彻习近平新时代中国特色社会主义思想和党的十九大精神研讨班上的讲话》，《人民日报》2018年1月6日。

［35］《十九大以来重要文献选编》（上），中央文献出版社，2019，第554页。

［36］《习近平关于社会主义政治建设论述摘编》，中央文献出版社，2017，第31页。

［37］《十九大以来重要文献选编》（中），中央文献出版社，2021，第279页。

［38］同上书，第288页。

第六章　彰显自我革命伟力的党和国家监督体系

[1]《马克思恩格斯选集》第 1 卷，人民出版社，2012，第 411 页。

[2]《马克思恩格斯文集》第 4 卷，人民出版社，2009，第 3 页。

[3]《马克思恩格斯选集》第 4 卷，人民出版社，2012，第 186～187 页。

[4] 参见蔡志强《反腐净党》，人民日报出版社，2022，第 7 页。

[5]《马克思恩格斯全集》第 42 卷，人民出版社，1979，第 421 页。

[6]《马克思恩格斯全集》第 28 卷，人民出版社，2018，第 278 页。

[7]《列宁全集》第 39 卷，人民出版社，2017，第 4 页。

[8]《列宁全集》第 41 卷，人民出版社，2017，第 382 页。

[9]《列宁选集》第 34 卷，人民出版社，2017，第 186 页。

[10] 参见蔡志强《反腐净党》，人民日报出版社，2022，第 16 页。

[11]《列宁全集》第 39 卷，人民出版社，2017，第 323 页。

[12] 参见中共中央党校党建教研室编《苏联共产党章程汇编》，求实出版社，1982，第 39 页。

[13] 参见蔡志强《反腐净党》，人民日报出版社，2022，第 17 页。

[14] 参见张晋藩《中国古代监察制度史》，中国方正出版社，2019，第 48、61、141～142、194～198、237、272～277、331～333 页。

[15] 参见陈哲夫主编《监察与监督》，北京大学出版社，1994，第 4～5 页。

[16] 蔡志强：《革命逻辑与中国共产党的历史使命》，《思想理论教育》2019 年第 6 期。

［17］《建党以来重要文献选编（1921~1949）》第 1 册，中央文献出版社，2011，第 1~2 页。

［18］参见中国纪检监察学院党委理论学习中心组《百年党风廉政建设和反腐败斗争的经验与启示》，《中国纪检监察报》2021 年 6 月 10 日。

［19］《十九大以来重要文献选编》（中），中央文献出版社，2021，第 295 页。

［20］习近平：《在第十八届中央纪律检查委员会第六次全体会议上的讲话》，人民出版社，2016，第 22 页。

［21］《十九大以来重要文献选编》（上），中央文献出版社，2019，第 191 页。

［22］林尚立：《当代中国政治：基础与发展》，中国大百科全书出版社，2017，第 344 页。

［23］《十八大以来重要文献选编》（上），中央文献出版社，2014，第 23 页。

［24］《十九大以来重要文献选编》（中），中央文献出版社，2021，第 295 页。

［25］《十八大以来重要文献选编》（下），中央文献出版社，2018，第 455 页。

［26］同上书，第 442 页。

［27］习近平：《决胜全面建成小康社会　夺取新时代中国特色社会主义伟大胜利——在中国共产党第十九次全国代表大会上的报告》，人民出版社，2017，第 67 页。

［28］《十八大以来重要文献选编》（上），中央文献出版社，2014，第 644 页。

[29]《改革开放三十年重要文献选编》（下），中央文献出版社，2008，第 1465 页。

[30]《十八大以来重要文献选编》（中），中央文献出版社，2016，第 762 页。

[31]《习近平关于全面深化改革论述摘编》，中央文献出版社，2014，第 71 页。

[32]《十八大以来重要文献选编》（中），中央文献出版社，2016，第 163 页。

[33] 习近平：《决胜全面建成小康社会 夺取新时代中国特色社会主义伟大胜利——在中国共产党第十九次全国代表大会上的报告》，人民出版社，2017，第 67 页。

[34] 姚强、张晋铭、王忠敏、贾东东：《一体推进不敢腐不能腐不想腐的历史探究和现实思考》，《中国纪检监察》2021 年第 23 期。

[35]《习近平在十九届中央纪委六次全会上发表重要讲话强调坚持严的主基调不动摇坚持不懈把全面从严治党向纵深推进》，《中国纪检监察》2022 年第 3 期。

[36]《全面打赢反腐败斗争攻坚战持久战》，《中国纪检监察报》2022 年 6 月 22 日。

[37]《提高一体推进"三不腐"能力和水平 全面打赢反腐败斗争攻坚战持久战》，《人民日报》2022 年 6 月 19 日。

[38]《改革开放三十年重要文献选编》（下），中央文献出版社，2008，第 917 页。

[39]《全面从严治党勇毅前行成就辉煌》，《中国纪检监察报》2022 年 7 月 1 日。

［40］《提高一体推进"三不腐"能力和水平　全面打赢反腐败斗争攻坚战持久战》，《人民日报》2022年6月19日。

［41］习近平：《决胜全面建成小康社会　夺取新时代中国特色社会主义伟大胜利——在中国共产党第十九次全国代表大会上的报告》，人民出版社，2017，第21页。

［42］习近平：《在庆祝中国共产党成立100周年大会上的讲话》，人民出版社，2021，第11~12页。

［43］习近平：《在新的起点上深化国家监察体制改革》，《思想政治工作研究》2019年第4期。

［44］《毛泽东年谱（1893~1949）（修订本）》（中），中央文献出版社，2013，第611页。

［45］王锐、倪星：《政党引领的权力监督模式：生成逻辑与内在机制》，《政治学研究》2022年第1期。

［46］刘诗林、蔡志强：《论巡视在党和国家监督体系中的统合功能》，《中共中央党校（国家行政学院）学报》2022年第2期。

［47］《马克思恩格斯全集》第3卷，人民出版社，2002，第395页。

［48］《习近平谈治国理政》第4卷，外文出版社，2022，第549页。

［49］《习近平谈治国理政》第3卷，外文出版社，2020，第546页。

［50］习近平：《在庆祝中国共产党成立100周年大会上的讲话》，人民出版社，2021，第12~13页。

［51］《习近平谈治国理政》第4卷，外文出版社，2022，第550页。

［52］同上。

［53］"四个任重道远"指习近平在十九届中央纪委六次全会上指出的"防范形形色色的利益集团成伙作势、'围猎'腐蚀还任重道远，有效应对腐败手段隐形变异、翻新升级还任重道远，彻

底铲除腐败滋生土壤、实现海晏河清还任重道远，清理系统性腐败、化解风险隐患还任重道远"。参见《习近平谈治国理政》第 4 卷，外文出版社，2022，第 551 页。

第七章　平等团结互助和谐的社会主义民族关系

[1] 四种形态的论述主要参考习近平《在全国民族团结进步表彰大会上的讲话》，人民出版社，2019。

[2] 习近平：《在全国民族团结进步表彰大会上的讲话》，人民出版社，2019，第 4 页。

[3] 同上书，第 4~5 页。

[4] 同上书，第 5 页。

[5] 同上书，第 5~6 页。

[6] 同上书，第 6 页。

[7] 《建党以来重要文献选编（1921~1949）》第 1 册，中央文献出版社，2011，第126 页。

[8] 《建党以来重要文献选编（1921~1949）》第 8 册，中央文献出版社，2011，第650 页。

[9] 《建党以来重要文献选编（1921~1949）》第 12 册，中央文献出版社，2011，第 163 页。

[10] 《建国以来重要文献选编》第 1 册，中央文献出版社，1992，第 3 页。

[11] 《毛泽东文集》第 6 卷，人民出版社，1999，第 269 页。

[12] 《党的十九届六中全会〈决议〉学习辅导百问》编写组编著《党的十九届六中全会〈决议〉学习辅导百问》，学习出版社、

党建读物出版社，2011，第 20 页。

[13]《毛泽东文集》第 7 卷，人民出版社，1999，第 227 页。

[14]《周恩来统一战线文选》，人民出版社，1984，第 362~363 页。

[15]《十二大以来重要文献选编》（下），人民出版社，1988，第
1373 页。

[16]《十五大以来重要文献选编》（中），人民出版社，2001，第
1050~1051 页。

[17]《改革开放三十年重要文献选编》（下），中央文献出版社，
2008，第 1502 页。

[18] 关于社会主义民族关系的发展进步和积极成效，我国以国务院
新闻办公室名义先后发布多个白皮书，主要包括：《中国的民
族区域自治》（2005 年 2 月）、《中国的民族政策与各民族共同
繁荣发展》（2009 年 9 月）、《西藏发展道路的历史选择》
（2015 年 4 月）、《民族区域自治制度在西藏的成功实践》
（2015 年 9 月）、《中国共产党尊重和保障人权的伟大实践》
（2021 年 6 月）、《新疆各民族平等权利的保障》（2021 年 7
月）、《中国的民主》（2021 年 12 月）等。本节综合参考了这
些材料，并在此基础上进行了一些阐发。

[19]《邓小平文选》第 3 卷，人民出版社，1993，第 362 页。

[20] 此处几个方面的论述主要参考国务院新闻办公室《中国的民族
政策与各民族共同繁荣发展》白皮书"二、坚持各民族一律平
等"，2009 年 9 月；同时参考国务院新闻办公室《中国的民族
区域自治》白皮书，2005 年 2 月。

[21] 国务院新闻办公室：《中国的民族政策与各民族共同繁荣发展》
白皮书"二、坚持各民族一律平等"，2009 年 9 月。

［22］此处几个方面的论述主要参考国务院新闻办公室《中国的民族政策与各民族共同繁荣发展》白皮书"三、巩固和发展全国各族人民的大团结"，2009 年 9 月；同时参考国务院新闻办公室《中国的民族区域自治》白皮书，2005 年 2 月。

［23］此处几个方面的论述主要参考国务院新闻办公室《中国的民族政策与各民族共同繁荣发展》白皮书"四、坚持和完善民族区域自治制度"，2009 年 9 月；同时参考国务院新闻办公室《中国的民族区域自治》白皮书，2005 年 2 月。

［24］习近平：《在全国脱贫攻坚总结表彰大会上的讲话》，人民出版社，2021，第 1 页。

［25］《习近平谈治国理政》第 4 卷，外文出版社，2022，第 428 页。

［26］国务院新闻办公室：《人类减贫的中国实践》白皮书，2021 年 4 月；《中国的全面小康》白皮书，2021 年 9 月。

［27］国务院新闻办公室：《全面建成小康社会：中国人权事业发展的光辉篇章》白皮书，2021 年 8 月。

［28］《习近平关于社会主义经济建设论述摘编》，中央文献出版社，2017，第 229 页。

［29］《邓小平文选》第 2 卷，人民出版社，1994，第 186 页。

［30］《江泽民文选》第 2 卷，人民出版社，2006，第 159 页。

［31］《胡锦涛文选》第 3 卷，人民出版社，2016，第 636 页。

［32］习近平：《在全国民族团结进步表彰大会上的讲话》，人民出版社，2019，第 3 页。

［33］《建党以来重要文献选编（1921～1949）》第 26 册，中央文献出版社，2011，第 767 页。

［34］《列宁全集》第 43 卷，人民出版社，2017，第 356 页。

[35]《建国以来重要文献选编》第 5 册，中央文献出版社，1993，第 521 页。

[36]《习近平关于社会主义政治建设论述摘编》，中央文献出版社，2017，第 155 页。

[37]《改革开放三十年重要文献选编》（下），中央文献出版社，2008，第 962 页。

[38] 王晨：《进一步贯彻实施国家通用语言文字法　铸牢中华民族共同体意识——写在〈中华人民共和国国家通用语言文字法〉颁布 20 周年之际》，《人民日报》2020 年 11 月 11 日。

[39] 中共中央宣传部：《习近平新时代中国特色社会主义思想学习纲要》，学习出版社、人民出版社，2019，第 132 页。

[40]《习近平关于社会主义政治建设论述摘编》，中央文献出版社，2017，第 150 页。

[41] 同上。

[42]《十八大以来重要文献选编》（下），中央文献出版社，2018，第 825 页。

[43]《习近平谈治国理政》第 3 卷，外文出版社，2020，第 31 页。

[44] 同上书，第 299 页。

第八章　为人类政治文明贡献中国智慧

[1] 习近平：《在庆祝中国共产党成立 100 周年大会上的讲话》，人民出版社，2021，第 13～14 页。

[2] 罗振建、张成明：《论合作共赢是统一战线的本质》，《理论月刊》2017 年第 2 期。

［3］《习近平谈治国理政》，外文出版社，2014，第 164 页。

［4］习近平：《在纪念马克思诞辰 200 周年大会上的讲话》，人民出版社，2018，第27页。

［5］参见《马克思恩格斯选集》第 1 卷，人民出版社，2012，第 669 页。

［6］《习近平谈治国理政》，外文出版社，2014，第 21 页。

［7］习近平：《决胜全面建成小康社会　夺取新时代中国特色社会主义伟大胜利——在中国共产党第十九次全国代表大会上的报告》，人民出版社，2017，第 57~58 页。

［8］《邓小平文选》第 3 卷，人民出版社，1993，第 328 页。

［9］《习近平谈治国理政》第 3 卷，外文出版社，2020，第 436 页。

［10］相关数据来源于国家统计局公布的官方数据。

［11］《习近平谈治国理政》，外文出版社，2014，第 274 页。

［12］《邓小平文选》第 3 卷，人民出版社，1993，第 373 页。

［13］习近平：《在庆祝全国人民代表大会成立 60 周年大会上的讲话》，《人民日报》2014 年 9 月 6 日。

［14］《习近平谈治国理政》第 4 卷，外文出版社，2022，第 260～261 页。

［15］《习近平谈治国理政》第 3 卷，外文出版社，2020，第 122 页。

［16］《习近平谈治国理政》第 2 卷，外文出版社，2017，第 292 页。

［17］《习近平谈治国理政》第 4 卷，外文出版社，2022，第 469～470 页。

［18］《习近平谈治国理政》第 3 卷，外文出版社，2020，第 469 页。

［19］〔美〕塞缪尔·亨廷顿：《文明的冲突与世界秩序的重建》，周琪等译，新华出版社，2018，第 37 页。

［20］《习近平谈治国理政》第2卷，外文出版社，2017，第484页。

［21］《习近平谈治国理政》第4卷，外文出版社，2022，第470页。

［22］〔美〕弗朗西斯·福山：《历史的终结及最后之人》，黄胜强、许铭原译，中国社会科学出版社，2003，第1页。

［23］〔美〕弗朗西斯·福山：《西方民主正处于倒退状态》，观察者网，https://m.guancha.cn/fu-lang-xi-si-fu-shan/2017_02_14_394116。

［24］〔美〕弗朗西斯·福山：《政治秩序与政治衰败：从工业革命到民主全球化》，毛俊杰译，广西师范大学出版社，2015，第443~444页。

参考文献

《马克思恩格斯文集》第 1 卷，人民出版社，2009。

《马克思恩格斯全集》第 3 卷，人民出版社，2002。

《马克思恩格斯选集》第 4 卷，人民出版社，2012。

《列宁选集》第 3 卷，人民出版社，1972。

《列宁选集》第 4 卷，人民出版社，1995。

《列宁全集》第 39 卷，人民出版社，2017。

《列宁全集》第 41 卷，人民出版社，1986。

《列宁全集》第 43 卷，人民出版社，2017。

《列宁专题文集：论马克思主义》，人民出版社，2009。

《毛泽东选集》第 2~4 卷，人民出版社，1991。

《毛泽东文集》第 6~7 卷，人民出版社，1999。

《毛泽东年谱（一八九三——一九四九）（修订本）》（上），中央文献出版社，2013。

《毛泽东民族工作文选》，中央文献出版社、民族出版社，2014。

《周恩来统一战线文选》，人民出版社，1984。

《邓小平文选》第 1~2 卷，人民出版社，1994。

《邓小平文选》第 3 卷，人民出版社，1993。

《邓小平年谱（一九七五—一九九七）》（上），中央文献出版社，2004。

《江泽民文选》第2~3卷，人民出版社，2006。

《胡锦涛文选》第3卷，人民出版社，2016。

习近平：《在首都各界纪念现行宪法公布施行30周年大会上的讲话》，人民出版社，2012。

习近平：《在纪念毛泽东同志诞辰120周年座谈会上的讲话》，人民出版社，2013。

习近平：《在庆祝中国共产党成立100周年大会上的讲话》，人民出版社，2021。

《习近平谈治国理政》，外文出版社，2014。

《习近平谈治国理政》第2卷，外文出版社，2017。

《习近平谈治国理政》第3卷，外文出版社，2020。

《习近平谈治国理政》第4卷，外文出版社，2022。

《习近平关于全面深化改革论述摘编》，中央文献出版社，2014。

习近平：《决胜全面建成小康社会 夺取新时代中国特色社会主义伟大胜利——在中国共产党第十九次全国代表大会上的报告》，人民出版社，2017。

习近平：《在庆祝改革开放40周年大会上的讲话》，人民出版社，2018。

《习近平关于社会主义政治建设论述摘编》，中央文献出版社，2017。

《习近平主席在出席世界经济论坛2017年年会和访问联合国日内瓦总部时的演讲》，人民出版社，2017。

《习近平关于社会主义经济建设论述摘编》，中央文献出版社，2017。

习近平：《在纪念马克思诞辰 200 周年大会上的讲话》，人民出版社，2018。

习近平：《深化文明交流互鉴　共建亚洲命运共同体：在亚洲文明对话大会开幕式上的主旨演讲》，人民出版社，2019。

习近平：《在全国脱贫攻坚总结表彰大会上的讲话》，人民出版社，2021。

习近平：《加强政党合作　共谋人民幸福——在中国共产党与世界政党领导人峰会上的主旨讲话》，人民出版社，2021。

习近平：《坚定信心　共克时艰　共建更加美好的世界》，人民出版社，2021。

习近平：《在第十八届中央纪律检查委员会第六次全体会议上的讲话》，人民出版社，2016。

《习近平关于社会主义政治建设论述摘编》，中央文献出版社，2017。

《习近平关于"不忘初心、牢记使命"论述摘编》，中央文献出版社，2019。

《建党以来重要文献选编（1921—1949）》第 1、8、12 册，中央文献出版社，2011。

《十二大以来重要文献选编》（下），人民出版社，1988。

《十五大以来重要文献选编》（中），人民出版社，2001。

中共中央党史研究室：《中国共产党历史（1949—1978）》第 2 卷（上），中共党史出版社，2011。

《改革开放三十年重要文献选编》（下），人民出版社，2008。

《十八大以来重要文献选编》（上），中央文献出版社，2014。

《十八大以来重要文献选编》（中），中央文献出版社，2016。

《十八大以来重要文献选编》（下），中央文献出版社，2018。

《十九大以来重要文献选编》（上），中央文献出版社，2019。

《十九大以来重要文献选编》（中），中央文献出版社，2021。

中共中央宣传部：《习近平新时代中国特色社会主义思想学习纲要》，学习出版社、人民出版社、2019。

中共中央宣传部：《中国共产党的历史使命与行动价值》，人民出版社，2021。

中华人民共和国国务院新闻办公室：《中国的民族区域自治》白皮书，2005 年 2 月 2 日。

中华人民共和国国务院新闻办公室：《西藏发展道路的历史选择》白皮书，2015 年 4 月 15 日。

中华人民共和国国务院新闻办公室：《民族区域自治制度在西藏的成功实践》白皮书，2015 年 9 月 6 日。

中华人民共和国国务院新闻办公室：《人类减贫的中国实践》白皮书，2021 年 4 月 6 日。

中华人民共和国国务院新闻办公室：《中国共产党尊重和保障人权的伟大实践》白皮书，2021 年 6 月 24 日。

中华人民共和国国务院新闻办公室：《新疆各民族平等权利的保障》白皮书，2021 年 7 月 14 日。

中华人民共和国国务院新闻办公室：《中国新型政党制度》白皮书，2021 年 6 月 25 日。

中华人民共和国国务院新闻办公室：《中国的民主》白皮书，2021 年 12 月 4 日。

国务院新闻办公室：《全面建成小康社会：中国人权事业发展的光辉篇章》白皮书，2021 年 8 月 12 日。

中共中央党校党建教研室编《苏联共产党章程汇编》，求实出版社，1982。

王邦佐等编著《中国政党制度的社会生态分析》，上海人民出版社，2000。

费孝通：《费孝通文集》第 14 卷，群言出版社，1999。

陈哲夫主编《监察与监督》，北京大学出版社，1994。

张晋藩主编《中国古代监察制度史》，中国方正出版社，2019。

林尚立：《当代中国政治：基础与发展》，中国大百科全书出版社，2017。

林尚立等：《新中国政党制度研究》，上海人民出版社，2015。

尚同编著《中国新型政党制度概论》，上海人民出版社，2021。

蔡志强：《反腐净党》，人民日报出版社，2022。

张春满：《21 世纪国外政党政治研究：理论、前沿与情势》，复旦大学出版社，2019。

〔美〕约瑟夫·熊彼特：《资本主义、社会主义与民主》，吴良健译，商务印书馆，1999。

〔英〕迈克尔·奥克肖特著，〔英〕卢克·奥沙利文编《历史是什么》，王加丰、周旭东译，上海财经大学出版社，2009。

〔美〕塞缪尔·亨廷顿：《文明的冲突与世界秩序的重建》，周琪等译，新华出版社，2018。

〔美〕弗朗西斯·福山：《历史的终结及最后之人》，黄胜强、许铭原译，中国社会科学出版社，2003。

〔美〕弗朗西斯·福山：《政治秩序与政治衰败：从工业革命到民主全球化》，毛俊杰译，广西师范大学出版社，2015。

〔美〕拉里·戴蒙德、理查德·冈瑟等：《政党与民主》，徐琳译，上海人民出版社，2017。

后　记

　　政治文明是人类文明的重要成果，中国共产党领导人民创造的人类文明新形态包含社会主义政治文明，深入阐述人类文明新形态必然要求阐述人民当家作主的政治文明。本书着重从当代中国政治实践出发，对党缔造和领导的中国特色社会主义制度体系和政治形态，进行总体上的研究和阐释。为了写好本书，我共邀请了八位学者集体参与，他们分工负责撰写政治文明的一个方面，在分工基础上又进行了多轮集体研讨、相互切磋、反复打磨，之后我又组织进行了数次集中修改形成定稿，历时几近一年。

　　本书共分为八章，各章执笔人信息如下：

　　第一章　公明，山东大学国家治理研究院特约研究员；

　　第二章　刘晨光，中共中央党校（国家行政学院）科学社会主义教研部教授；

　　第三章　公明；

　　第四章　柳宝军，中共中央党校（国家行政学院）马克思主义学院讲师；

　　第五章　张克，中共中央党校（国家行政学院）公共管理教研部副教授；

第六章　蔡志强，中国纪检监察学院教授，刘诗林，中国纪检监察学院副教授；

第七章　龙国贻，中国社会科学院民族学与人类学研究所副研究员；

第八章　胡登胜，国务院发展研究中心助理研究员。

我非常感激上述几位学者的参与和支持，他们为本书写作付出了大量时间和精力。在写作本书的过程中，得到了社会科学文献出版社王利民社长、杨群总编辑的悉心教诲与大力支持，他们在百忙之中数次亲临丛书研讨会并给予指导，针对我们在工作中遇到的一些疑问和要求，不仅展示了极大的耐心和诚意，而且从出版社领导层面给予了很多具体帮助。在本书撰写过程中，社会科学文献出版社总编辑助理姚冬梅、政法传媒分社总编辑曹义恒同样给了作者团队极大的支持，几乎是事无巨细，一直在默默同作者团队衔接配合，展示出令人钦佩的专业精神和职业操守。最后，在本书付梓之际，由衷感谢社会科学文献出版社黄金平编辑，他那种不厌其烦、细致入微、一丝不苟的工作作风令人钦佩！

这本书虽然完成，但无论是分析框架还是一些具体内容，都还很不成熟，恳请方家批评指正。同时，希望本书能够起到抛砖引玉的作用，期待将来能够看到有关社会主义政治文明更具理论深度和更加系统完备的著作出版。

颜晓峰

2022 年 9 月 20 日

出版后记

习近平总书记在庆祝中国共产党成立 100 周年大会上的重要讲话中指出："我们坚持和发展中国特色社会主义，推动物质文明、政治文明、精神文明、社会文明、生态文明协调发展，创造了中国式现代化新道路，创造了人类文明新形态。"随后，在党的十九届六中全会和中国文联十一大、中国作协十大开幕式等重要场合的讲话中，习近平总书记多次强调了创造人类文明新形态对中国及世界的重要作用。

为迎接党的二十大隆重召开，从历史高度、思想深度和实践广度上加快推进人类文明新形态研究，经与天津大学马克思主义学院院长颜晓峰教授商议，我社于 2021 年 11 月中旬开始筹划出版"人类文明新形态研究丛书"。2021 年 12 月 7 日我社召开了丛书策划研讨会，针对研创背景、写作思路、框架设计、研创团队、写作进度等方面进行了讨论和安排。2021 年 12 月 29 日我社召开了丛书创作研讨会，与颜晓峰教授一起遴选了写作团队。2022 年 1 月 24 日召开项目启动会以后，各位作者正式开始研究和写作。为更好地促进丛书研讨和写作，我社分别于 2022 年 4 月 22 日、6 月 17 日举行了项目中期统稿研讨会和定稿研讨会，主要讨论并解决书稿写作进度、遇到的难题，并对书稿定位、文风、体例等进一步加以明晰和规范。这两次会议特别邀请了原中共中央党史研究室科研管理部主任黄如军、清华大学马克思主义学院特聘教授郭建宁、中国人民大学马克思主义学院教授侯衍社、北京大学哲学系博雅讲席教授丰子义、中国人民大学马克思主义学院副院长陶文昭、北京航空航天大学马克思主义学院院长赵义良共六位专家莅临现场，以评审和指导的形式为丛书研究和写作提出宝贵意见。

丛书由颜晓峰、杨群主编，颜晓峰教授牵头撰写总卷，分卷主创有中共中央党校（国家行政学院）经济学部韩保江教授、武汉大学马克思主义学院项久雨教授、东北大学马克思主义学院任鹏教授等，创作团队成员有 40 余人，作者单位涵盖中国社会科学院、中共中央党校（国家行政学院）、北京大学、武汉大学、天津大学等国内一流科研机构和高等院校，作者均为国内马克思主义理论学科领域的知名专家学者以及近年成长起来的青年才俊，学术水平高、研究实力强。

"人类文明新形态研究丛书"是我社精心策划，为即将隆重召开的党的二十大献礼的重要图书，也被列入中国社会科学院 2022 年重点出版项目、中宣部"2022 年主题出版重点出版物"。中国社会科学院党组及相关部门高度重视丛书的出版，给予了多方面的指导。中国社会科学院秘书长、党组成员赵奇同志担任丛书编委会主任，在百忙中仔细审定了全部书稿，提出修改意见，并拨冗为丛书作序。

在整个丛书出版过程中，我社高度重视，从开始筹划，到各次研讨会及编辑出版，我和总编辑杨群同志全程参与了会议讨论、内容审核、编校指导等各个环节。杨群同志和副总编辑蔡继辉、童根兴一起，认真细致地完成了三审工作，确保了丛书的政治导向和学术质量；总编辑助理姚冬梅、政法传媒分社总编辑曹义恒以及重点项目办公室在项目策划、申报中宣部"2022年主题出版重点出版物"及具体的编校出版过程中全力做好组织和统筹等相关工作；编审室、出版部、设计中心等部门也给予了大力支持；政法传媒分社社长王绯多次参加研讨会建言献策，各位编辑组成员也全力以赴做好书稿编辑出版工作。

在丛书付印之际，我谨代表社会科学文献出版社，向各位领导、专家、同事致以诚挚的感谢。今后，我们将继续努力，策划出版更多彰显社会效益的精品力作，为繁荣发展中国特色哲学社会科学做出自己应有的贡献。

社会科学文献出版社社长 王利民

2022年9月28日

图书在版编目（CIP）数据

人民当家作主的政治文明／颜晓峰主编.--北京：
社会科学文献出版社，2022.9
（人类文明新形态研究丛书／颜晓峰，杨群主编）
ISBN 978-7-5228-0686-0

Ⅰ.①人… Ⅱ.①颜… Ⅲ.①政治制度-研究-中国
Ⅳ.①D621

中国版本图书馆 CIP 数据核字（2022）第 177340 号

人类文明新形态研究丛书
人民当家作主的政治文明

主　　编／颜晓峰

出 版 人／王利民
组稿编辑／曹义恒
责任编辑／黄金平
责任印制／王京美

出　　版／社会科学文献出版社
　　　　　　地址：北京市北三环中路甲 29 号院华龙大厦　邮编：100029
　　　　　　网址：www.ssap.com.cn
发　　行／社会科学文献出版社（010）59367028
印　　装／三河市东方印刷有限公司

规　　格／开　本：787mm×1092mm　1/16
　　　　　　印　张：18.25　字　数：224 千字
版　　次／2022 年 9 月第 1 版　2022 年 9 月第 1 次印刷
书　　号／ISBN 978-7-5228-0686-0
定　　价／69.00 元

读者服务电话：4008918866